항일의

혼

혼을 잃은
민족은
이미 죽은
민족이다

항일의 혼

유근표 지음

보고사
BOGOSA

머리말

혼을 잃은 민족은 이미 죽은 민족이다

518년을 이어온 조선의 사직(社稷)이 무너질 때 이완용과 송병준 등 망국배들은 침략자의 뜻에 맞추어 충성 경쟁을 벌이며, 나라를 망치는 데 앞장섰다. 반면에 뜻이 굳고 기개가 살아있는 지사(志士)들은 침략자를 향하여 목숨을 걸고 저항하는데, 이들은 크게 세 부류로 나눌 수 있다.

그중 하나는 전 재산을 팔아 의병을 일으켜 침략자에 대항한 인물들로 구미의 허위(許蔿), 춘천의 류인석(柳麟錫), 문경의 이강년(李康年)이 대표적이다. 다음은 자정순국(自靖殉國)의 길을 택한 사람들로, 구례의 황현(黃玹), 안동의 이만도(李晩燾), 판돈녕부사(判敦寧府事)를 지낸 김석진(金奭鎭)을 꼽을 수 있다. 그리고 나머지 하나는 자신은 물론, 온 가족을 대동하고 삶이 다하는 그날까지 처절하게 투쟁한 독립투사들이다.

그중에서도 특히 이회영(李會榮) 6형제는 나라가 패망하자 전 재산을 처분하고 60여 명에 이르는 형제들 가족 모두가 만주로의 망명을 단행했다. 그곳에서 형제들은 힘을 합하여 독립군 양성을 위한 신흥무관학교(新興武官學校)를 세웠다.

이렇게 세워진 신흥무관학교는 1920년 폐교될 때까지 3,500여 명에 달하는 독립군을 배출했다. 이들 신흥무관학교 졸업생들은 독립군 3대 대첩이라 일컫는 봉오동전투와 청산리전투 그리고 대전자령전투의 주역을 담당했으며, 이외에도 모든 항일무장투쟁에서 주도적인 역할을 해냈다.

이회영의 역할은 여기에서 멈추지 않았으니, 끼니를 거르는 극도로 궁핍한 삶 속에서도 생을 마치는 그날까지 단 한순간도 항일투쟁을 멈추지 않았다. 이토록 치열한 삶을 살던 그는 1932년 11월, 침체된 독립운동 전선의 새로운 활기를 불어넣고자 상해에서 만주로 향하던 중 일경에 잡혀 66세를 일기로 이역의 땅에서 순국했다.

당시 6형제를 앞에서 이끌었던 사람은 넷째 이회영이었으나, 거기에 소요되는 자금은 주로 둘째 이석영(李石榮)이 부담했다. 최근에 밝혀진 이석영의 재산 내역을 보면 260만 평(8,595,041㎡)이 넘는 엄청난 토지를 소유했던 것으로 알려졌다. 그는 이 많은 재산을 조국 독립을 위해 남김없이 바치고서 말년에는 80 나이에 중국을 떠돌다가 남의 창고에서 굶어 죽었다. 또한 막내 이호영은 아들 형제와 함께 의열 활동에 매진하던 중 1933년 12월 어느 날 북경 근교에서 삼부자가 한꺼번에 실종되는 비운을 맞았다.

이러한 사실을 알게 된 나는 이회영 일가의 행적을 추적하기 시작했고, 그 과정에서 이회영 형제들과 비견되는 인사들이 상당수 있다는 사실을 알게 되었다. 이들을 대략 열거하자면 안동 유림(儒林)을 대표하는 이상룡(李相龍), 의병장의 대명사 허위(許蔿), 대한제국에서 대신을 지낸 김가진(金嘉鎭), 『백하일기』의 저자 김대락(金大洛) 등이 있었다.

또한 독립지사들을 추적하다 보니, 뜻밖의 사실도 알게 되었다.

그것은 첫째, 경술국치 후, 일제가 내린 76명의 수작자(授爵者)와 일왕이 내린 은사금을 받은 자들 중에는 이완용 등 매국노들뿐만 아니라 왕족과 척족(戚族)을 비롯한 귀족들이 너무나 많다는 사실이다.

그중에는 고종의 차남 의왕(義王) 이강(李堈), 고종의 친형 이재면과 그 아들 이준용, 순종의 장인 윤택영과 그의 형 윤덕영, 순명효황후(순종의 元妃)의 남동생 민영린, 갑신정변의 주역이며 철종임금의 사위 박영효 등이 있었다.

둘째, 대한민국 건국 이후 국가에서 내린 건국훈장 서훈이 너무나 엉망이라는 사실이다. 여기에는 1등급인 대한민국장을 서훈해야 할 인사에게 5등급인 애족장을 서훈했는가 하면, 반대로 애족장을 서훈해야 할 사람에게 대한민국장을 서훈하기도 했다.

심한 경우 일본 관동군의 헌병 '오장(伍長, 지금의 하사)'이 되어 우리 독립투사를 때려잡던 김창룡(金昌龍)에게 건국훈장을 서훈하고 대전 국립현충원에 안장했다. 반면에 대한제국의 대신(大臣)으로는 유일하게 아들 며느리와 함께 망명하여 생을 마치는 그날까지 빼앗긴 나라를 되찾고자 치열한 삶을 살다가 77세를 일기로 이역의 땅에서 순국한 김가진(金嘉鎭, 1846~1922)에게는 아예 서훈 자체를 안 했다.

또한 노블레스 오블리주의 대명사로 회자(膾炙)되는 이회영에게는 3등급인 독립장을, 그리고 우리 독립운동 역사상 가장 많은 재산을 쾌척하여 신흥무관학교를 세우는 데 앞장섰던 이석영에게는 그보다도 한 등급 낮은 애국장을 서훈했다. 여기에 더하여 의열투쟁 중 삼부자가 한꺼번에 실종되어 그 시신조차 찾을 수 없게 된 이회영의 막내아우 이호영에게는 겨우 애족장을 서훈했는가 하면 함께 실종된 그의 아들 형제에게는 서훈 자체가 없다.

이 밖에도 안동 유림의 거목으로 온 가족은 물론, 150여 명의 문중을 이끌고 망명하여 이회영 형제들과 우열을 가리기 힘든 이상룡에게도 겨우 독립장을 서훈하는 등 아무런 원칙도 없고 기준도 없이 그야말로 주먹구구식으로 행해졌다.

이럴 바엔 차라리 건국훈장 제도 자체를 없애는 게 나을 것이다. 왜냐하면 그것은 이미 고인(故人)이 된 독립지사들을 욕보이고, 그 후손들을 다시 한번 울리게 될 뿐만 아니라, 국민들의 국가관과 가치관의 혼란을 초래할 것이기 때문이다.

셋째, 국민들 대부분이 독립운동에 대하여 무관심의 정도를 넘어, 좀 심하게 표현하자면 독립운동 자체를 어리석은 짓으로 치부하고 있다는 사실이다. 물론 어느 나라 국민이건 간에 모든 국민이 이러한 일에 지대한 관심을 가질 수는 없다. 그러나 항간의 장삼이사(張三李四)까지는 아니더라도 나라의 지도층조차 이런 데에는 국가의 앞날까지 걱정되지 않을 수 없는 일이다.

문재인 전 대통령은 지난 2017년 광복절 경축사에서 "친일(親日)을 하면 자손 대대로 부귀영화를 누리고, 독립운동을 하면 자손 3대가 거지꼴로 산다는 세간(世間)의 말을 완전히 뒤바꾸겠다"고 했다.

이어서 2019년 3.1절을 기하여 3.1운동의 상징적 인물인 류관순의 서훈 등급을 3등급인 독립장에서 1등급인 대한민국장으로 상향 조정했다. 또한 2021년 광복절에는 봉오동전투와 청산리전투를 승리로 이끈 홍범도 장군의 유해를 봉환하여 국립대전현충원에 안장하면서 대통령장(2등급)에 머물던 그의 서훈을 대한민국장으로 승격시켰다.

허나 그뿐이었고, 정작 우리 독립운동사의 대표적 인사로 꼽히는 이회영과 이석영 형제는 물론, 이들과 난형난제를 이루는 이상룡 등의 서훈은 여전히 바로잡히지 않았으며, 앞에서 언급한 김가진에 게는 아직도 서훈을 안 했다.

물론 독립투사들이 건국훈장을 바라거나 그 어떤 혜택을 바라고 독립운동을 했을 리는 만무하다. 또한 서훈 등급을 올려준다고 해서 그분들의 희생에 대한 보상이 될 수도 없다. 그러나 나라의 명맥이 끊겼을 때 이를 다시 잇고자 목숨 바쳐 싸운 이들을 외면한다면 국 가가 존재해야 할 이유가 없다.

오늘날 우리의 위정자들은 기회만 닿으면 애국·애족을 부르짖고 있으나, 실은 이는 정치적 수사(修辭)에 불과하다. 실례로 각종 청문 회 때면 으레 병역기피와 탈세, 그리고 부동산투기가 단골 메뉴로 등장하고 있다.

뿐만 아니라 여야를 막론하고 뭔가 감투 한 개만 뒤집어썼다 하면 빼놓지 않고 찾는 곳이 국립현충원이다. 그들이 그곳에 갈 때면 절 대로 혼자 가는 법은 없다. 거기에는 으레 수십 명에 달하는 수행원 을 대동하고, 수많은 카메라 기자가 따른다.

그다음 절차도 판에 박은 듯이 똑같다. 현충탑 앞에서 향을 피우 고 자못 진지한 자세로 묵념을 올리고는 서둘러 자리를 뜬다. 개중 에는 그곳에서 몇 발짝 더 올라가기도 하지만 그들이 들르는 곳은 자신들이 조상처럼 떠받드는 정치인으로 한정되어 있을 뿐, 애국선 열들의 묘소를 들렀다는 얘기를 들어본 일은 없다.

표 나올 일도 없는 이런 곳엔 들러봤자 시간 낭비라는 얘기다. 그러고 나면 불과 반 시간도 못 돼서 이들의 행적이 TV 뉴스에 나온다. 이것이 3.1운동 105주년과 해방 79년을 맞는 대한민국의 현주소다.

경술국치 후 독립전선에 뛰어들었던 사람들은 빼앗긴 조국을 되찾고자, 하나밖에 없는 자신의 목숨을 초개같이 내던졌고, 전 재산을 아낌없이 바쳤다.

그러나 이토록 피나는 투쟁을 벌였던 독립지사들은 해방 조국에서 찬밥 신세를 면치 못했음은 물론, 그 후손들은 지금도 삶에 허덕이고 있다. 반면에 이들이 앉아야 할 정부의 각 요직에는 일제강점기 내내 그들의 주구(走狗)가 되어 온갖 부귀영화를 누렸던 부일(附日) 협력배와 그 후손들이 앉게 되었으니, 이러고서도 우리가 반만년 역사의 혼(魂)을 지닌 민족이라고 자부할 수 있겠는가!

한때의 국력이 쇠약해지는 것은 오랜 역사 속에서는 흔히 있는 일이다. 약해지는 국력보다 훨씬 더 경계해야 할 일은 우리의 '혼'을 잃는 일이다. 쇠약해진 국력은 언젠가는 회복이 가능하지만 혼을 잃게 된다면, 그 민족은 이미 죽은 민족이기 때문이다.

2024년 2월

남양주 마석 천마산 기슭에서

유근표(柳根杓)

차례

을사늑약

일본의 추밀원 의장 이토 히로부미(伊藤博文)가 대한제국의 외교권 강탈을 위하여 현해탄을 건넌 것은 1905년 11월 8일이었다. 항도 부산에서 하룻밤을 지새운 그가 이튿날 아침 경부선 열차를 타고 남대문정거장에 내렸을 때는 이미 땅거미가 내려앉고 있었다.

정동에 소재하는 '손탁호텔'에 여장을 푼 이토는 그날 저녁 주한 일본 공사 하야시 곤스케(林權助)와 한국주차군사령관(韓國駐箚軍司令官) 하세가와 요시미치(長谷川好道)를 대동하고 지난 10월 27일 일본 내각에서 결정한 '한국보호권 확립 실행에 관한 각의결정' 건을 수행하기 위한 협의에 들어갔다.

다시 말해 '을사늑약'은 한국의 의사와는 상관없이 이미 결정되어 있었고, 이토는 그 절차를 밟으러 온 데 불과했던 것이다. 그날 일본 각의에서 결정한 총 8개 항 중 핵심 내용은 다음 5개 항이다.

○ 한국의 외교권을 일본 수중에 넣을 것.
○ 보호조약이 성립되면 발표에 앞서 영국, 미국, 프랑스 등 열강의 사전 양해를 구할 것.
○ 조약 체결은 11월 초순으로 할 것.

○ 주한 공사와 천황 칙사 및 한국주차군사령관 3인의 협력하에 조약 체결을 추진할 것.
○ 한국 정부의 동의를 얻지 못하면 일방적으로 한국에 보호조치를 단행할 것.

이토는 도착 다음 날인 11월 10일 고종황제를 알현하고 다음 내용의 일왕 친서를 전달했다. "동아시아의 평화와 양국의 안녕을 위해서는 두 나라가 결합하고 뭉치는 것이 무엇보다 중요하므로 짐은 이의 실천을 위하여 귀국을 보호하는 조약을 체결하고자 하니, 짐의 충심을 깊이 헤아려 처리하시기 바랍니다."

그로부터 닷새가 지난 15일 오후 이토는 황제를 재차 알현하고 조약안 원문을 제시, 조약 체결을 요청했으나, 고종은 이를 거절한다. 그러자 이토는 다음 날인 16일 자신이 머무는 손탁호텔로 각 부처 대신들을 불러들여 조약안 원본을 보여주고, 조약 체결에 찬성할 것을 압박했다. 그러나 대신들은 이를 거부하고 이토 앞을 물러나왔다. 이에 이토는 하야시 공사에게 새로운 지시를 내린다. 이토의 지시에 따라 그날 오후 하야시는 자신의 집무처인 공사관으로 외부대신 박제순을 따로 불러들여 회유했으나 그는 즉답을 피한다.

하야시로부터 보고를 받은 이토는 17일 아침 서울에 주둔하는 일군(日軍) 헌병대를 동원하여 고종황제가 머무는 경운궁의 수옥헌(漱玉軒, 중명전) 일대를 이중삼중으로 포위하고 조정 전체를 압박하는 강수를 둔다. 이처럼 일군이 경운궁 일대를 철통같이 에워싼 가운데 그날 오후 어전회의가 개최되었다. 그러나 고종황제는 이날 인후염(咽喉炎)이 심하다는 이유로 자리 참석을 거부하고 있었다.

저들은 군대를 동원하여 총칼로 협박하는데도 정작 회의를 주재해야 할 고종은 말도 안 되는 이유를 들어 참석조차 안 하고 있었으니, 나라는 이미 갈 데까지 간 것이다.

하세가와 사령관과 함께 어전회의 석상으로 들어온 이토는 위압적인 태도로 각부 대신들을 향하여 속히 조약 체결에 응할 것을 독촉했다. 이미 전날 이토와 하야시 공사에게 불려갔을 때 매수되어 있던 대신들은 '황제의 뜻에 따르겠다'며 고종에게 팔밀이를 한다.

그러자 이토는 다시 고종을 찾았다. "대신들은 모두 폐하의 뜻에 따르겠다고 합니다. 이제는 오직 폐하의 결단만 남았습니다." 이토의 강압적인 요구에 고종은, "오늘은 인후염이 매우 심하여 말하는 데 고통이 심하니 며칠 후에 다시 의논하는 것이 좋을 것 같소."라고 했다.

고종의 대답에 이토는, "폐하께서 이 조약에 찬성하시든 안 하시든 그것은 어디까지나 폐하의 뜻에 달렸지만, 이것은 이미 우리 정부의 결정된 사항입니다. 만약 끝내 거부하실 경우 폐하께서 다스리시는 대한제국의 입장은 훨씬 더 불리해질 것임을 각오하십시오."라며 황제를 협박하고 나왔다.

이토의 협박에 고종은 "이 일은 지극히 중대한 일이므로 짐(朕) 단독으로 결정할 수는 없소. 짐이 정부의 각 대신들에게 자문을 구하고 또한 일반 인민의 의향을 살펴본 후에 답을 주겠소."라고 했다. 망국 군주의 오명(汚名)을 혼자서 뒤집어쓸 수는 없다고 생각한 고종의 어설픈 수였다.

고종의 속내를 간파한 이토는, "폐하께서 정부 대신들과 의논하여 결정하시겠다는 것은 지당하신 분부라고 생각합니다만 일반 백성들의 뜻을 살피겠다는 것은 전혀 납득이 되지 않습니다. 한국은 폐하께서 모든 주권을 행사하실 수 있는 제국(帝國)이 아닙니까?" 이토의 말에 답변이 궁색해진 고종은, "외교권 이양을 반대하는 것은 아니오. 다만 외교권이 우리 대한제국에 있다는 형식만이라도 남겨주면 좋겠다는 것이오."라며 비굴한 모습을 보인다.

고종의 태도를 본 이토는 다시 어전회의 석상을 찾았다. 그는 "황제께서 대신들과 의논하여 결정하라"고 했다는 명분을 들어 대신들 각자의 찬반을 물었다.

황제가 망국 군주의 오명을 남기기 싫듯이 대신들도 망국 대신의 오명을 남기는 것은 원치 않았다. 이토의 압박에도 대신들은 여전히 침묵으로 일관했다. 대신들 모두가 눈치를 살피고 있을 때 학부대신 이완용이 나섰다. "일본의 요구는 대세상 불가피하다고 생각합니다. 일본은 우리 한국을 위하여 두 번이나 큰 전쟁을 치렀습니다. 지금의 형편으로는 일본 정부의 뜻에 따르는 것 외에는 방법이 없다고 생각합니다."라고 했다. 그 말을 기다렸다는 듯이 내부대신 이지용과 군부대신 이근택도 이완용의 주장에 동의를 표하고 나섰다.

상황을 살피고 있던 농상공부대신 권중현이 "조약 문건을 몇 군데 수정하면 나 역시 동의하겠소."라고 하자, 외부대신 박제순 역시 "황제의 뜻이 그럴진대 따를 수밖에 없지 않겠소?"라며 동조를 표했다. 이때 참정대신 한규설(韓圭卨)이 강하게 반대하며 회의장을 뛰쳐나갔다. 고종의 거처로 달려가 상황을 알리고자 함이었다.

그러나 그는 문밖으로 나가는 즉시 일군 헌병에게 붙들려 감금되었다. 한규설이 감금된 이후에도 탁지부대신 민영기는 끝까지 반대를 고수했다.

시간은 이미 17일 자정을 넘어 18일 새벽 2시를 치닫고 있었다. 어떻게 해서든 날이 밝기 전에 조약 체결을 완결하기로 작정한 이토는 전문(前文)에 나와 있는 조약의 기간을 '한국이 부강해졌다고 인정될 때까지'라고 수정했다. 이어서 본문 3항에 '통감은 한국 내정에 간섭하지 않는다'를 추가하고, 마지막 5항에 '한국 황실의 안녕과 존엄을 유지함을 보증한다'를 추가한 후 다수결 처리로 밀어붙인다.

결국 이토가 내민 조약안에 8명의 대신 중 5명이 서명을 마침으로써 대한제국의 외교권은 일본으로 넘어갔다. 흔히 '을사늑약(乙巳勒約, 을사년에 강제적으로 맺어진 조약이라는 의미)'이라고 부르는 이 조약을 일러 '을사보호조약' 또는 총 5개 조문으로 되어있다고 해서 '을사5조약'이라고도 부른다. 이 밖에 1904년 8월에 체결된 '제1차 한일협약'에 이어 체결된 조약이라는 의미로 '제2차 한일협약'이라고도 한다. 그러나 『고종실록』에는 단순히 '한일협상조약'이라고 되어 있다. 아래는 그 전문이다.

한일협상조약(韓日協商條約)

한국 정부와 일본국 정부는 두 제국을 결합하는 이해 공통주의를 공고히 하기 위하여 한국이 실제로 부강해졌다고 인정될 때까지 아래에 열거한 조관(條款)을 약정한다.

제1조, 일본국 정부는 도쿄에 있는 외무성을 통하여 금후 한국의 외국에 대한 관계 및 사무를 감리(監理) 지휘할 수 있고, 일본국 외교대표자와 영사는 외국에 있는 한국의 신민(臣民)과 이익을 보호할 수 있다.

제2조, 일본국 정부는 한국과 타국 사이에 현존하는 조약의 실행을

완전히 하는 책임을 지며 한국 정부는 이후부터 일본국 정부의 중개를 거치지 않고 국제적 성질을 가진 어떠한 조약이나 약속을 하지 않을 것을 약속한다.

제3조, 일본국 정부는 그 대표자로서 한국 황제 폐하의 궐하(闕下)에 1명의 통감(統監)을 두되 통감은 오로지 외교에 관한 사항을 관리하기 위하여 경성(서울)에 주재하면서 직접 한국 황제 폐하를 알현하는 권리를 가진다.

제4조, 일본국과 한국 사이에 현존하는 조약 및 약속은 본 협약의 조관에 저촉되는 것을 제외하고는 모두 그 효력이 계속되는 것으로 한다.

제5조, 일본국 정부는 한국 황실의 안녕과 존엄을 유지함을 보증한다.

이상의 증거로써 아래의 사람들은 각기 자국 정부에서 상당한 위임을 받아 본 협약에 기명(記名) 조인한다.

광무 9년 11월 17일 외부대신 박제순(朴齊純)
명치 38년 11월 17일 특명전권공사 하야시 곤스케(林權助)

이때 조약에 찬성한 외부대신 박제순, 내부대신 이지용(李址鎔), 군부대신 이근택(李根澤), 학부대신 이완용(李完用), 농상공부대신 권중현(權重顯)까지 5명을 '을사오적'이라 부른다. 그날 저녁 법부대신 이하영(李夏榮)은 처음에는 반대했으나, 이를 곧 뒤집은 뒤 마지막 조약 체결 과정에서 "오늘날 대한제국이 이만큼 독립된 것도 일본의 호의적인 보호와 원조 덕분이다."라고 하는 등 그 누구보다 적극적으로 찬성했다. 그러나 애초에 반대했다고 해서 그는 을사오적에는 들지 않게 된다.

탁지부대신(度支部大臣, 재정 담당 대신) 민영기(閔泳綺) 또한 후에 친일파로 변신하는데, 그는 1926년 1월 일제가 발행하는 기관지 『동민』에, "천황폐하의 성지(聖旨)는 진실로 넓고 크며 끝이 없고, 우리 신민이 서로 천황폐하의 성심을 받들어 항상 진충보국의 단심(丹心)을 잊어서는 안 될 것이다."라는 글을 실을 정도로 친일주구(親日走狗)로 전락했다. 결과적으로 을사늑약 체결 당시 끝까지 반대를 고수했던 사람은 한규설 한 사람밖에 없었던 셈이다.

을사늑약이 체결되자 시종무관장 민영환(閔泳煥, 1861~1905)은 칼로 목을 찔러 자결하고, 원로대신 조병세(趙秉世, 1827~1905)는 음독 자결했다.

또한 황성신문사 사장 장지연(張志淵, 1864~1921)은 그 신문 11월 2일 자에 「시일야방성대곡(是日也放聲大哭)」을 실어 2천만 민중의 총궐기를 호소했다.

슬프도다! 저 개돼지만도 못한 소위 우리 정부의 대신이란 자들은 일신의 영달과 이익이나 바라면서 위협에 겁먹어 머뭇대거나 벌벌 떨며 나라를 팔아먹는 도적이 되기를 감수했다.

아! 4,000년을 이어온 강토와 500년 사직을 남에게 들어 바치고, 2,000만 생령(生靈)들로 하여금 남의 노예가 되게 하였으니, 저 개돼지보다 못한 외무대신 박제순과 각 대신들이야 크게 꾸짖을 것도 없다. 하지만 명색이 참정대신(한규설)이란 자는 정부의 수석임에도 단지 부(否)자로서 책임을 면하여 이름거리나 장만하려 했더란 말이냐!

아! 원통한지고, 아! 분한지고! 우리 2,000만 동포여! 살았는가, 죽었
는가!

이로 인해 『황성신문』은 이듬해 2월 12일까지 발간이 중단되고
장지연은 체포되어 65일간의 옥살이를 하게 된다. 그러나 이처럼
반일 성향이 누구보다도 강렬했던 장지연은 경술병탄이 이루어진
후 적극적인 친일주구로 전락한다.

병탄이 이루어지기 한 해 전인 1909년 10월, 장지연은 경남 진주
에서 창간된 『경남일보』의 주필로 초빙되는데, 이 신문은 1915년
경영난으로 폐간될 때까지 조선인이 경영하는 유일한 지방신문이
면서 전국 규모의 언론사였다.

『경남일보』는 1911년 11월 2일 자를 일왕 메이지(明治)의 생일인
천장절(天長節) 기념호로 발행하는데, 장지연은 이때 '봉축천장절(奉
祝天長節)'이란 제목을 달고, 아래와 같은 기념 한시(漢詩)를 무기명
으로 실었다.

> 동쪽 바다 일본에서 해가 떠오르니 태양이 빛나는구나
> 무지개와 북두성이 정기를 길러 우리 천황께서 나셨네
> 보위에 오르신 지 44년 동안 성수무강하셨네
> 덕과 은혜가 두루 미치고 위엄이 널리 빛나는구나
> 뭇 백성들을 어루만지시니 우리 동양의 기초를 세우셨도다
> 오호라 이러한 해가 만년이 되어 영원하리라

경술국치

을사늑약이 체결되자 이를 찬성한 을사오적(乙巳五賊)을 척살해야 한다는 여론이 비등했다. 그러나 일제의 비호로 인해 막상 행동으로 나서기는 쉽지 않았는데, 이때 오적 척살에 앞장선 사람은 전라도 장성 출신의 기산도(奇山度, 1878~1928)였다.

결사대를 조직한 그는 1906년 2월 16일 저녁, 이근철(李根哲)·이석범(李錫範) 두 대원과 함께 군부대신 이근택(李根澤)의 안방으로 뛰어들어 비수로 그의 몸을 열세 군데나 가격했으나, 이근택을 중상을 입히는 데 그치고 말았다.

그러나 을사늑약의 주역 이토는 그로부터 약 4년이 지난 1909년 10월 26일 대한의군 참모중장 안중근(安重根, 1879~1910)이 하얼빈 역두에서 척살하여 2천만 민중의 한을 풀어주었다.

이토가 척살되자 일본 국내 여론은 서둘러 조선을 병탄해야 한다는 쪽으로 기울었다. 가쓰라다로(桂太朗) 총리와 데라우치 마사타케(寺內正毅) 육군대신 등 강경론자들은 진작에 조선을 병탄했던들 이토가 척살되는 상황은 일어나지 않았을 것이라고 주장했다.

결국 조기 병탄 외에는 길이 없다고 판단한 일본 정부는 이토가 척살된 지 반년 남짓한 1910년 6월, 실무관료를 주체로 한 '병합준비위원회'를 설치하고 '병합실행방법세목'을 입안하여 7월 8일 각의의 승인을 받았다. 그 주요 내용은, '병합 후 한국의 국가명을 조선으로 한다'를 시작으로, 한국 황실의 존칭과 예우, 공신의 처우, 한국인의 법적 지위, 병합경비 등 총 21개 항목에 달했다. 부언(附言)하자면 을사늑약 때와 마찬가지로 한국의 의사와는 상관없이 병합은 이미 결정되어 있었던 것이다.

조선 병탄의 사명을 띤 제3대 통감 데라우치가 서울에 도착한 것은 7월 23일이었다. 그로부터 엿새가 지난 7월 29일 데라우치는 부상(1909년 12월 이재명의 습격으로 당한 부상)에서 회복된 이완용을 총리대신으로 앉히고, 을사늑약 체결 당시 외부대신으로 늑약 체결을 주도했던 박제순을 내부대신에 기용하여 내각을 새로 구성하고 병탄 작업에 박차를 가한다.

1910년 8월 22일 오후 1시, 창덕궁 대조전 흥복헌(興福軒)에서는 대한제국의 마지막 어전회의가 열리고 있었다. 이 자리에는 내각 총리대신 이완용, 시종원경 윤덕영, 궁내부대신 민병석, 내부대신 박제순 등 각 부처의 대신이 참석했고, 황실을 대표하는 인사로는 고종의 친형 이재면(李載冕, 후에 '희'로 개명)이 있었다.

무거운 침묵이 흐르는 가운데 회의를 주재한 순종황제는 준비해 온 조칙을 내렸다.

짐(朕)이 동양평화를 공고히 하기 위하여 한일 양국의 친밀한 관계로 피차 통합하여 한집으로 만드는 것은 상호 만세(萬世)의 행복을 도모하는 일이라 생각하였다. 이에 한국통치를 들어서 짐이 극히 신뢰하는 대일본국 황제 폐하에게 양여하기로 결정하고, 장래 우리 황실의 영구 안녕과 생민의 복리를 보장하기 위하여 내각 총리대신 이완용을 전권위원으로 임명하고 대일본국 통감 데라우치 마사타케(寺內正毅)와 회동하여 상의해서 협정하게 하는 것이니, 제신(諸臣) 또한 짐의 결단을 체득하여 봉행하라.

이완용이 황제의 명을 따르기 위해 국새(國璽)를 찾았으나 국새의 행방이 묘연했다. 순종의 계비(繼妃) 순정효황후(純貞孝皇后, 1894~1966) 윤씨가 국새를 치마 속에 감추고 있었던 것이다. 이는 잠시라도 나라의 운명을 늦추고자 함이었으나 이미 결정된 일을 열일곱의 어린 황후 혼자의 힘으로 막을 수는 없었다. 참석자 모두가 윤 황후가 국새를 감추고 있음을 직감했으나, 감히 황후의 옥체에 손을 댈 수는 없었다. 이때 자리에 있던 윤 황후의 백부 윤덕영(尹德榮)이 황후에게 달려들어 강제로 국새를 빼앗아 이완용에게 건넸다.

윤덕영으로부터 국새를 건네받은 이완용은 순종으로부터 합병조약에 관한 전권을 위임받아 농상공부대신 조중응과 함께 남산에 있는 통감 데라우치 관저로 달려가 그날 오후 4시에 '병합조약'을 마무리했다.

병합조약은 당시 내각 총리대신이던 이완용과 일본의 제3대 통감 '데라우치 마사타케'가 양국의 대표로 체결했다. 이때 일어를 몰랐던 이완용은 그의 충직한 비서이며 통감부의 외사국장 고마쓰(小松綠)의 제자였던 이인직(李人稙)에게 통역을 맡겼다. 이인직은 한국 최초의 신소설 『혈의 누』를 쓴 인물로 병탄 당시 양측을 오가며 교량 역할을 충실히 해냈고, 병탄 후에는 그 공을 인정받아 중추원 부참의에 오르게 된다.

병탄을 주도한 데라우치가 '병합조약문'까지 미리 작성해 가지고 와서 협박했다고는 하지만 518년을 이어오던 왕조의 문을 닫던 날 황제라는 사람이 단 한마디 저항도 못 했다는 것은 참으로 기가 찰 일이다.

일제는 병탄을 앞두고 조약의 명칭을 '합방(合邦)'과 '병탄(倂呑)' 중 어느 용어를 택할지 상당히 고심했다고 한다. 사전적 의미에서는 합방은 '둘 이상의 나라를 하나로 합치는 것'이고, 병탄은 '남의 나라를 폭력적인 방법으로 빼앗는 것'이라 되어 있다. 합방을 쓰자니, 너무 무미건조한 것 같고, 그렇다고 병탄을 사용하자니, 노골적으로 침략의 냄새를 풍긴다는 데 고민이 있었다.

그래서 새롭게 고안한 것이 '병합(竝合)'이란 용어였다. 병합은 '둘 이상의 나라를 하나로 합친다'는 의미로서 합방과 병합은 결국 같은 말이지만 어감(語感)상으로는 다르게 느껴진다. 비유하자면 '조삼모사(朝三暮四)'와 유사한 것이다.

어쨌든 『순종실록』에 실린 대로 여기에서는 '병합'이란 용어를 사용한다. 조약의 전문과 총 8개 조로 되어 있는 그 내용은 아래와 같다.

병합조약(倂合條約)

한국 황제 폐하와 일본국 황제 폐하는 양국 간의 특별히 친밀한 관계를 고려하여 상호 행복을 증진하며 동양의 평화를 영구히 확보하기 위해 한국을 일본국에 병합하는 것이 최선임을 확신하고 양국 간에 병합 조약을 체결하기로 결정한다. 이를 위하여 한국 황제 폐하는 내각 총리대신 이완용(李完用)을, 일본 황제 폐하는 통감(統監) 자작(子爵) 데라우치 마사타케를 각각 그 전권위원에 임명한다. 위의 전권위원은 협의하여 다음 8개 조항을 협정한다.

제1조, 한국 황제 폐하는 한국 전체에 관한 일체 통치권을 완전히 또 영구히 일본 황제 폐하에게 양여(讓與)한다.

제2조, 일본국 황제 폐하는 앞 조항에 기재된 양여를 수락하고, 완전히 한국을 일본 제국에 병합하는 것을 승낙한다.

제3조, 일본국 황제 폐하는 한국 황제 폐하(순종), 태황제 폐하(고종), 황태자 전하(영왕 이은)와 그 후비 및 후예로 하여금 각각 그 지위에 따라 상당한 존칭, 위엄 및 명예를 향유케 하고 또 이를 보지(保持)하는데 충분한 세비(歲費)를 공급할 것을 약속한다.

제4조, 일본국 황제 폐하는 전조 이외에 한국의 황족 및 후예에 대하여 각각 상당한 명예 및 대우를 향유케 하고 또 이를 유지하는데 필요한 자금을 공여할 것을 약속한다.

제5조, 일본국 황제 폐하는 훈공이 있는 한인(韓人)으로서 특히 표창하는 것이 적당하다고 인정되는 자에 대하여 영예 작위를 주고 또 은금(恩金)을 준다.

제6조, 일본국 정부는 전기(前記) 병합의 결과로 한국의 시정(施政)을 전적으로 담임하여 해지(該地)에 시행할 법규를 준수하는 한인의 신체 및 재산에 대하여 충분히 보호하고 또 그 복리의 증진을 도모한다.

제7조, 일본국 정부는 성의 있고 충실히 새 제도를 존중하는 한국인으로서 상당한 자격이 있는 자를 사정이 허락하는 범위에서

한국에 있는 제국(帝國)의 관리에 등용한다.

제8조, 본 조약은 한국 황제 폐하 및 일본국 황제 폐하의 재가를 경유한 것이므로 반포일로부터 이를 시행한다. 이를 증거로 삼아 양 전권위원은 본 조약에 기명하고 조인한다.

융희(隆熙) 4년 8월 22일
내각(內閣) 총리대신(總理大臣) 이완용(李完用)

명치(明治) 43년 8월 22일
통감 자작(子爵) 데라우치 마사타케(寺內正毅)

이때 한일 병합조약 체결에 찬성한 여덟 명의 대신을 일러 '경술팔적(庚戌八賊)'이라 부른다. 경술년에 나라를 팔아먹은 8명의 역적이라는 말이다. 여기에 그 이름을 소개한다.

내각 총리대신 이완용(李完用)
시종원경 윤덕영(尹德榮)
궁내부대신 민병석(閔丙奭)
탁지부대신 고영희(高永喜)
내부대신 박제순(朴齊純)
농상공부대신 조중응(趙重應)
친위부장관 겸 시종무관장 이병무(李秉武)
승녕부총관 조민희(趙民熙, 이완용의 처남)

76명의 수작자와 은사금 내용

조선을 병탄한 일제는 '조선귀족령'을 발표하여 조선인으로서 병탄에 적극 협조한 76명에게 후작(侯爵), 백작(伯爵), 자작(子爵), 남작(男爵) 등의 훈작을 내렸다. 아래는 당시 후작을 받은 자의 명단이다.

이재완(李載完) : 대원군의 둘째 형 흥완군 이정응의 아들
이재각(李載覺) : 사도세자의 후손 완평군 이승응의 아들
이해창(李海昌) : 이하전(李夏銓)의 양자
이해승(李海昇) : 철종의 생부 전계대원군의 고손자로 입적
박영효(朴泳孝) : 철종의 사위로 갑신정변의 주역
윤택영(尹澤榮) : 순종의 장인

이어서 백작을 받은 자는 이완용, 이지용(李址鎔, 대원군의 셋째 형인 흥인군 이최응의 손자로 고종의 5촌 조카), 민영린(閔泳璘, 순종의 처남) 등 3명이었다.

자작의 작위를 받은 자는 박제순, 이근택, 권중현, 송병준(宋秉畯, 정미 칠적), 조민희, 조중응, 고영희, 이병무, 윤덕영(윤택영의 형) 그리고 명성황후의 친정 일가인 민병석과 민영휘 등 총 22명에 달했으

며, 이외 45명에게는 각각 남작의 작위를 수여했다.

일제는 이들에게 작위와는 별도로 '은사금(恩賜金)'이라는 명목으로 후작에게는 15만 원, 백작은 10만 원, 자작 5만 원, 남작에게는 3만 원씩을 각각 지급했다.

당시 남작의 작위를 받은 사람 중, 을사늑약에 반대하고 관직에서 물러났던 한규설 등 6명은 은사금을 반납하고 작위를 거부했으며, 김석진(金奭鎭)은 이를 치욕으로 여겨 아편을 먹고 자결했다. 또한 남작의 작위를 받았던 김가진(金嘉鎭), 김사준(金思濬), 김윤식(金允植) 등은 후에 독립운동에 뛰어드는 바람에 작위가 박탈되었다.

당시 일제가 준 훈작은 후에 작위자의 처신에 따라 많은 변동을 겪기도 하는데, 그중 친일의 대명사로 불리는 이완용은 병합 당시 총리대신으로 조약문서에 날인하는 위치에 있었으면서도 고작 백작에 머물렀다. 그 후 1919년 3.1운동 진압의 공로를 인정받아 후작으로 승작한 이완용은 그로부터 7년을 더 살고 1926년 2월, 매국노(賣國奴)의 오명을 역사에 남기고 69세를 일기로 생을 마감했다.

이들 훈작자들은 병탄 10여 년이 지나자 죽은 자가 많아 그 수가 현저하게 줄어들었다. 그러자 일제는 남은 생존자들 중, 계속해서 적극적으로 친일을 행하는 자들에게만 우대를 해주고, 늙거나 별 이용 가치가 없는 자들에게는 냉대로 일관했다.

그 후 자신들의 냉대로 인하여 일부 친일파들이 비참한 말로를 겪게 되자, 이것이 조선 민중에게 하나의 교훈으로 받아들여질 것을 우려한 일제는 계속해서 자신들에게 협조하는 자들에게는 당연히 종전의 예우를 유지했고, 소극적으로 협조하는 자들과 별 이용 가치가 없다고 판단되는 자들에게도 과거의 행적을 참작하여 기본적인 예우는 갖추어 주기로 했다.

일제는 작위자에게 주는 은사금을 일정한 기준에 의해서 지급한다고 했지만, 그들의 판단에 따라 그 액수는 천차만별이었다.

병탄조약 체결 당시 황족 대표로 참석하여 조약 체결에 동의한 고종의 친형 이재면을 조약 체결 직전 흥친왕(興親王)으로 봉했다가, 병탄 후 '이희 공(公)'으로 강등했고, 병탄 후에는 그에게 막대한 합방 공채금을 지급한 것으로 알려졌으나, 액수는 밝혀지지 않았다.

이어서 고종의 차남 '의왕(義王)' 이강(李堈)에게는 5등작 중 최고 작위인 공작(公爵) 작위와 더불어 은사금의 최고액인 83만 엔을 지급했다. 지금의 화폐가치로 환산하면 약 200억 원에 상당하는 금액이다.

다음으로는 윤택영이 50만 4천 엔, 박영효가 28만 엔, 이재각이 16만 8천 엔, 대원군의 손자 이준용(이재면의 장남)이 16만 3천 엔이고, 그다음이 바로 이완용으로 그가 받은 금액은 15만 엔이었다. 이완용에게는 백작 은사금인 10만 엔 외에 그의 공로를 참작하여 특별 상여금 형식으로 5만 엔을 더 얹어 주었던 것이다.

자정순국의 행렬

1910년 8월 22일, 총리대신 이완용과 조선 제3대 통감 데라우치 마사타케(寺內正毅, 1852~1919)가 한일병합 조약에 서명함으로써 518년을 이어 오던 조선의 사직은 무너졌다. 나라가 망하고 나자 통곡소리가 삼천리 방방곡곡을 뒤흔들고 자정순국(自靖殉國, 나라를 위해 스스로 목숨을 끊는 투쟁) 행렬이 줄을 이었다.

전남 구례에서는 매천(梅泉) 황현(黃玹, 1855~1910)이 그해 9월 10일 절명시 한 수를 남기고 아편을 먹고 자결했다.

새 짐승도 슬피 울고 강산도 찡그리네　　　　　鳥獸哀鳴海岳嚬
무궁화 온 세상이 이젠 망하고 말았구나　　　　槿花世界已沈淪
가을 등불 아래 책 덮고 지난날 생각하니　　　　秋燈掩卷懷千古
세상에 글 아는 사람 노릇하기가 참으로 어렵구나　難作人間識字人

황현은 죽기 전에 이런 말도 남겼다. "나라가 망했다고 해서 백면서생인 내가 죽어야 할 의리는 없다. 다만 국가가 선비를 기른 지 5백 년인데, 사직이 무너지는 날 목숨을 끊는 선비가 단 한 명도 없다면 그보다 슬픈 일이 어디에 있겠는가!"

그는 이런 말을 남기고 자결했으나, 그 후에도 자정순국의 행렬은 줄을 이었다.

경북 안동에서는 영남 유림의 거목 향산(響山) 이만도(李晩燾, 1842~1910)가 그해 9월 17일부터 단식을 시작하여 24일째가 되는 10월 10일 순국의 길을 걸었다. 이만도는 을사늑약 당시 의병을 일으켰다가 실패한 후 자결을 생각했으나 훗날 나라를 위해 혹 쓰임이 있지 않을까 하여 마음을 돌렸다. 그러나 경술병탄이 일어나 모든 희망이 사라지자 을사년에 죽지 못한 것을 한탄하면서 죽어갔다.

그의 제자 벽산(碧山) 김도현(金道鉉, 1852~1914) 또한 스승 이만도의 뒤를 따르고자 했으나 그에게는 늙으신 아버지가 계셨다. 결단을 미루던 김도현은 1914년 부친이 작고하자, 그해 동짓날을 기해 바다에 몸을 던져 스승의 뒤를 따랐다. 이에 사람들은 그의 죽음을 일러, 중국의 남송이 패망할 때 충신 육수부(陸秀夫)가 일곱 살짜리 어린 황제(소제)를 등에 업고 애산 절벽에서 바다로 뛰어내린 것과 비견할 만한 일이라고 극찬했다.

충북 괴산 출신 일완(一阮) 홍범식(洪範植, 1871~1910)은 금산 군수로 재직 중 병탄 소식을 접하고 목을 매고 자결했다. 그는 죽기 전 아들에게 이런 유서를 남겼다. "기울어진 국운을 바로잡기엔 내 힘이 무력하기 그지없고, 망국의 수치와 설움을 감추려니 비분을 금할 수 없어 순국의 길을 택하지 않을 수 없구나. 피치 못해 가는 길이니 내 아들아 너희들은 어떻게 하든지 조선 사람으로서의 의무와 도리를 다하여 빼앗긴 나라를 기어이 되찾아야 한다. 죽을지언정 친일을 하지 말고 먼 훗날에라도 나를 욕되게 하지 말아라."

충남 홍성에 사는 청광(淸狂) 이근주(李根周, 1860~1910)는 지난 을

미년(1895)에 단발령이 내리자 이에 반발하여 김복한, 안병찬 등과 함께 의병을 일으켰으나, 관찰사 이승우의 배신으로 실패했다. 그 충격으로 다리의 마비 증세로 인해 집에서 은거하고 있던 중 1910년 경술병탄의 소식을 접했다. 통분을 이기지 못한 이근주는 부친의 묘소 앞에서 목을 찔러 자결하면서 이런 유언을 남긴다. "삼천리 강토가 오랑캐 땅이 되고, 온 백성이 그들의 종이 되었으니, 절조 있는 선비로서 편안하게 안방에 앉아 배부르고 따뜻함을 추구한다면 개돼지와 무엇이 다르겠는가!"

안동의 선비 회은(晦隱) 류도발(柳道發, 1832~1910)은 경술국치 후 다음과 같은 유서를 남기고 그해 11월 11일부터 단식에 돌입했다. "종사(宗社)가 망해 이제는 오랑캐 나라의 백성이 되었으니, 구차하게 살기를 도모한다면 이보다 욕된 일이 어디에 있겠는가. 이후로는 나에게 아무런 음식도 권하지 말라."

단식을 시작한 지 15일째가 되는 11월 25일 단식을 중단시키기 위해 일본 관리가 찾아왔다. 그가 단식으로 순국했을 경우 지역사회에 미칠 영향을 우려해서였다. 일본 관리가 찾아왔다는 말을 들은 그는 "한 하늘 아래 살 수 없는(不俱戴天) 원수를 어찌 상대하겠는가."라며 끝내 만나기를 거부했다. 그로부터 이틀이 지난 11월 27일 마침내 숨이 멎으니, 이때 그의 나이 일흔아홉이었고, 음식을 끊은 지 17일째였다.

이들 외에도 나라가 망한 것을 비관하여 스스로 목숨을 끊은 인사는 판돈녕부사(判敦寧府事)를 지낸 오천(梧泉) 김석진(金奭鎭)을 비롯하여 경술년 한 해에만도 40여 명에 달했다.

서전서숙

을사늑약이 체결되자 의정부 참찬(정2품직으로 의정부의 실무를 담당) 이상설(李相卨, 1870~1917)은 더 이상 조정에 남아 있어야 할 이유가 없다고 판단하고 미련 없이 참찬직을 내던졌다. 야인으로 돌아온 이상설은 죽마고우로 뜻을 함께하는 이회영을 찾았다.

이때 이상설이 찾아간 이회영(李會榮, 1867~1932)은 명문(名門)으로 이름 높은 경주 이씨(慶州李氏)의 후손으로, 그의 10대 선조는 임진왜란 당시 다섯 번에 걸쳐 병조판서를 역임하면서 국난 극복에 앞장섰던 백사(白沙) 이항복(李恒福)이다.

난이 끝난 후 이항복은 호성공신(扈聖功臣) 1등과 함께 영의정에 이어 오성부원군(鰲城府院君)에 봉해졌다. 백사 이후로도 내리 8대에 걸쳐 정승 판서를 배출했으며, 이회영의 부친 이유승(李裕承) 또한 이조판서에 이어 우찬성(右贊成, 종1품)을 역임했다.

이회영은 이유승의 6남 4녀 중 넷째였다. 그의 형제들은 명문가의 후예답게 일찍부터 벼슬길로 나아갔다. 맏이 건영은 평안도관찰사를 역임했고, 둘째 석영(李石榮)은 승지가 되어 고종을 측근에서 보필했다. 또한 다섯째 시영(李始榮)은 평안도관찰사와 한성재판소 소장을 역임했다.

이처럼 그의 형제들은 일찌감치 관계로 진출했으나, 이회영은 벼슬에 뜻이 없어 학문에만 열중하고 있었다. 그는 이상설과 더불어 한문은 물론, 영어와 법학 등 신구 학문을 두루 섭렵했다. 그 후 이상설은 벼슬길로 나아가 서른여섯 젊은 나이에 의정부 참찬까지 올랐으나 이회영은 이때까지도 학문에만 정진하고 있었다. 이회영이 을사늑약의 소식을 듣고 이에 대한 대처 방법을 모색하던 중 이상설이 찾아온 것이다.

숙의 끝에 두 사람은 국권회복을 위해서는 국내보다는 국외에 터를 잡고 활동하는 것이 보다 효과적이라고 판단했다. 그러자면 먼저 그 대상지를 선정해야 했으나, 그것은 말처럼 쉽지가 않았다. 이들이 1차로 떠올린 곳은 연해주와 만주 일대였다. 두 사람은 밤새도록 설전을 벌인 끝에 만주 동남방에 위치하는 간도(間島)가 그 적지라는 결론에 도달했다.

두 사람이 주목하는 간도는 오랜 옛날부터 우리와는 인연이 깊은 땅이었다. 단군 시대부터 우리의 터전으로 자리 잡았던 간도는 동간도(東間島)와 서간도(西間島)로 나누어지는데, 서간도는 압록강 건너 송화강 상류와 백두산 일대부터 그 서쪽에 위치하는 단동 일대를 가리키고, 흔히 북간도라 불리는 동간도는 두만강 건너 훈춘, 왕청, 연길, 화룡의 4현을 포함하는 현재 연변 자치 지역 일대를 말한다.

간도는 단군왕검 이래로 부여 → 옥저 → 고구려 → 발해까지 우리 한족(韓族)의 영역이었으나, 언젠가부터 여진족들이 살기 시작했다. 그 후 고려 건국 2년 전인 916년 거란족 추장 야율아보기가 요(遼)를 세우고부터는 요의 기미통치(羈縻統治, 중국의 역대 왕조가 다른 민족에게 취한 간접 통치 정책)를 받았다. 조선조 이후에는 최윤덕(崔潤德)과 김종서(金宗瑞)에 의해 압록강과 두만강을 넘나들던 여진족을 몰아내고 4군과 6진을 설치한 후, 두 강을 조선과 명(明)의 경계로 삼았다.

1616년 누르하치가 세운 후금(청)이 1644년 명을 멸하고 중원을 차지하자, 이 지역에 살던 여진족 중 상당수가 중국 본토로 옮겨 가면서 이곳은 주인 없는 땅으로 변했다. 그 후 삼번의 난을 평정하고 안정을 되찾은 청의 4대 황제 강희제는 1712년(숙종 38) 길림성을 총괄하던 오라총관(烏喇總管) 목극등(穆克登)을 백두산 지역으로 파견해 조선과 청의 국경을 확정 짓게 했다. 이때 조선에서는 접반사 박권과 함경감사 이선부 등을 보내 두 나라의 경계를 확인하고 그 표시로 백두산정계비를 세웠다. 국경을 확정한 강희제는 이 지역을 청조(淸朝)의 발상지라 하여 '봉금지(封禁地)'로 선포하고 타민족의 거주를 엄금했다.

19세기로 접어들면서 쇠락의 길로 접어든 청은 아편전쟁과 태평천국의 난 등을 겪고 나서 그토록 엄하던 봉금령도 유명무실하게 되었다. 그 후 1869~1870년 2년에 걸친 대흉년으로 평안도와 함경도에 살던 주민들이 압록강과 두만강을 건너 이 지역으로 몰려들었다.

이후 회령부사 홍남주(洪南周)는 조선인의 유입에 따른 청국과의 외교적 마찰을 피하기 위하여 이 지역을 조선과 청 사이에 있는 공지(空地)라는 의미로 '간도(間島)'라 부르기로 했다.

결국 청에서는 1881년 봉금령을 해제했다. 1885년(고종 22) 조선인의 만주 이주 금지령까지 철폐하게 되면서 조선인의 간도 유입은 가속화된다. 간도에 거주하는 조선인이 급증하면서 원주민과 갈등을 일으키는 일이 잦아지자, 고종은 1903년 10월, 이범윤(李範允)을 '간도관리사'로 파견하여 교포의 보호를 명했다.

을사늑약 이후 일제는 1907년 8월, 용정에 간도출장소와 간도파출소를 설치하고 영향권을 행사하기 시작했다. 그 후 일제는 1909년 9월, 남만주 철도 부설권과 푸순(撫順)과 옌타이(煙臺) 두 곳의 탄광 채굴권을 확보하는 조건으로 간도협약을 체결하여 압록강과 두만강을 청과 조선의 국경으로 확정하고, 간도 지역을 청에 넘겨주었다. 이렇게 되어 단군 시대부터 한민족의 터전이던 간도는 우리와 인연이 멀어지게 되었다.

이상설과 이회영이 간도를 항일의 적지로 선택한 이유는 이 지역이 오랜 옛날부터 우리 선조들이 터를 잡았던 곳이기도 했으나, 무엇보다도 국내와 거리가 가깝다는 커다란 장점을 지녔기 때문이다.

두 사람은 뜻을 같이하는 이동녕(李東寧), 여준(呂準), 류완무(柳完懋), 장유순(張裕淳) 등과 협의한 후, 만주에서도 한인 동포들이 많이 살고 있는 길림성 용정촌에 항일을 위한 기지를 건설하기로 하고, 그 책임자에 이상설을 보내기로 했다. 그리고 이회영은 국내에 남아 일제의 동향을 살피면서 긴급상황에 대처하기로 했다.

1906년 4월 18일(음력), 이상설은 이동녕, 여준, 정순만 등을 대동하고 용정촌을 향해 떠났다. 이들은 인천 부두에서 중국으로 가는 상선을 타고 상해에 들렀다가 다시 러시아의 블라디보스토크를 거쳐 마침내 최종 목적지 용정촌에 도착하였다. 이들이 가까운 경의선 열차를 이용하지 않은 이유는 을사늑약 이후 일제가 신의주에 초소를 설치하고 국경 경비를 강화하고 있었으므로 이 노선을 잡을 경우 신변의 안전을 장담할 수 없었기 때문이다.

용정에 도착한 이상설 일행은 용정촌의 천주교 회장 최병익의 집을 사들인 후 학교 건물로 개축하였다. 건물이 완성되자 학교 이름을 '서전서숙(瑞甸書塾)'이라 짓고서 그해(1906) 10월에 문을 열었다. 서전이란 용정 일대의 드넓은 평야를 '서전대야(瑞甸大野)'라고 불렀으므로 거기에서 따온 이름이었다.

서전서숙은 국외에 최초로 세워진 우리 한인의 민족 교육기관으로서 초대 숙장에는 이상설이 추대되었고, 운영은 이동녕과 정순만이, 교사진은 여준, 김우용 등이 담당했다. 교과목은 역사, 지리, 수학, 한문, 정치학, 국제공법 등이 있었으며, 교재와 학비는 이상설이 전액 부담하는 완전 무료 체제로 운영되었다.

처음 22명의 숙생으로 문을 연 서전서숙은 이듬해에는 숙생이 70여 명에 이를 정도로 발전했다. 이렇게 단기간에 숙생이 급증한 까닭은 간도 일대는 물론 멀리 함경도와 평안도에서도 한인(韓人) 젊은이들이 몰려들었기 때문이다. 그러나 이처럼 나날이 발전하던 서전서숙은 문을 연 지 겨우 1년 만에 폐교되는 운명을 맞게 된다.

잘 나가던 서전서숙이 갑자기 폐교된 원인은 1907년 숙장 이상설이 헤이그에서 열리는 만국평화회의에 참석하기 위하여 용정촌을 떠나게 된 데다가 통감부 간도파출소가 설치되어 일제의 감시와 방해가 심해졌기 때문이다.

헤이그 밀사 사건

　국내에 남아 고군분투하던 이회영은 1907년 봄 『대한매일신보』 주필 양기탁으로부터 네덜란드의 수도 헤이그에서 러시아의 황제 니콜라이 2세가 주관하는 제2차 만국평화회의가 열린다는 소식을 접했다. 절호의 기회라고 판단한 이회영은 상동교회 목사 전덕기(全德基) 등 몇몇 동지들과 협의한 후, 이 회의에 황제 특사 파견을 추진하기로 했다.

　그러나 이 일을 추진하자면 먼저 고종의 동의를 구해야 하는 난제가 따랐다. 당시 통감부는 황실에 밀정을 심어놓고 24시간 감시하고 있었으므로 조정 대신들조차 황제를 만나는 것은 결코 용이하지 않았다. 고심하던 이회영은 대한협회에서 알게 된 궁중 내관 안호형(安鎬瀅)을 활용하기로 했다. 이회영은 안호형을 통하여 고종황제에게 헤이그에서 26개국 대표가 참석하는 만국평화회의가 개최됨을 알리고 특사 파견을 주청했다.

　이어서 정사(正使)에는 자신의 동지이며, 의정부 참찬에 올라 있는 이상설을, 부사에는 이준(李儁, 1859~1907)과 이위종(李瑋鍾, 1884~?)을 천거했다.

　이회영이 정사로 추천한 이상설은 타고난 수재였다. 그는 독학으로 영어, 일어, 불어, 러시아어 등 4개 국어를 익혀 국제무대에서 소통이 가능했을뿐더러 정치 경험 또한 풍부했다.

부사로 추천한 이준은 1895년 근대법학 교육기관인 법관양성소를 졸업하고 이듬해 한국 최초로 검사가 되었다. 같은 해 중신들의 비행을 파헤쳤으나 이것이 도리어 화근이 되어 일본으로 망명한 후 1897년 와세다대학에서 법학을 전공하고 이듬해 귀국했다. 1899년 독립협회가 일제에 의해 해산되자 이상재, 이동휘 등과 함께 비밀결사 '개혁당'을 조직하여 일제에 저항했고, 1905년 을사늑약이 체결되었을 때에는 을사오적의 처단을 주장하다가 유배당하는 등 불의와는 타협을 모르는 사람이었다.

특사 중 막내 격인 이위종은 러시아 주재 한국 공사 이범진(李範晉)의 둘째 아들로 당시 24세에 불과했다. 그러나 그는 부친이 근무하는 한국공사관에서 참사를 역임하여 외교 경험이 풍부한 데다가 러시아어는 물론, 영어와 프랑스어까지 능통했다.

위 3명의 이력을 확인한 고종은 생질(甥姪) 조남승에게 내탕금 25만 원과 함께 4월 20일 자로 국새(國璽)와 황제의 수결을 마친 신임장을 미국인 고문 헐버트(Homer B. Hulbert)를 통해 보내왔다.

헐버트로부터 황제의 신임장과 여비를 건네받은 이회영은 그 즉시 특사단의 부사로 선정된 이준에게 전달했다. 고종의 신임장과 여비를 받아 든 이준은 서울에서 부산을 거쳐 블라디보스토크에 머물고 있는 이상설과 합류한 뒤 러시아의 수도 상트페테르부르크로 갔다.

그곳에서 이위종까지 합류한 이들 특사단이 네덜란드의 수도 헤이그에 도착한 것은 1907년 6월 25일이었다. 특사단은 도착 사흘 후인 6월 28일, 고종황제의 신임장과 친서를 일본을 제외한 모든 회의 참가국 위원회에 보냈다. 그 내용은 '1905년에 체결된 을사조약은 조약의 기본요건인 황제의 수결조차 갖추지 못했으므로 원천적으로 무효'임을 담고 있었다.

이어서 고종의 친서를 러시아 황제 니콜라이 2세에게 보내고 다음 날인 6월 29일 회의를 주재한 러시아 수석대표 넬리도프 백작을 방문했으나, 그의 반응은 냉담하기만 했다. 6월 30일에는 각국의 대표를 찾아가지만 이들 역시 외면하는데, 이 과정에서 특히 영국은 일본 못지않게 방해공작을 편다.

영국을 비롯한 서구 열강들이 이처럼 일본을 싸고돈 것은 자신들 역시 지구촌 곳곳에 식민지를 건설하여 일본과 동병상련의 입장이었기 때문이다. 이위종은 이를 돌파하기 위하여 각국의 기자들 앞에서 「한국을 위한 호소문(A Plea for Korea)」을 프랑스어로 연설했다. 이 호소문은 구미 각국 언론에 보도되어 한국 문제는 세계인들의 주목을 받게는 되었으나, 더 이상의 성과는 없었다.

모든 일이 좌절되자 이준은 7월 14일, 숙소인 드용호텔에서 분사(憤死)하고 말았다. 결국 아무런 성과를 얻어내지 못하고, 이준까지 죽음에 이르자 이상설과 이위종은 이준의 시신을 현지 공동묘지에 매장하고 헤이그를 떠나 구미 각국을 순방하며 구국을 위한 방법을 찾아 나섰다.

헤이그 밀사 사건의 후폭풍은 거셌다. 사건을 보고 받은 이토 통감은 사건의 책임을 물어 1907년 7월 19일, 고종을 강제로 퇴위시키고 부황(父皇)보다 훨씬 더 유약한 태자(순종)를 황제의 자리에 앉혔다. 새로 제위에 오른 순종은 다음 날인 20일 즉위식이 끝나기가 무섭게 헤이그 밀사를 강하게 처벌하라는 명을 내리는 것으로 정무를 시작한다. 아래는 『순종실록』 7월 20일 자 기사 내용이다.

"조령(詔令)을 내리기를, 이상설(李相卨), 이위종(李瑋鍾), 이준(李儁), 무리들은 어떤 흉악한 성품을 부여받았으며 어떤 음모를 품고 있었기에 몰래 해외에 달려가 거짓으로 밀사(密使)라고 칭하고 방자하게 행동하여 사람들을 현혹시킴으로써 나라의 외교를 망치게 하였는가? 그들의 소행을 궁구(窮究)하면 중형에 합치되니 법부에서 법률대로 엄히 처결하라." 하였다.

이어서 다음 달 8일에는 그 일을 이렇게 마무리 짓는다.

법부대신 조중응(趙重應)이 아뢰기를, "피고 이상설, 이위종, 이준 등의 안건을 검사의 공소에 의하여 심리하였습니다. 본년(1907) 7월 20일에 이상설, 이위종, 이준의 무리는 해외에 몰래 나가서 밀사라고 거짓말을 하고 제멋대로 사람들을 현혹시켜 나라의 외교를 망치게 하였습니다. 그들의 소행을 따져보면 중형에 처하는 것이 마땅하므로 피고 이상설은 교형(絞刑)에 처하고, 이위종과 이준은 종신형에 처하는 것이 어떻겠습니까?" 하니, 윤허하였다.

통감부의 압력으로 종신형을 선고받은 이위종은 이상설과 더불어 구미 열강을 돌며 일제의 만행을 밝히기 위해 혼신의 노력을 기울였으나 별다른 성과를 거두지 못했다. 낙심한 이위종은 이상설과 헤어져 러시아로 들어가 그곳에서 활동하는 독립운동가 최재형(崔在亨, 1858~1920)과 함께 의병을 조직하고 항일투쟁을 펼쳤다.

1911년 부친(이범진)마저 자결하자, 이위종은 1916년 블라디미르 육군사관학교를 졸업하고 러시아 육군소위가 되어 제1차 세계대전에 참전했다. 종전 후에는 연해주 한인촌으로 가서 숙부 이범윤, 최재형 등과 함께 계속해서 항일운동을 펼쳤다.

1918년 5월 적백내전이 가열되자 이위종은 붉은 군대 산하 제3 국제연대 대원으로 참전하여 백군을 격퇴하는 등 전공을 세웠다. 이어서 그는 공산당 간부로 활동했다고 하나, 그 후의 행적은 구체적으로 밝혀지지 않고 있다.

헤이그 사건의 주역이라는 이유로 교형을 선고받아 귀국길이 막히게 된 이상설은 이위종과 함께 구미 열강을 돌며 일본의 만행을 폭로하고 도움을 요청했다. 그러나 자국의 이익만을 추구하는 열강들로 인해 아무런 성과도 거둘 수 없었다.

결국 이상설은 빈손이 되어 블라디보스토크로 들어가는데, 이유는 국내와 가까우면서도 그곳이 교통의 요지이기 때문이었다. 그 후 이상설은 중국과 러시아 접경지대에 있는 항카호(興凱湖) 근처 봉밀산 자락에 한흥동(韓興洞)을 건설하고 항일투쟁의 전진기지를 구축했다.

1910년 8월 블라디보스토크에서 성명회(聲明會)를 결성하고 투쟁을 계속했으나, 일본의 압력을 받은 러시아 정부에서 다음 달인 9월 성명회 간부들과 연해주에서 활동하던 13도 의군(義軍) 20여 명을 함께 니콜리스크로 추방함으로써 결성 한 달 만에 와해되고 말았다.

이듬해 다행히 블라디보스토크로 돌아오게 된 이상설은 1911년 5월 '권업회(勸業會)'를 조직하고 『권업신문』을 발행하며 투쟁을 멈추지 않았다. 이 과정에서 일제의 밀정으로 몰린 그는 하바롭스크로 또다시 추방당했으나, 오래지 않아 풀려났다.

1914년 시베리아 한인 이주 50주년을 맞아 연해주 한인사회에서는 이를 기념하기 위해 한국 최초의 임시정부에 해당하는 '대한광복군정부'를 조직하고 이상설을 '정통령(正統領)'으로 추대하였다. 이듬해 이상설은 상해에서 수많은 독립운동 단체들과 연합하여 '신한혁명단'을 조직하고 그 본부장에 추대되어 투쟁을 멈추지 않았다.

을사늑약 체결 무렵부터 몸을 혹사하며 항일에 매진하던 이상설은 1916년 들어서는 토혈을 하는 등 건강이 매우 좋지 않았다. 동지들은 하바롭스크보다 기후가 온화한 니콜리스크로 거처를 옮겨 정양토록 했다. 그러나 그곳에서도 회복을 못 한 그는 1917년 4월 22일 48세를 일기로 눈을 감는데, 그는 순국을 앞두고 다음과 같은 유언을 남긴 것으로 전해진다.

동지들은 합세하여 조국광복을 기필코 이룩하라. 나는 그것을 이루지 못하고 떠나니, 혼인들 어찌 감히 조국에 돌아갈 수 있겠는가. 내 몸과 유품을 모두 불태워 강물에 흘려보내고 제사도 지내지 말라.

신민회와 105인 사건

1907년 봄 서울에서는 비밀결사 '신민회'가 태동했다. 신민회가 언제 결성되었는지는 아직까지 정확히 밝혀지지 않았으나, 한국독립운동사연구소에서 발행한 『한국독립운동사사전』에 따르면 1907년 4월로 보는 것이 타당하다고 했다. 그해 4월 안창호의 발기로 양기탁, 전덕기, 이동휘, 이동녕, 이갑, 류동열, 안창호 등 7명이 창립위원이 되었고, 이회영, 윤치호, 노백린, 신채호, 이승훈, 이상재, 박은식, 김구 등은 그 뒤에 가입했다고 했다.

그러나 여기에는 이설도 있다. 이정규가 저술한 『우당 이회영 약전』에 따르면 신민회는 상동교회 목사 전덕기, 이회영, 이동녕, 양기탁, 김구, 이동휘, 이관직 등이 조직했으며, 상동교회가 그 본부 역할을 했다고 기술했다. 신민회의 결성 시기를 두고 이처럼 혼선이 빚어진 것은 그만큼 이 조직의 보안이 잘 되었다는 방증으로 보인다.

전국의 유력 인사들을 총망라하여 결성된 신민회는 입회 자격으로 애국사상이 투철하고 국권회복과 독립운동에 온몸을 바칠 결심이 서 있는 사람에 한하여 엄선했다. 또한 입회 때는 '자신의 생명과 재산을 국가와 민족을 위해 바치겠다'는 선서와 서약 절차를 거쳤다.

국권회복을 위해서는 모든 국민이 새로워져야 한다는 취지로 결성된 '신민회(新民會)'는 그 실천 방안으로 신교육과 국민계몽을 펴나가기로 하고, 창립 이듬해인 1908년부터 전국에 민족학교를 세우기 시작했다. 평안북도 정주의 오산학교, 평양의 대성학교, 강화의 보창학교, 의주의 양실학교, 황해도 안악의 양산학교, 서울의 협성학교가 이때 세워졌으며, 그 총수는 100여 개교에 달했다.

이 밖에 계몽, 강연, 학회 활동을 통해 국민들을 선도해 나감은 물론, 국외에 독립기지를 건설하고, 무관학교를 세워 군대를 양성하여 이 땅에서 일제를 몰아내고 공화정체(共和政體)의 자유독립국을 세우는 데 최종 목표를 두었다.

점조직으로 되어 있는 신민회는 회원 상호 간에도 자신과 직접적으로 연관된 사람 외에는 그 누구도 알 수가 없었다. 이러한 조직의 특성으로 인해 일제는 경술병탄이 이루어질 때까지도 신민회의 실체를 전혀 모르고 있었으나, 병탄 이듬해인 1911년 '105인 사건'이 터지면서 신민회의 실체도 드러나게 된다.

사건의 발단은 안중근의 4촌 아우 안명근(安明根)을 중심으로 만주 서간도에 무관학교를 설립할 목적으로 자금 모집을 추진하면서 시작됐다. 순리적인 방법으로는 결코 자신들의 목적을 달성하기 쉽지 않을 것이라 판단한 이들은 부호들에게 권총을 들이대는 것도 서슴지 않았다.

1910년 11월 안명근은 박만준과 함께 황해도 송화군 부호 신경천(申敬天)을 위협하여 3,000원을 징발했다. 이어서 신천군 부호 민영설(閔泳卨)을 권총으로 위협하고, 2,000원을 요구했으나 그가 거부하자, 강하게 질책하고 사라졌다.

사건 후 민영설은 이 사실을 일경(日警)에 밀고했다. 수사에 돌입한 경찰은 안명근을 위시해서 김구, 김홍량(金鴻亮) 등 160여 명을 검거했다. 이들의 출신지가 대부분 황해도 안악이라 해서 이 사건을 가리켜 '안악 사건' 또는 안명근에 의하여 발단된 사건이라 하여 '안명근 사건'이라고도 부른다.

　　경술병탄 이후 반일운동 세력을 제거하고자 기회를 노리던 일제는 이 사건을 조선 총독으로 재임 중이던 데라우치의 암살을 위한 자금 모집을 시도했다는 죄목으로 확대 날조하고, 안악 사건으로 검거한 160명 외에 '데라우치 총독 암살미수' 혐의로 700여 명의 인사들을 추가로 잡아들였다. 일제는 160명에 달하는 안악 사건 피의자 중 안명근에게는 종신형, 김구와 김홍량을 비롯한 7명에게는 징역 15년, 이 밖에 도인권·양성진은 10년, 최익형 등 7명에게는 7년을 선고하는 것으로 안악 사건을 종결짓고, 추가로 잡아들인 700명 피의자 심리에 들어갔다.

　　이 사건 전체를 '105인 사건'으로 부르는 이유는 '데라우치 총독 암살 시도' 혐의로 잡혀들어온 700여 명의 피의자 가운데 123명을 기소한 후, 그중 18명은 무혐의로 석방시키고, 나머지 105명에게 유죄 판결을 내렸다는 데서 비롯됐다.

　　105인 사건 관련자들은 신민회 중앙간부를 제외하고는 대부분 서북지방(황해도와 평안도) 출신들이었고, 그곳에서 선교 활동을 하던 미국인 선교사 24명도 이 사건에 포함되었다. 일제가 선교사들을 잡아들인 목적은 기독교 전파를 차단하고, 타지방보다 높은 서북지방의 반일 세력을 약화시키는 데 있었다.

　　일경은 700여 명의 피의자들에게 혹독한 고문을 가하며 자백을 강요했다. 신문 도중 김근형(金根瀅), 정희순(鄭希淳) 등 2명은 고문을 못 이겨 숨이 끊어졌고, 이외 많은 사람들이 불구가 되었을 정도로 고문은 가혹했다.

이런 가운데도 외국인 선교사가 대거 관련된 이 사건은 미국을 비롯한 구미 각국의 주목을 받는 세계적 사건으로 비화되기에 이른다. 이에 고무된 한국인 피의자들은 외국인 선교사들과 함께 대규모 변호인단을 구성하여 법정투쟁에 돌입했다.

변호인단에는 한국인으로는 장도(張燾), 권혁채(權爀采), 김정목(金正穆), 박용태, 이기환(李基煥), 윤방현 등 10여 명이 있었고, 이 밖에 일본에서 민권변호사로 이름을 떨치고 있던 나카무라(中村時章)와 미야케(三宅)를 비롯한 일인 변호사 9명이 가세했다.

이렇게 대규모 변호인단을 꾸렸음에도 불구하고 123명의 피의자 중 1심에서 18인을 제외한 105명에게 유죄가 선고되었다. 그 내역은 윤치호, 양기탁, 이승훈, 류동열, 임치정, 안태국 등 지도급 인사 6명에게는 징역 10년, 차이석·옥관빈 등 18명에게는 8년, 이덕환·이춘섭 등 39명은 6년, 오대영·옥성빈 등 42명에게는 5년을 선고했다.

1심 판결에 불복한 105명의 피의자들은 즉각 항소를 제기했다. 그리하여 1913년 7월 대구복심법원에서 속개된 2심에서는 1심에서 유죄가 선고되었던 105인 중 99명에게는 무죄 판결을 내리고, 주모자로 지목된 양기탁, 윤치호, 이승훈, 안태국, 임치정, 옥관빈 등 6명에게는 징역 6년을 선고했다. 1심 판결과는 비교가 안 될 만치 형량이 줄어든 데에는 변호인단의 노력과 악화된 국제 여론 때문이었다.

그 후 일제는 1915년 2월 12일 이들 6명을 특별사면 형식으로 석방함으로써 105인 사건은 종결되었으나, 그 결과는 참담했다. 신민회 창립 당시부터 주역으로 활동하던 상동교회 목사 전덕기(全德基)는 고문의 후유증으로 1914년 죽음을 맞았으며, 신민회 회장 윤치호(尹致昊)와 양산중학교를 설립하고 황해도 일대의 교육구국운동을 이끌던 김홍량은 친일파로 돌아섰다. 따라서 이 사건으로 인해 신민회는 자동적으로 와해되었다.

6형제의 망명

미구(未久)에 일제가 나라를 통째로 집어삼킬 것으로 생각했던 이 회영은 1910년 여름 이동녕, 장유순, 이관직과 더불어 한지(韓紙) 장수를 가장하고 압록강 건너 서간도 일대를 돌아보았다. 장차 나라 가 망하면 새로 건설할 독립운동 기지를 물색하고자 함이었다. 이때 이들이 주목한 곳은 한인 동포들이 가장 많이 살고 있는 서간도 용 정촌 일대였다.

약 보름간의 일정으로 서간도 일대를 돌아보고 서울로 돌아온 그 에게 청천벽력의 소식이 전해졌다. 그가 국내를 떠났던 사이 일제의 병탄이 이루어졌던 것이다. 일제가 나라를 집어삼켰다는 사실을 알 게 된 이회영은 진작부터 계획했던 망명을 서둘기로 했다. 지금까지 는 그래도 설마 하는 심정으로 망명을 늦춰왔지만, 이제는 더 이상 미룰 이유가 없었다.

일단 결심을 끝내면 그 즉시 행동에 들어가는 이회영이다. 형제들 의 집을 오가며 애를 쓴 끝에 6형제 모두가 함께 떠나자는 합의를 이끌어내는 데 성공했다. 그러나 재산 정리가 문제였다. 일제의 감시 가 워낙 심해 드러내놓고 팔 수는 없었다. 따라서 그들 모르게 팔아 야 했는데, 당시의 난감했던 상황을 이은숙(李恩淑, 이회영은 1907년 조강지처 달성 서씨와 사별하고, 항일에 매진하기 위하여 1908년 10월 22세 연하의 이은숙과 재혼했다)은 그의 자서전 『서간도 시종기』에서 이렇게 회고했다.

팔월 그믐께부터 다음 달 초승까지 여러 형제분이 일시에 합력하여 만주로 갈 준비를 하였다. 비밀리에 전답과 가옥, 부동산을 방매(放賣, 물건을 팔려고 내놓는 것)하는데, 여러 집이 일시에 방매하려니, 이 얼마나 극난하리오. 한 집안 가옥을 방매해도 소문이 자자하고 여러 하속(下屬, 하인)들의 입을 막을 수 없는 데다 한편 조사는 심했다.

급하게 처분한 6형제의 재산은 거금 40만 원에 이르렀다. 이를 지금의 화폐가치로 환산하면 약 천억 원에 이른다고 한다. 하지만 이것은 당시의 물가를 기준으로 한 것이다. 더구나 급히 파느라 헐값에 방매했으므로 그 값을 지금의 가치로 추정하기란 불가능하다. 아마도 이들 6형제가 지녔던 땅을 현재 시세로 환산하면 적게 잡아도 2조 원 이상은 되었을 것으로 추정된다.

이때 가장 많은 재산을 내놓은 사람은 둘째 이석영(李石榮)이었다. 이석영이 형제들 중 가장 많은 재산을 내놓을 수 있었던 것은 양부 이유원(李裕元)으로부터 엄청난 재산을 물려받았기 때문이다.

고종 치하에서 영의정을 역임했던 이유원에겐 이수영(李秀榮)이라는 외아들이 있었으나, 그가 67세에 이르던 1880년 그만 이 금지옥엽의 아들을 잃고 말았다. 이유원의 상실감은 천하를 다 잃은 듯했고, 대를 잇기 위해서는 불가부득 양자를 들여야 했다.

이유원의 양자가 되는 행운을 잡은 사람이 바로 그의 13촌 조카

뻘 되는 이석영이었다. 이석영은 260만 평이 넘는 양부의 재산을 고스란히 물려받을 수 있었고, 그 많은 재산을 남김없이 처분하여 망명자금으로 내놓았다. 이 밖에 이유승이 지녔던 저동(苧洞, 명동 부근) 일대에 산재하는 8,000여 평의 땅도 모두 팔았다.

형제들은 매매가 가능한 재산은 남김없이 처분했으나, 조상 대대로 내려오던 집과 가보처럼 보관하던 산더미 같은 책은 어쩔 수 없이 평소 자식 못지않게 아끼던 최남선(崔南善)에게 맡기기로 했다. 재산 정리를 끝낸 6형제는 망명을 앞두고 다시 한자리에 모였다. 자리를 주선한 이회영이 먼저 입을 열었다.

"서울을 등지기 전에 우리 형제들의 결심을 다시 한번 확인하고자 이 자리를 만들었습니다. 지금의 심정을 말로는 표현할 길이 없다는 것은 저를 포함해서 형제분들 모두 같으리라 여겨집니다. 5백 년을 지켜오던 사직이 무너지고 반도 산하가 왜적의 손아귀에 들어간 이 때 우리 형제가 당당한 명족(名族)의 후예로서 대의에 죽을지언정 왜적 치하에서 노예가 되어 구차하게 살아간다면 어찌 금수(禽獸)와 다르다 하겠습니까? 이제 우리 형제는 중국으로 망명하여 목숨을 내놓고 왜적과 싸우는 길 외에 다른 도리는 없다고 생각합니다."

회영의 말이 끝나자 형제들은 모두가 머리를 끄덕였다. 그것은 이미 이 자리에 오기 전부터 합의된 일이기도 했다.

망명을 결의한 형제들은 맏이 건영을 향해 "문중 대대로 지켜오던 선산과 조상의 봉제사(奉祭祀)를 위해서는 큰형님 한 분만은 이곳에 남아 계셔야 할 줄로 압니다. 아니면 조상님들께 큰 죄를 짓게 될 것입니다."라고 했다. 그러자 건영은, "나라가 있어야 조상도 있고 제사도 있는 것이지, 나라가 이미 없어진 마당에 조상의 봉제사가 무슨 의미가 있단 말인가. 나도 여러 아우들과 뜻을 같이하겠네. 아마도 조상의 신령들께서도 내 뜻을 아실 것일세."라며 형제들의 망명 행렬에 동참할 것을 다짐했다.

이에 6형제의 가족 모두가 떠나기로 결의하니, 전체 인원이 60여 명이나 되었다. 가족이 이처럼 많았던 까닭은 부리고 있던 노비를 포함했기 때문이다. 회의에서는 노비들을 모두 해방시키고 그들의 행동은 각자 자유의사에 맡기기로 했으나, 주인과의 정리(情理)로 따라나서는 노비들이 많았던 것이다.

이들 대가족이 집을 나선 것은 1910년 12월 30일 새벽녘이었다. 남대문정거장(서울역)에서 아침 8시에 출발하는 경의선 열차에 몸을 실은 망명 행렬은 밤 9시에 신의주역에 도착했다. 열차에서 내린 망명 행렬을 안내한 사람은 이동녕의 매부 이선구였다. 그는 이들 대가족을 신민회의 비밀 연락 장소인 동취(東聚) 여관으로 데리고 갔다. 일행은 이곳에서 잠시 머물다가 얼어붙은 압록강을 건너는데, 그날의 상황을 이은숙은 그의 회고록『서간도 시종기』에 이렇게 적었다.

팔도에 있는 동지들께 연락하여 1차로 가는 분들을 나누어 보냈다. 우당장(友堂丈, '우당'은 이회영의 호이고 '장'은 존칭)은 옛 범절과 상하 구별을 돌파하고, 상하존비(上下尊卑)들이라도 주의(主義)만 같으면 동지로 대접하였다. 서울서 오전 8시에 떠나서 오후 9시에 신의주에 도착하여 그 집에 몇 시간 머물다가 압록강을 건넜다. 국경이라 일경의 경비가 철통같지만, 새벽 3시쯤은 안심해도 좋은 때다. 중국인 노동자가 강빙(江氷)에서 사람을 태워 가는 썰매를 타면 약 두 시간이면 건너편

안동현(단둥)에 도착한다. 그러면 이동녕 씨의 매부 이선구 씨가 마중 나와 처소로 데려간다. 안동현에는 우당장께서 여러 동지들이 유숙할 곳을 미리 정해놓고 국경만 넘어가면 그곳에 머물게 하였다. 우리 시숙 영석장(潁石丈, 영석은 이석영의 호)께서 반기시며 "무사히 국경을 넘어 참으로 다행"이라고 말씀하시는 것이었다.

안동현에서 10여 일을 머문 60여 명이나 되는 대가족이 그곳에서 5백 리나 떨어진 중간 목적지 횡도촌(橫道村)을 향해 출발한 것은 1월 9일이었다. 이들은 10여 대의 마차에 분승하고 이회영을 비롯하여 몇몇은 말을 타기로 했다. 막상 길을 나서기는 했으나, 만주벌의 혹독한 추위는 모두의 마음을 얼어붙게 했다. 망명 행렬은 영하 30도를 밑도는 추운 날에도 새벽 4시만 되면 어김없이 길을 나섰다.

안동에서 횡도촌에 이르는 길가에는 인가도 별로 없었다. 60여 명의 대가족이 말(馬)을 중심으로 움직이다 보니, 많은 방과 큼직한 마구간을 갖춘 쾌전(快廛)이 필요했으나, 이런 조건을 두루 갖춘 쾌전은 좀처럼 눈에 띄지 않았다. 그러므로 쾌전을 못 만나는 날은 밤을 새워 달려야 했다. 멀고도 험한 길을 달려 이회영 일가가 최종 목적지 유하현(柳河縣) 추가가(鄒哥街) 마을에 도착한 것은 이듬해 (1911) 2월 초였다.

지난해 8월 이회영 일행이 서간도 답사 때 점찍은 이곳 추가가는 추씨들이 누대에 걸쳐 살아온 추씨들의 집성촌이었다. 마을 앞으로는 세 개의 물줄기가 모여드는 곳이라 해서 이름 붙여진 삼원포(三源浦)가 있고, 마을 뒤편으로는 크고 작은 산들이 산성처럼 둘러 있었다.

이렇듯 추가가 마을은 독립운동기지로는 나무랄 데 없이 좋았으나, 워낙 산골이어서 쌀을 비롯하여 생활용품을 구할 수 없는 것이 큰 난점이었다. 당시의 형편을 이은숙은 이렇게 회고했다.

이곳은 첩첩산중에 농사는 강냉이와 좁쌀·두태뿐이고, 쌀은 2~3백 리나 나가서 사와야 하므로 제사 때나 사온다. 어찌나 쌀이 귀하던지 아이들이 이름 짓기를 '좋다밥'이라 하더라.

안동의 지사들

　이회영 일가에 이어 영남 유림을 대표하는 석주(石洲) 이상룡 일
가 역시 이곳 추가가로 망명했다. 이상룡을 비롯한 안동의 혁신유림
모두가 이곳으로 망명한 것은 망명 전 신민회를 통하여 이미 서로가
연락이 있었음을 뜻한다.

　이상룡(李相龍, 1858~1932)은 망명 전에도 의병 활동을 했었다. 그
는 1895년 을미의병 당시 외숙부 권세연(權世淵)의 의병진을 적극
도왔으나, 조부의 상중이라 직접 참여하지는 않았다. 1905년 을사
의병 때는 자신의 매제 박경종과 함께 마련한 15,000냥과 이규명의
10,000냥 그리고 남세혁의 전답 20두락(4,000평)으로 군자금을 마
련하고 거창의 차성충과 함께 가야산에서 거병하기로 계획을 세웠
다. 그러나 기밀이 누설되는 바람에 일본군의 기습을 받아 무기를
빼앗기고 군사들은 사방으로 흩어져 거사는 실패하고 말았다.

　이때의 경험을 바탕으로 의병보다는 신문물을 수용하는 것이 구
국의 지름길이라 판단한 이상룡은 척사유림에서 혁신유림으로 전환
하고, 김동삼·류인식 등과 더불어 신식 교육기관인 협동학교(協東學
校)를 설립하고 신문물을 받아들였다. 이어서 1909년에는 대한협회
안동지회를 결성하고 안동지역 계몽운동을 이끌기 시작했다.

1910년 나라가 망하자 이상룡은 집안의 노비들을 해방시킨 다음 자신의 전답을 처분하고 온 가족은 물론, 고성(固城) 이씨 문중 150여 명을 이끌고 망명을 서두르는데, 그 속에는 열두 살짜리 손녀딸과 이제 겨우 여섯 살에 이른 손자 '병화'도 있었다.

그는 신해년(1911) 설 명절을 마치고, 정월 초나흗날 새벽에 사당에 제를 올리고 나서 아침 일찍 고향을 등지고자 했으나, 시집간 외동딸(당시 17세)이 울고 놓아주지를 않는 바람에 부녀가 함께 붙들고 울다가 오후 늦게서야 떠나게 된다. 이상룡은 슬하에 단지 남매를 두었다. 이 중 외아들 준형(濬衡)은 혼인한 지 3년 만에 얻었으나, 딸은 자그마치 혼인을 치른 지 23년 만에 얻은 귀한 딸이었다.

딸이 붙들고 놓아주지를 않자, 이상룡은 "이제 머지않아 나라를 되찾으면 우리 부녀 다시 만나게 될 터이니 너무 섧게 울지 말라"는 말로 딸을 위로하고 발길을 돌렸다. 하지만 그 말은 결국 거짓이 되었고, 이때의 이별이 영원한 이별이 되고 말았다.

안동을 떠난 이상룡 일가는 기차를 타기 위해 경부선 추풍령역까지 걸어가야 했다. 이들이 가까운 김천역을 마다하고 추풍령까지 간 것은 김천에는 일경의 감시가 심했기 때문이다.

그러나 이들 일행이 추풍령역에 이르렀을 때에는 낮 기차는 이미 모두 끊어지고 다음 기차는 새벽 2시에나 있다고 했다. 이상룡 일가가 새벽차를 타고 남대문정거장과 신의주역을 거쳐 얼어붙은 압록강을 건넌 것은 정월 스무이레(양력 2월 25일)였는데, 그는 압록강을 건너면서 그 비통한 심정을 이렇게 읊는다.

渡江(辛亥 正月 二十七日)

삭풍은 칼날보다 날카로와	朔風利於劍
차갑게 내 살을 에는구나	凜凜削我肌
살은 깎여도 참을 수 있고	肌削猶堪忍
애가 끊겨도 슬프지 않네	腹割寧不悲
즐거운 낙토 부모의 나라를	樂哉父母國
지금은 그 누가 차지했는가	而今誰據了
이미 내 논밭과 집 빼앗아 가고	旣奪我田宅
이제 다시 내 처자식 넘보나니	復謀我妻怒
이 머리는 차라리 자를 수 있을지언정	此頭寧可斫
이 무릎 꿇어 종이 될 수는 없도다	此膝不可奴
누구를 위하여 발길을 늦추겠는가	爲誰欲遲留
나는 돌아보지 않고 호연히 가리라	浩然我去矣

비장한 마음으로 국경을 넘은 이상룡은 서간도로 망명하여 그보다 한발 앞서 도착한 이회영의 이웃에 자리를 잡는다. 그는 이곳에서 이회영 6형제와 더불어 경학사와 신흥무관학교를 세우는 데 앞장섰고, 『대동역사(大東歷史)』를 저술하여, 신흥무관학교의 역사 교재로 사용하기도 했다. 이어서 한족회와 부민단(扶民團) 그리고 통합독립군정부인 '정의부'를 설립하는가 하면, 항일무장투쟁을 위한 군사기구로 '서로군정서'를 설립하고 그 독판(督辦)에 취임하여 활동하기도 했다.

1925년 3월 상해 임시정부는 이승만 대통령을 탄핵한 후, 헌법을 개정하여 대통령제를 국무령제로 바꾸고, 이상룡을 초대 국무령으로 추대했다. 그해 9월 국무령으로 취임한 이상룡은 위기에 처한 독립운동의 활로를 열고자, 지금까지와는 달리 독립운동 최전선에서 활동하는 인사들을 중심으로 내각을 구성하고자 했다.

그러나 그의 생각과는 달리 9명의 국무위원 중 8명에 이르는 김동삼, 김좌진, 오동진 등 만주에서 활동하던 인사들은 그의 뜻을 따르지 않았다. 이때 그들이 국무위원직을 사양한 데에는 두 가지 이유가 있었다. 자신들이 만주를 떠나게 되면 지금까지 다져 놓은 독립기지의 발판이 무너질 수도 있다는 우려가 그 하나이고, 다른 하나는 독립운동은 뒷전이고 권력다툼만 일삼는 임정 인사들에 대한 불신 때문이었다.

내각 구성에 실패한 이상룡은 이듬해(1926) 2월 국무령직을 사임하고 자신이 활동하던 만주 화전현으로 돌아갔다. 그 후 급속히 기력이 떨어진 그는 1932년 5월 12일(음력) "조국이 해방되기 전까지는 내 유골을 고향으로 가져가지 말라"는 유언을 남기고 길림성 서란현(舒蘭縣)에서 75세를 일기로 순국했다.

당시 이상룡과 함께 가족을 이끌고 고향 안동을 떠나 이곳으로 망명한 독립지사로는 이상룡의 손위 처남 백하(白下) 김대락(金大洛, 1845~1914)도 있었다. 김대락은 의성 김씨의 집성촌인 안동 '내앞(川前)마을'에서 김진린(金鎭麟)의 4남 3녀 중 장남으로 태어났다.

김진린이 고종 치하에서 금부도사를 역임하여 안동에서는 그의 집안을 가리켜 '도사댁'이라 불렀다. 도사댁은 사람 천석, 글 천석, 살림 천석으로 세칭 '삼천석댁'으로 불릴 정도로 경제력과 학문을 두루 갖춘 집안이었다. 이러한 환경에서 태어난 김대락은 서양 문물이 들어오기 전까지는 전통유림을 고수했다.

그러나 그가 중년에 이를 무렵 서양 문물이 밀려 들어오기 시작했다. 서양 문물은 보수의 고장 안동이라 해서 예외를 두지 않았으나, 김대락은 이를 강하게 거부하고 오직 전통유림만을 고수했다. 그후 류인식에 이어 문중 조카뻘인 김동삼이 서양 문물을 받아들이고, 자신과 함께 전통유림을 고수하던 매부(妹夫) 이상룡까지 서양 문물을 받아들이자, 그도 어쩔 수 없이 신문물을 수용하고 혁신유림으로 방향을 틀었다.

신학문의 가치를 깨달은 그는 50여 칸에 이르는 큰 집(白下舊廬, 백하구려)을 안동의 신학문 개척학교인 협동학교(協東學校)를 위해 내놓았다. 이때부터 혁신유림에 선봉에 서서 후진 양성에 매진하던 김대락은 경술국치 소식을 듣고서 망명을 결심했다.

신해년(1911) 새해가 되자 사당에 제를 올린 김대락은 67세의 노구를 이끌고 의성 김씨 문중 100여 명과 함께 압록강을 건넜다. 고국을 떠날 당시 김대락은 홀아비였다. 그는 20세가 되던 갑자년(1864)에 첫아들을 낳은 여강 이씨를 여의고, 재혼으로 맞아들인 안동 권씨는 신축년(1901) 정월 초하룻날 잃고서 10년을 홀로 지내다가 망명길에 오른 것이다. 망명 당시 그의 손주며느리와 손녀는 다 함께 만삭이었는데, 왜적에게 빼앗긴 땅에서 증손자가 태어남을 수치로 여긴 김대락은 손부와 손녀까지 대동했다.

만삭이었던 손부는 망명한 지 불과 한 달도 못 된 그해 2월 2일 득남을 했고, 손녀는 2월 20일 득남했다. 이때 김대락은 증손자의 아명을 빼앗긴 땅이 아닌 옛 당나라 땅에서 낳아 통쾌하다는 의미로 '쾌당(快唐)'이라 짓고, 외증손자의 아명은 고구려를 세운 주몽을 떠올리는 '기몽(麒夢)'이라 지었다.

김대락은 망명지의 열악한 환경 속에서도 3년에 걸쳐 한문체의 일기를 썼다. 그의 호를 따서 『백하일기(白下日記)』라 명명된 이 일기는 이순신의 『난중일기』와 어깨를 견줄 만큼 그 내용이 생생하면서도 감동적이다.

『난중일기』는 이순신이 임진왜란이 발발하던 1592년 1월 1일부터 시작해서 그가 노량 앞바다에서 전사하기 이틀 전인 1598년 11월 17일까지 진중에서 일어나는 모든 상황과 나라를 걱정하는 마음을 진솔하게 그려내어 우리 국민 모두의 감동을 불러일으켰다.

이에 반해 『백하일기』는 일흔에 가까운 노구를 이끌고 동토의 땅 만주에서 고향을 그리는 자신의 절절한 심경과, 망명 초기 우리 독립투사들의 극난했던 상황을 생생하게 담아냈다.

김대락은 그가 망명길에 오르던 1911년 음력 1월 6일부터 시작해서 1913년 12월 30일까지 만 3년간을 하루도 빼놓지 않고 일기를 썼다. 이후 마음고생 몸 고생으로 급격히 기력이 떨어진 김대락은 1914년 12월 10일, 꿈에도 못 잊던 고국 땅을 그리며 유하현 삼원포에서 70세를 일기로 순국했다.

여기에 『백하일기』 중 망명 과정에서 겪은 몇 장면을 옮겨 그날의 상황을 알아본다.

辛亥年(1911) 一月 七日 風(바람이 불다)

식구들을 이끌고 걸어서 (백마역에서) 신의주로 향했다. 가는 데마다 묻고 또 물으면서 산길을 질러갔다. 백마역에서 거리가 30리인데, 20십 리쯤 와서 점심을 먹은 후, 식구들은 객점에 있으라 하고, 지팡이를 짚고 집 아이(차남 김형식) 일행을 찾으러 나서는데, 모래바람이 얼굴을 때리고 대낮인데도 음산하고 흙비가 내려 손발이 얼어 견딜 수가 없다. 간신히 압록강에 이르러 사방으로 찾아보았으나 찾을 수가 없다. 우연히 한 객점에 들어가니 울진의 황 서방(김대락의 손주사위) 일행이 어제 여기 왔는데, 방금(防禁, 국경을 넘지 못하도록 금하는 법령)에 막혀 걱정과 탄식을 하고 있었다.

一月 十四日 晴(맑음)

수레 위에서 갑자기 머리가 울리는 증세가 나타났다. 이는 얼음길이 울퉁불퉁 험한 데다가 어지러운 돌로 움푹하게 꺼진 땅에 마차 바퀴가 세차게 부딪치니, 머릿속이 수레 위에서 흔들리기 때문이다. 수레 속에 있던 물건이 혹 깨어지기도 하고, 머리가 수레 기둥에 부딪치니 부지할 수가 없는데, 가장 가엾은 것은 만삭의 손부(孫婦)와 손녀이다. 둘은 혹 걸어서 마차 앞에 가기도 하고, 달려서 뒤를 쫓아오다가 다시 마차에 타기도 하는데, 그 괴로워하는 모습은 말로 다 할 수가 없다.

一月 十五日 晴

이날 오후에 회인현(懷仁縣) 항도촌 이 진사 집에 이르렀다. 이틀을 묵은 후에 항도촌 북산동에 황만영(경북 울진 출신의 독립지사)이 사 두었던 집에 도착했다. 이 진사 집에서 장(醬)을 사고 길거리에서 땔감을 사고, 어느 촌가에서 좁쌀을 바꾸어 입에 풀칠할 거리를 대략 갖추었으나, 군색함을 이루 다 말할 수가 없다.

一月 十六日 晴

방에 가리개가 없어 추위가 특히 심하다. 거기다 여러 집이 방 하나에 함께 거처하니 비좁음을 견딜 수가 없고, 눈에 보이는 것마다 모두 생소하나 달리 변통할 수가 없어 민망하기 그지없다. 다만 뜻이 서로 통하여 이성(異姓)이면서도 내외(남녀) 구별이 없고 느긋하건 급한 일이건 서로 따르는 정의가 있으니 다행스럽다.

一月 二十三日 晴

큰 눈이 집을 에워싸니 찬 기운이 사람을 핍박한다. 근심스럽고 심란한 가운데 더욱 고향 그리는 마음을 금할 수가 없다.

二月 二日 晴

(…) 문간에 들어서자마자 이르되, "(손부의) 해산이 큰 고비를 막 넘어섰으나 아들인지 딸인지 살필 겨를이 없다"고 한다. 홀연 '으앙'하는 큰 울음소리가 들려오므로 짐을 지고 가던 태산 길이 평평해진 듯하여 기쁨을 이루 다 말할 수 없다. 땅이 멀고 하늘이 멀어 고향에 알릴 수가 없으니 한스러울 뿐이다.

또한 이들과 함께 망명한 김동삼(金東三, 1878~1937)은 김대락의 문중 조카뻘이었고, 고향도 김대락과 같은 안동 내앞마을이었다. 1878년 김계락의 장남으로 태어난 김동삼의 본명은 김긍식(金肯植)이었으나, 집에서는 종식(宗植)이라 불렀다. 그는 경술국치 후 만주로 망명한 뒤에 이름을 만주 동삼성(東三城)을 뜻하는 동삼(東三)으로 바꾸고, 호는 푸르름의 상징인 한 그루의 소나무를 뜻하는 일송(一松)이라 지었다.

김동삼이 태어난 내앞마을은 의성 김씨의 집성촌으로 전통유림을 고수하고 있었다. 김동삼은 30세가 되던 1907년까지는 당연히 가학을 이어받아 안동 유림의 거목으로 추앙받는 서산 김흥락의 문하에서 전통 한학을 익히며 평탄한 삶을 살았다.

그러나 침략의 마수를 뻗쳐오는 일본의 세력은 그를 한가롭게 내버려두지 않았다. 김동삼은 1907년 시대의 선각자였던 류인식·김후병과 더불어 내앞마을에 협동학교를 세우고, 그 학교 교감으로 활동하면서 비밀결사인 신민회와 대동청년단에 가입하고, 민족운동과 계몽운동을 병행해 나갔다.

그로부터 3년 후인 1910년 나라가 망하자, 이상룡과 김대락의 인솔하에 많은 사람들이 누대에 걸쳐 살던 고향을 버리고 망명길에 나섰다. 김동삼 역시 이때 그들과 함께 만주로의 망명길에 나서는데, 당시 그를 따라나선 젊은 제자가 20여 명에 이르렀을 정도로 협동학교와 마을에서의 그의 신망은 두터웠다.

서간도 유하현 삼원포에 첫걸음을 내디딘 김동삼은 한발 앞서 도착한 이회영·이상룡 등과 더불어 경학사와 신흥무관학교 건설에 참여하고 조직과 선전을 담당했다. 김동삼은 이곳에서의 독립사업이 본궤도에 오르기 시작한 1914년 통화현 '팔리초'로 자리를 옮겼다.

이때 김동삼은 신흥무관학교를 졸업한 신흥학우단과 부민단에서 활동하던 독립운동가 출신 중에서 385명을 선발하여 이들을 중심으로 농사와 군사훈련을 병행하기 위한 백서농장(白西農莊)을 건립하고 그 장주(莊主)가 된다.

백서농장이란 백두산 서쪽에 세워진 농장이라는 말이지만, 실제로는 독립군 양성을 위한 군 병영이나 마찬가지였고, 장주라는 직책 역시 일제의 의혹을 피하기 위하여 정한 이름으로 사실은 군 지휘관을 뜻했다.

백서농장이 자리한 곳은 사방 200여 리에 달하는 드넓은 고원지대로서 멧돼지와 곰 등 산짐승이 득실대는 밀림지대였던 까닭에 사람의 왕래가 거의 없는 곳이었다. 김동삼을 위시한 백서농장의 간부들은 추위와 배고픔 그리고 그 무서운 풍토병과 싸우면서 이곳을 논밭으로 일구고, 독립군 기지를 건설했다.

그리하여 백서농장에서 단련된 병사들은 훗날 봉오동과 청산리 전투에서 많은 공을 세우게 되지만, 너무나 안타깝게도 농장을 세운 지 겨우 5년 만에 문을 닫게 된다. 백서농장이 문을 닫은 이유는 영양실조와 더불어 각종 질병 때문이었다. 산간벽지여서 일제의 감시를 피하는 데는 더할 수 없이 좋았으나, 기후와 토질이 척박하여 농사가 제대로 되지 않았고, 풍토병으로 인하여 생때같은 사람들이 걸핏하면 죽어 나갔다.

견디다 못한 김동삼은 한족회와 협의하여 농장을 폐쇄시키고 그 병력을 동포사회 가까이로 옮겼다. 훗날 이 병력은 이상룡을 독판(督辦)으로, 김동삼을 참모장으로 추대하는 '서로군정서(西路軍政署)'의 모태가 된다. 백서농장을 떠난 김동삼은 1919년 2월에는 대한독립선언서(일명 무오독립선언서)에 민족대표 39인 중 한 사람으로 서명하고, 이어서 그해 4월에는 상해로 건너가 임시정부 건설에 앞장섰다.

망명 초기부터 시종일관 무장투쟁의 중요성을 강조했던 김동삼은 3.1운동 후 간도 지역에 군정부를 설립하고 독립군 양성에 주력하는 한편 1922년 8월에는 사분오열되어 있던 각 독립군 단체를 통합하여 '대한통의부'를 만들고 그 총장에 추대되었다. 또한 1923년에는 서로군정서 대표를 맡았으며, 1923년 상해에서 개최된 국민대표회의에서는 의장으로 활동했다.

그 후 김좌진, 오동진과 더불어 '독립군 3대 맹장'으로 불리며 민족의 화합과 통합을 위해 혼신의 힘을 쏟던 김동삼은 1931년 '9.18만주사변'으로 인하여 우리의 독립운동가들이 설 땅을 잃게 되자, 그해 10월 5일 동지이며 사돈인 이원일(李源一, 1886~1961)과 함께 새로운 기지를 탐색하기 위하여 만주 하얼빈에 갔다가 일경에 체포된다.

국내로 이송된 두 사람은 평양복심법원에서 이원일은 징역 3년, 김동삼은 10년을 선고받고서 평양형무소를 거쳐 서대문형무소로 이감되었다. 복역 중에도 일본인 형무소장을 향해 호통을 치며 기개를 잃지 않던 김동삼은 1934년 초가 되자 건강이 급격히 악화되었다. 그가 위중하다는 연락을 받고 만주 하얼빈에서 장남 정묵(定默)이 달려오자 아들을 향해, "무릇 혁명가라면 적과의 혈전을 벌이다가 어느 이름 없는 산골짜기에서 최후를 맞아야 하는데 이렇게 옥중에서 편안한 죽음을 맞는 것은 내게는 너무나 과분한 일이다." 라고 했다.

누구보다도 의지가 강했던 김동삼은 그 후에도 죄수(독립운동가) 들을 이끌고 단식투쟁을 하는 등 옥중투쟁을 멈추지 않았다. 이렇게 불굴의 투지로 일관하던 김동삼이었으나, 옥중 고문과 단식으로 인하여 또다시 사경을 헤매게 된다.

1937년 4월이 되자 더 이상 회생할 가망이 없다고 판단한 형무소 측에서는 김동삼의 가족에게 연락을 취했다. 부친이 위독하다는 연락을 받고 만주에서 차남 용묵(咨默)이 달려왔다. 그러나 김동삼은 이미 아들이 도착하기 하루 전인 1937년 4월 13일 숨이 끊어졌다.

그는 순국 전 이런 유언을 남겼다. "나라 없는 몸 무덤은 있어서 무엇하느냐! 내가 죽거든 그 유골을 불살라 강물에 띄워라. 죽은 혼이라도 바다를 떠돌면서 왜적이 망하고 조국이 광복되는 날을 지켜보리라."

안동 출신으로 이곳 서간도로 망명하여 생사고락을 함께했던 인사로는 이들 외에도 혁신유림의 상징으로 불리는 동산(東山) 류인식(柳寅植, 1865~1928)이 있었다. 류인식은 일찍이 을미사변 직후부터 개화사상으로 전환하여 보수의 고장 안동에서 신문화 개척에 앞장섰던 선각자로, 그에게는 이런 이야기가 전한다.

전통 한학만을 익히던 류인식은 1903년 성균관 유학을 위해 상경하였다가 그곳에서 단재 신채호의 영향으로 상투를 자르고 개화사상가로 변신했다. 류인식은 그 얼마 후 고향인 안동 예안마을로 내려가 부친을 찾아뵙고 신문화의 중요성을 강조하며 설득을 시도했다.

아들의 상투 자른 모습을 본 부친(류필영)은 "이 무슨 해괴한 짓이냐?"라며 추상같은 호통으로 그 자리에서 아들을 쫓아냈다. 류인식은 부친의 호령에 그만 자리에 앉아보지도 못하고 밖으로 쫓겨나왔다. 소문을 들은 사람들은 부자(父子)를 싸잡아 비난했다. 이웃 사람들은 면전에서 비난했고, 먼 데 사람들은 편지를 띄워 비난했다.

류필영은 매우 상심했으나, 아들의 주장을 결코 받아들이지 않았다. 그 후 류필영은 부자간의 인연을 끊겠다며 아들에게 절교를 선언했다. 그러나 그게 끝이 아니었다. 부친의 절교에 이어 얼마 후에는 스승 김도화(金道和)로부터도 파문을 당했다.

하지만 류인식은 흔들리지 않았다. 서양의 신문물을 받아들이는 것만이 기울어 가는 나라를 구할 수 있다고 확신한 그는 자신의 소신을 굽히지 않았고, 기회만 닿으면 부친을 찾아뵙고 설득을 시도했다.

훗날(1919) 파리장서에 네 번째로 서명할 정도로 유림계의 거물이었던 류필영은 끝내 고집을 피우는 아들의 꼴이 보기 싫어 끝끝내 외면을 했다. 하지만 류필영은 머리를 깎고 아들이 세운 협동학교를 다니는 손자를 엄청 귀여워했다. 이를 본 주변 사람들이 "아들은 머리를 깎았다고 그렇게도 미워하면서 머리 깎은 손자는 어째서 귀여워하느냐?"라고 물었다. 이에 류필영은, "그놈은 이 애비의 말을 안 들었으니 불효자이지만, 이 아이는 제 애비의 말을 잘 들었으니 효자가 아니냐?"라고 받아쳤다. 부친 역시 속으로는 아들의 하는 일을 수긍했던 것이다.

이처럼 자신의 주관이 뚜렷한 류인식은 1907년 안동 유림의 대표로 추앙받는 이상룡을 비롯하여 김대락, 김동삼, 김후병 등을 설득하여 3년제 중등학교인 협동학교를 세우게 된다. 여기에서 말하는 '협동(協東)'의 의미는 안동군 동쪽에 자리한 7개 면이 힘을 합하여 세웠다 해서 정한 이름이다.

류인식은 협동학교 교장에 의성 김씨 대종손인 김병식을 앉히고, 자신은 교무주임을 맡는데, 이는 보수의 본향 안동 유림들의 반발을 줄이고자 함이었다. 그러나 협동학교는 개교 3년이 지난 1910년 7월 18일 전혀 뜻하지 않은 위기를 맞는다.

학생들에게 머리를 깎게 하고 신교육을 주입시키는 류인식을 비롯한 이 학교 교직원들을 못마땅하게 여긴 이 지역 의병들이 학교를 기습하여 교감 김기수와 교사 안상덕 그리고 서기 이종화를 살해한 것이다. 자신이 아끼던 사람들을 셋이나 잃은 류인식은 이후에도 결코 자신의 뜻을 꺾지 않았다.

이내 정신을 수습한 류인식은 재기를 위해 발 벗고 나섰다. 다행히 지역 유지들의 격려와 의연금이 답지하여 재기에 성공한 류인식은 1918년까지 80여 명의 졸업생을 배출했다. 이렇게 협동학교를 재건시키고 신교육에 혼신의 힘을 쏟던 류인식은 경술국치 이듬해인 1911년 1월, 동향이며 같은 문중(전주 류씨)인 류동태에게 협동학교를 맡기고 서간도로 망명한다.

그곳에서 류인식은 이회영, 이상룡 등과 함께 경학사와 신흥무관학교를 세우고 교무부장으로 활동했다. 그 후 류인식은 1912년 부족한 독립운동자금을 구하기 위해 일시 귀국하였다가 일제에 의해 감옥에 갇히게 되면서 발목이 잡힌다.

얼마 후 일제는 류인식을 감옥에서 풀어주었으나, 엄중하게 감시하며 행동을 제약했다. 일제의 감시로 인하여 망명이 좌절되자, 이때부터는 민족운동과 신문화 개척을 위해 일생을 바치기로 방향을 바꾸고 필생의 역작인 『대동사(大同史)』 집필에 착수한다.

같은 해(1912) 류인식은 협동학교를 임동면 수곡동의 정재 종택으로 옮겼다. 3.1운동 후 일제에 의해 협동학교가 폐교되자, 그때부터는 각종 저술 활동과 사회운동 그리고 민립대학 설립을 위해 생의 마지막 정열을 불태운다.

이토록 치열한 삶을 살던 류인식은 1924년에는 부친을 여의고, 이듬해에는 부인과 장남마저 잃는 아픔을 겪는다. 계속되는 비극 속에서도 그의 저술 활동과 민족운동에 대한 열정은 식지 않는다. 그러나 부인과 장남이 떠난 지 2년 후인 1927년에는 차남마저 잃는다. 연이어 닥치는 상사(喪事)로 인해 몸과 마음을 상한 그는 차남이 죽던 그해 겨울 득병하였고, 결국 이듬해(1928) 4월 29일, 64세를 일기로 생을 마감했다.

류인식의 부음이 전해지자 안동의 각 사회단체들은 그의 장례를 '사회장'으로 치르기로 하고 그 준비에 들어갔다. 그러나 일제가 그 며칠 후 돌연 사회장을 불허한다는 통보를 해오는 바람에 그의 사회장은 물거품이 되고 말았다. 결국 그의 장례는 전통 사대부가의 절차에 따라 치러야 했으니, 그날은 그가 세상을 떠난 지 23일째가 되는 1928년 5월 21일이었다.

경학사(耕學社)

한인 동포들이 추가가 주변으로 모여들자 중국인들은 한인들이 일제의 앞잡이가 아닌가 하여 의혹의 눈초리로 바라보기 시작했다. 이들이 보기에 한인들의 행동에는 수상한 점이 한둘이 아니었다.

이전에는 간도에 오는 한인들은 산전박토나 일구며 살아가는 사람들이 대부분이었는데, 이번에 온 이회영 일가와 안동의 지사들은 살림살이의 규모도 컸을뿐더러 귀족 차림의 복색에다 기품 있는 행동거지 하며 모든 것이 수상쩍었다. 게다가 농사와는 전혀 관련이 없는 군기(軍器)까지 실어 오자, 한인들을 일제의 앞잡이라 확신했다.

회의를 거듭하던 추씨들은 미처 이삿짐도 풀기 전인 1911년 3월 초 유하현청에 "군기를 갖춘 대규모의 꺼우리(高麗人, 고려인) 집단이 일제와 합세하여 우리 중국인들을 몰아내려 한다"고 고발했다.

이에 유하현청에서는 수십 명의 군경을 동원하여 대대적인 가택 수색에 들어갔다. 막상 수색해 보니 생각했던 것보다 살림살이의 규모도 적었을뿐더러 군기는 자기방어 차원에서 준비한 것이어서 압수하고 말고 할 것도 없었다. 이때 이회영이 나서서 "우리 한인들은 일제와 싸우기 위해 집 팔고 땅 팔아 형제의 나라를 찾아온 것 외에는 아무런 다른 뜻이 없다"는 뜻을 필담을 통해 밝혔다.

그러나 이들은 내친김에 아예 고려인(韓人)들을 몰아내고자 작정하고 덤벼들었다. 그들이 이렇게 나온 이유는 고려인의 숫자가 자기네보다 많게 되면 언젠가는 고려인들이 자신들 위에 군림하게 될지도 모르고, 또 일제가 항일투쟁을 하는 고려인들을 토벌하게 되면 그 피해가 마을 전체로 번질 것을 우려했기 때문이었다. 그들은 재차 회의를 거듭한 끝에 앞으로 고려인들에게는 집이나 토지의 매매를 금지함은 물론, 생필품의 판매까지 엄금하기로 결의했다. 다시 말해 당장 이곳을 떠나라는 얘기였다.

고심하던 이회영은 북경으로 가서 중국 총리대신 원세개(袁世凱, 1859~1916)에게 도움을 요청하여 이 난국을 정면 돌파하기로 했다.

원세개는 임오군란(1882) 발발 직후 청의 광동수사제독 오장경(吳長慶)을 따라 조선에 첫발을 디뎠다. 그는 군란을 수습하고 정권을 장악했던 대원군을 청으로 납치하는 데 주역을 담당했고, 갑신정변(1884) 때에는 청군을 동원하여 일군을 격퇴하고 정변 세력에 잡혀 있던 고종을 구해냈다. 갑신정변 후 일본의 항의로 청으로 돌아갔던 원세개는 조선에서 일본의 세력이 약해지자 직예총독 이홍장(李鴻章)의 명으로 조선 땅을 다시 밟았다.

그의 공식 직함은 '주차조선총리교섭통상사'였으나 실제로는 왕 못지않은 권력을 행사하며 조선 조정을 쥐락펴락했다. 그래서 얻은 별명이 '감국대신(監國大臣)'이었다. '감국'이란 황제가 도읍을 비우게 될 때 황제를 대리하는 태자를 가리키는 용어이다.

서울에서 10년 넘게 머문 그는 청일전쟁이 발발하자 도망치듯 중국으로 돌아갔다. 그 후 내각 총리대신과 총통을 거쳐 일시적이나마 스스로를 황제라고 칭했었다. 그는 서울에 머무는 동안 이회영의 부친 이유승의 신세를 누구보다도 많이 졌고, 이유승과 친교를 다지다 보니 자연스럽게 이회영 형제들과도 두터운 교분을 쌓게 되었다.

원세개를 만난 이회영은 지금의 상황을 설명하고 도움을 청했다. 이회영이 일제와 싸우기 위해 6형제의 가족을 이끌고 망명했다는 말에 원세개는 크게 감동했다. "이 대인이야말로 조선의 진정한 의사(義士)이시오. 일본은 조선의 원수일 뿐만 아니라 우리 중국에도 불구대천의 원수요. 내 기꺼이 대인을 도우리다."

말을 마친 원세개는 그 자리에서 유하, 통화, 회인 3개 현장에게 전하는 친서를 써서 자신의 비서 호명신(胡明臣)에게 주며 "너는 이 길로 이 대인을 따라가서 동삼성 총독 조이풍(趙爾豊)을 만나 전달하라"고 명했다.

원세개의 서신을 읽어 본 조이풍은 그의 비서 조세웅에게 "너는 지금 즉시 호 비서와 이 대인을 따라가서 총리대신의 영이 차질 없이 거행되도록 조치하라"고 지시했다. 조세웅으로부터 원세개의 서신을 받아 든 3개 현장은 그 즉시 원세개가 하달한 훈시문을 관하 요소요소에 내걸었다.

유하, 통화, 회인현에 거주하는 중국의 원주민들은 일제와의 투쟁을 위해 서간도로 이주한 조선인들에게 그들이 원하는 곳에 살도록 거주를 허락함은 물론, 토지 매매를 비롯한 농사·교육 등 모든 편의를 제공하고 일체의 분쟁을 삼가라. 만약 이를 어길 시는 지위고하를 막론하고 엄벌에 처할 것임을 천명한다.

그날 이후 상황은 급변했다. 불과 엊그제까지만 해도 한인들을 멸시하고 눈길도 안 주던 원주민들은 거리에서 한인을 만나면 먼저 허리를 굽히고 인사부터 차렸다. 이은숙은 『서간도시 종기』에서 "그 시(時)로 3성 지부(知府)에게 훈령을 서리같이 내리니, 3성 현수(縣守)들이 눈이 휘둥그레져 이후로는 한국인을 두려워하여 똑바로 쳐다보지도 못하였다"고 회고했다.

난관을 극복한 이회영은 이상룡, 이동녕, 호명신 등과 의논하여 우선 토지부터 구입하기로 했다. 이때 현지 사정을 잘 아는 호명신이 자신의 의견을 제시한다. "기왕에 돈 주고 토지를 구입할 양이면 이곳에서 백여 리 떨어진 합니하(哈泥河)가 좋을 것입니다. 이곳 추가가는 추씨들의 누대에 걸친 터전이므로 그들이 팔기를 원치 않을 뿐더러 항일운동을 하기에는 이곳보다는 천연으로 요새 형태를 갖춘 합니하가 월등히 좋을 것입니다."

이회영은 호명신과 이동녕을 대동하고 합니하의 지세를 살펴보았다. 그곳은 과연 호명신의 말대로 천연의 요새였다. 마을 뒤편으로는 크고 작은 산들이 산성처럼 둘러있고, 마을 앞으로는 파저강(婆猪江)이 해자(垓字) 형태를 이루고 있어서 농사를 짓고 군사를 키우기에는 맞춰온 듯 좋아 보였다.

추가가로 돌아온 이회영은 둘째 형 석영과 이상룡 등에게 그곳의 지세를 설명하고, 그 일대의 넓은 땅을 모두 사들였다. 이어서 그해 (1911) 4월(음력) 대고산 기슭에서 주변의 한인 300여 명을 모아 노천대회를 열고 다음 다섯 가지 사항을 결의했다.

첫째, 민단자치기관에 해당하는 경학사(耕學社)를 결성한다.

둘째, 모두가 농사를 짓는 개농주의(皆農主義)에 입각하여 생계방도를
세운다.

셋째, 학교를 설립하여 주경야독의 정신으로 노력한다.

넷째, 구한국 시절의 군인을 재훈련하여 기간장교로 육성한다.

다섯째, 애국청년을 모집하여 인재를 양성한다.

임시 건물을 마련한 이들은 이상룡을 경학사 사장으로 추대하고,
내무부장에 이회영, 재무부장에 이동녕, 농무부장에 장유순, 교무부
장에는 류인식을 선출했다.

간부진 구성을 마친 후에는 결의문에서 밝힌 대로 낮에는 농사를
짓고, 밤에는 주변의 한인들을 모아 교육에 전념했다. 또한 야간에는
젊은이들을 중심으로 군사교육을 실시했다. 군사교육을 야간에 행하
는 이유는 중국 당국의 오해와 일제의 수사망을 피하고자 함이었다.

그러나 경학사의 운영은 처음부터 난관의 연속이었다. 가장 큰 문
제는 당장 코앞에 닥친 호구지책이었다. 망명 당시 겨우 몸뚱이 하나
만 빠져나온 망명객들에게 자금의 여유가 있을 리 없었다. 도리 없이
당분간은 이회영 형제들에게 의존하기로 하고 농사를 서둘렀다.

하지만 서당에서 붓대나 잡던 사람들이 대부분인 이들이 낯선 땅
에서 농사를 짓는다는 것은 말처럼 쉽지 않았다. 더구나 만주는 국
내와는 달리 겨울은 길고, 여름은 짧은 데다 토양도 다르고 기후도
달랐다. 또한 만주인들은 벼농사를 지을 줄 몰랐다. 그러므로 벼농
사를 짓기 위해서는 밭을 논으로 바꾸고 황무지를 개간해야 했으니,
그 어려움은 상상을 초월했다. 설상가상으로 그해에는 흉년까지 겹
쳐 상황을 더욱 어렵게 만들었다.

신흥무관학교

난관 속에서도 이들은 경학사 산하에 '신흥강습소(新興講習所)' 건물을 신축하여 군사교육을 서둘기로 했다. 군사학교의 명칭을 굳이 '강습소'라 칭한 까닭은 일제의 감시망과 중국 당국의 의혹을 피하고자 함이었다. 교명을 '신흥(新興)'으로 정한 것은 신민회(新民會)의 '신' 자와 다시 일어난다는 의미를 지닌 '흥(興)' 자를 합한 것이었다.

원래 신흥강습소는 1911년 6월 10일 서간도 유하현 삼원포 추가가 마을에 있는 어느 중국인의 옥수수 창고에서 출발했으나, 아직까지 번듯한 건물이 없었다. 해가 바뀐 1912년 음력 3월 2일, 통화현 합니하로 이주한 이회영과 동지들은 신흥강습소 신축공사에 들어가는데, 공사의 전 과정은 교사와 생도들의 피땀으로 이루어진다.

마침내 그해 7월 20일, 파저강 언덕 위에 세워진 신흥강습소는 주변에 거주하는 100여 명의 한인 동포들과 원주민들이 지켜보는 가운데, 감격적인 낙성식을 거행하였다.

신흥강습소는 이동녕을 초대 교장으로 추대하고, 이상룡, 여준, 이광 등이 뒤를 이었다. 교관단에는 이관직, 이장녕, 장도순, 윤기섭, 이세영, 이규봉, 그리고 관환국이라는 이름의 중국인이 한 명 있었다.

신흥강습소는 1912년 가을 제1회 특기생으로 원병상(元秉常), 김연(金鍊), 변영태(卞榮泰), 성준식(成駿寔) 등 40여 명의 첫 졸업생을 배출했다. 그 후 1913년 5월부터 그 명칭을 '신흥중학'으로 개칭하고, 6개월 과정의 장교반과 3개월 과정의 하사관반으로 나누어 군사학을 가르쳤다.

　　이후 서간도에 독립군 양성을 위한 군관학교가 세워졌다는 소문은 빠르게 퍼져나갔다. 이러한 소문에 부푼 가슴을 안고 찾아온 사람 중에는 장지락(張志樂)의 경우가 유명하다. 본명보다는 별명인 김산(金山)으로 더 잘 알려진 그는 고향인 평안도 용천에서 무관학교가 소재하는 합리하까지 7백 리 길을 두 발로 걸어서 갔다. 그는 도착 즉시 무관학교에 입교를 청원했으나 아직 젖비린내가 가시지 않았다며 보기 좋게 거절당했다. 원래 무관학교 입학 하한선은 18세였는데, 당시 장지락의 나이는 겨우 열다섯에 불과했던 것이다.

　　입교를 거절당한 장지락은 그 자리에 털썩 주저앉아 대성통곡으로 맞섰다. 아직 솜털도 채 가시지 않은 그의 얼굴에서 종일토록 눈물이 멈추지 않자, 이를 본 교관은 그의 사연을 학교장에게 보고했고, 장지락을 만나 본 교장(이세영)은 예외 규정을 적용하여 그 자리에서 입학을 허락했다.

　　장지락은 그의 자서전 『아리랑』에서 그날의 일을 이렇게 털어놓았다.

　　마침내 목적지에 도착했다. 하니허(哈泥河)에 있는 조선독립군 군관학교! 이 학교는 신흥학교(新興學校)라 불렀다. 아주 신중한 이름이 아닌가! 하지만 내가 군관학교에 들어가겠다고 하자 사람들은 겨우 15세

밖에 안 된 나를 거들떠보지도 않았다. 최저 연령이 18세였던 것이다. 나는 가슴이 찢어지는 것만 같아서 엉엉 울었다. 내 기나긴 순례여행 이야기가 알려지자 학교장은 예외적으로 입학을 허락했다.

학교는 산속에 있었으며 18개의 교실로 나뉘어 있었는데, 눈에 잘 띄지 않게 산허리를 따라 줄지어 있었다. 18세에서 30세까지의 학생들이 100명 가까이 입학하였다. 학생들 말로는 이제까지 이 학교에 들어온 학생 중 내가 가장 어리다고 했다.

학과는 새벽 4시에 시작하여 취침은 저녁 9시에 하였다. 우리들은 군대 전술을 공부하였고 총기를 가지고 훈련을 받았다. 그렇지만 가장 엄격하게 요구했던 것은 게릴라 전술을 위해 산을 재빨리 오르내릴 수 있는 능력이었다. 다른 학생들은 강철 같은 근육을 가지고 있었고, 오래 전부터 등산에 단련되어 있었다. 그러나 나는 도움을 받아야만 간신히 그들을 따라갈 수 있었다. 우리는 등에 돌을 지고 달리는 훈련을 하였다. 그래서 아무것도 지지 않았을 때에는 아주 경쾌하게 달릴 수 있었다.

'그날'을 위해 조선의 지세, 특히 북쪽의 지리에 관해서는 주의 깊게 연구하였고, 방과 후에는 역사를 열심히 파고들었다. (…) 얼마간의 훈련을 받고 나자 힘든 생활을 견뎌낼 수 있었고, 훈련도 즐거워졌다. 희망으로 가슴이 부풀어 올랐으며 기대에 넘쳐 눈빛이 빛났다. 자유를 위해서라면 무슨 일인들 못할쏘냐!

이 신흥중학교가 다시 신흥무관학교(新興武官學校)로 개명된 것은 1919년 3.1운동이 지나고부터였다. 3.1운동 이후 수많은 젊은이들이 몰려들어 더 이상 수용할 수 없게 되자, 다시 유하현 대두자(大肚子)에 학교를 지어 본교로 하고, 기존 합니하의 건물은 분교로 삼아

명실상부한 '독립군사관학교'의 면목을 갖추었다. 1911년 6월 서간도 유하현에서 출발한 신흥무관학교는 1920년 8월 폐교될 때까지 3,500여 명의 졸업생을 배출하여 모든 항일무장투쟁의 중추적인 역할을 담당한다.

신흥무관학교 졸업생들이 이처럼 일당백의 용사가 된 데에는 이 학교 교관들의 우수한 자질과 더불어 피나는 훈련 덕택이었다. 그중에서도 이장녕, 이관직, 김창환 세 사람은 구한국 시절 대한제국 무관학교에서 우등생으로 선발되어 특별승진까지 했었다.

이들은 '훈련 시의 땀 한 방울은 실전에서 피 한 방울과 맞먹는다'며 한겨울에도 새벽 3시에 집합시켜 험악한 산을 선착순 왕복을 시키며 생도들을 단련시켜 나갔다.

이때 평북 정주에 소재하는 오산중학교의 교사로 근무하던 여준(呂準, 1862~1932)은 이곳에 무관학교가 세워졌다는 소식을 듣고 1912년 불원천리하고 달려왔다. 그는 영하 30도를 밑도는 한겨울에도 모자를 쓰는 법이라곤 없었다. 또한 훗날 학교장까지 역임하는 윤기섭 역시 그 추운 겨울날에도 늘 홑바지 저고리를 입고 지내며 강인함을 드러냈다.

부민단과 신흥학우단

1911년 조직된 경학사는 초기 한인 이주민들의 불같은 투지와 열의를 가지고 출발했으나, 바로 그해에 닥친 대흉작으로 인하여 경학사와 그 산하기관인 신흥학교는 함께 위기를 맞는다. 이를 돌파하기 위하여 숙의를 거듭하던 지도자들은 경학사를 대신하여 한인 자치기관의 성격을 띤 부민단(夫民團)을 조직했다. 부민단의 앞 글자인 '부'는 고구려에 앞서 이곳 만주에 터를 잡았던 옛 부여(夫餘)를 상징했다.

1912년 허혁(許赫, 의병장 허위의 형으로 본명 허겸), 이상룡(李相龍), 김동삼(金東三) 등이 중심이 되어 통화현 합니하에서 조직된 부민단의 초대 단장은 허혁이고, 2대 단장은 이상룡이었다. 이후 거듭되는 대흉작으로 인해 경학사를 더 이상 운영할 수 없게 되자, 1914년 아예 경학사를 해체하고, 부민단으로 흡수해 버렸다.

경학사와는 달리 부민단은 그 산하에 민생, 사법, 군사, 교육기구를 두어 간도에 거주하는 한인들을 보호하는 준 국가적 자치기구로서의 역할을 담당하면서 경학사의 전통을 이어 신흥학교를 그 부속기관으로 운영했다. 경학사가 부민단으로 바뀌었다고 해서 재정이 하루아침에 개선될 리는 없었기에 신흥학교 생도들은 일 년 내내 허기에 시달려야 했다. 식사 때가 되면 북간도 메좁쌀밥 아니면 가축 사료나 진배없는 해묵은 옥수수밥에 부식은 현지에서 생산된 배추로 담근 김치와 시래국이 전부였다.

열악한 환경 속에서도 생도들의 사기는 충천해서 새벽 6시면 어김없이 기상했다. 기상과 동시에 연병장에 집합한 생도들은 우렁찬 목소리로 애국가 제창에 이어 신흥무관학교 교가를 합창했다.

애국가
화려강산 동반도는 우리 본국이요
품질 좋은 단군 자손 우리 국민일세

무궁화 삼천리 화려강산
우리나라 우리글로 길이 보전하세 (후렴)

신흥무관학교 교가
서북으로 흑룡태원 남의 영절에
여러만만 헌원(軒轅)자손 업어기르고
동해섬 중 어린 것들 품에다 품어
젖먹여 기른이 뉘뇨 (1절)

우리우리 배달나라의
우리우리 조상들이라
그네가슴 끓던피가 우리 가슴에
좔좔좔 물결치며 돈다 (후렴)

애국가와 교가를 끝내고 나면 교관의 구령에 맞추어 아침체조와 구보를 한 뒤에 아침 식사에 들어간다. 식사를 끝내고 나면 학과가 시작되는데, 과목은 국문(국어), 국사, 산술, 중국어, 수신(修身), 물리학, 한문, 지리, 창가(唱歌) 등이었다.

이들 과목 중에서도 특히 국어, 국사, 지리에 중점을 두었으며, 교재로는 국어의 경우『국어문전(國語文典)』을, 국사는『대한역사(大韓歷史)』와『유년필독(幼年必讀)』그리고 이상룡이 직접 집필한『대동역사(大東歷史)』를 사용했다.

이 중에서『대한역사』와『유년필독』은 1909년 통감부에서 발매를 금지한 책이었다. 특히 이순신 장군을 부각시킨『유년필독』은 일제에 의해 압수된 출판물 중 가장 많은 부수를 차지하고 있을 만큼 그 내용이 민족적 성향을 띠고 있었다. 지리는 한반도를 중심으로 하여 함경도와 평안도에 중점을 두어 장차 독립군의 국내 진공에 대비했다.

군사학으로는 전술학, 측도학(測圖學), 기(騎), 포(砲), 총검술, 격검, 전략, 전술, 군형법, 구급 의료 그리고 무술로는 유술(柔術, 유도)을 택했다. 이외에 축구와 철봉이 있었고, 야간에 행하는 '파저강 70리 행군'도 있었다.

이러한 과목을 이수한 끝에 마침내 졸업하게 되면 신흥무관학교 졸업생 한 명이 일본군 열 명을 대적할 만큼 강군(強軍)으로 변했다. 실제로 훗날 봉오동전투와 청산리대첩에서 아군보다 무려 열 배나 많은 일본군을 물리친 전투가 이를 증명한다.

신흥무관학교 생도들은 학교를 졸업한 후에도 여전히 모교의 정신을 이어가기 위해 '신흥학우단(新興學友團)'을 조직했다. 신흥학우단은 1913년 3월 신흥무관학교의 교직원과 졸업생들이 유하현 삼원포에서 결성하고 그 본부를 삼원포에 두었다. 신흥학우단은 출발 초기에는 '다물단'이라 불렀다. '다물(多勿)'은 '옛 영토를 회복한다'는 의미의 고구려 말로서, 이는 일제에 빼앗긴 우리의 강토를 되찾자는 의지의 표현이었다.

신흥학우단은 '조국 광복을 위하여 모교의 정신을 영원히 간직하자'는 취지로 3개의 '강령'과 5개 항의 '선열의 시범'을 채택했다.

강령

첫째, 다물의 원동력인 모교의 정신을 뒷사람에게 전수하자.

둘째, 모교의 전통을 올바르게 자손만대에 살리자.

셋째, 선열 단우의 뜻을 정중히 받들어 힘써 행하자.

선열의 시범

1. 나는 국토를 찾고자 이 몸을 바쳤노라.

2. 나는 겨레를 살리려 생명을 바쳤노라.

3. 나는 조국을 광복하고자 세사(世事)를 잊었노라.

4. 나는 뒤의 일을 겨레에게 맡기노라.

5. 너는 나를 따라 나라와 겨레를 지키라.

신흥학우단은 위의 사항을 실행하기 위한 방안의 하나로 『신흥교우보』를 발간하여 우리 교민들에게 독립정신을 고취시켰다. 당시 이들이 발행한 『신흥교우보』는 국내와 만주는 물론, 미주와 러시아 지역까지 널리 배포하여 독립운동계와 민족의 결속을 다져나갔다.

신흥무관학교의 폐교

　3.1운동의 함성소리가 잠잠해질 무렵인 1919년 4월 서간도 유하현에서는 실질적으로 독립투쟁을 이끌어갈 무장단체로 군정부(軍政府)가 탄생했다. 군정부의 최고 책임자에 해당하는 총재에는 이상룡을, 부총재는 여준을 추대했다. 이어서 군정부에서는 재만 동포들의 자치기관으로 '한족회(韓族會)'를 조직하고, 그 최고 책임자로 이탁(李沰)을 임명했다.

　한편 이와 거의 동시에 상해에서는 임시정부가 수립되어 정부의 명칭을 가진 단체가 양립하는 상황이 벌어졌다. 상해임정에서는 여운형(呂運亨)을 군정부로 보내 '하나의 민족이 어떻게 두 개의 정부를 가질 수 있느냐'며 상해임정과 통합할 것을 요청했다. 이에 이상룡이 그 뜻을 받아들여 군정부의 명칭을 양보하고 임정에 협력하기로 했다.

　군정부는 그해 11월 17일 그 명칭을 '서로군정서'로 개칭했다. 이어서 총재 체제에서 독판 체제로 개편, 이상룡을 독판으로 추대하고, 부독판에는 여준, 정무총장에 이탁, 내무사장에 곽문, 재무사장에 남정섭, 군무사장에 양규열, 학무사장에 김형식(김대락의 차남), 참모부장에 김동삼, 그리고 사령관에는 지청천을 임명했다.

새롭게 진용을 갖춘 서로군정서에서는 군자금 모집에 주력하였다. 애초에는 만주 지역만을 대상으로 하고자 했으나, 이 지역에 거주하는 한족들이 대부분 가난하여 모금성과가 지지부진하자 그 대상을 국내까지 확대하기로 했다. 그리하여 1919년부터 2년에 걸쳐 힘쓴 결과 상당 액수의 군자금을 확보하는 성과를 낳았다. 그 후 서로군정서는 서간도와 국내에서 날뛰는 친일주구들을 제거하는 한편, 국내로 잠입하여 주재소를 비롯한 관공서를 습격하는 등 맹렬한 활동을 펴나가기 시작했다.

또한 3.1운동 후 국내외에서 몰려든 젊은이들이 신흥중학교의 입교를 원하자 기존의 시설로는 이들을 수용하는 것이 한계가 있음을 깨닫고, 유하현 고산자 지역으로 학교를 이전하기로 했다. 이어서 1919년 5월 3일 신흥중학교의 이름을 '신흥무관학교'로 개칭하고, 유하현 고산자 지역에 수만 평에 달하는 부지를 구입하여 건물을 신축하고 넓은 연병장까지 확보하여 명실상부한 무관학교로서의 자격을 갖추었다.

그해 6월 신흥무관학교에는 뜻밖의 인물 두 명이 합류했다. 바로 일본 육사를 졸업하고 일본군 보병 중위로 탈출한 지청천(池靑天, 일명 이청천), 그리고 같은 일본 육사 출신으로 기병 중위로 탈출한 김경천(金擎天, 본명 김광서) 두 사람이었다. 또 이들보다 한발 앞서 합류한 신팔균(申八均, 1882~1924)은 대한제국 육군무관학교를 졸업하고 정위(正尉, 지금의 대위)로 복무했던 정통 무관이었다.

세간에서는 이들 세 사람을 가리켜 '남만주 3천'이라 불렀다. '3천'이란 지청천과 김경천의 끝 자와 신팔균의 호 '동천(東天)'의 끝 자를 가리키는 말이었다. 당시 만주에서는 '남만주 3천이 뜨면 산천

초목이 떤다'는 말이 유행할 정도로 이들은 일제에게는 두려움의 대상이었다. 그러나 성분과 출신이 다른 수많은 사람들이 모여들면서 예기치 않은 부작용이 발생하기도 했다. 젊은 생도들은 한시바삐 일제와 혈전을 벌이기를 원했고, 초기부터 학교를 이끌어 가던 인사들과 그 밖의 나이 든 사람들은 좀 더 실력을 키운 다음에 일제와 맞서야 한다고 주장하면서 노선의 갈등을 불러왔던 것이다.

서로군정서의 활동과 신흥무관학교의 급격한 성장에 위협을 느낀 일제는 서로군정서를 비롯한 모든 항일 세력을 토벌하기 위해 병력 증파를 서둘렀다. 또한 중국 측에 압력을 가해 봉천(奉天, 지금의 선양)과 길림(吉林) 일대에서 활동하는 한국 독립군에 대한 중·일 합동수사를 단행하기로 하고, 만주에서 활동하는 마적(馬賊)들을 활용하기로 했다.

1919년 7월 하순 일제의 사주를 받은 마적 두목 장강호(長江好)는 부하들을 동원하여 신흥무관학교의 교감 윤기섭과 수 명의 생도들을 납치했다. 학교 당국의 노력으로 이들은 두 달 만에 풀려나기는 했으나, 이로 인하여 교관을 비롯한 생도들의 사기가 급격히 저하되는 결과를 낳고 말았다.

설상가상으로 이 무렵 '윤치국 치사 사건(尹致國致死事件)'까지 발생했다. 그해 8월 신흥무관학교 생도들은 이 학교 출신 윤치국을 거동 수상자로 여기고 교내로 끌고 가 심문에 들어갔다. 당시 만주에는 일제의 밀정이 많았던 까닭에 거동이 수상하면 그 누구를 막론하고 신분을 철저하게 확인하는 것은 하나의 불문율에 속했다. 이에 대해서는 만해 한용운조차도 총상을 입고 죽다 살아났는데, 이 일을 이은숙은 자신의 『서간도 시종기』에서 이렇게 회고했다.

하루는 우당장께서 미소를 띠시며 나에게 하시는 말씀이, 연전(年前)
에 합니하에 소개 없이 청년 혼자 오지 않았던가? 그분이 지금 왔어.
자기가 통화(通化)에 가다 총 맞던 말을 하며 '내 생명을 뺏으려 하던
분을 한번 만나보면 반갑겠다'고 하니, 그분은 영웅이야.

이로 볼 때 낯선 얼굴의 윤치국에게 불심검문을 행하고, 강제로
끌고 갔다고 해서 이를 탓할 형편은 아니었다. 그러나 윤치국의 입
장에서는 이 학교 출신인 자신을 의심하는 학생들의 태도가 상당히
불쾌했을 것이다. 결국 불손한 태도로 일관하던 윤치국은 생도들의
손에 죽임을 당했다.

사건 후 피해자 측에서 보복을 선포하고 나오자 학교 측은 난감한
상황에 이르렀다. 한족회를 이끌던 김동삼이 중재에 나섬으로써 더
이상 확대되지 않고 수습은 되었으나, 사건은 의외의 결과를 낳고
말았다.

이 사건은 고산자에 있는 본교에서 윤기섭 교감에 대한 배척으로
비화되고, 서로군정서와 한족회 등 모든 한인단체의 갈등으로 이어
졌다. 이리하여 신흥무관학교의 교장 이하 교감 교관까지 한족회에
불려가서 조사를 받게 되었고, 그 여파로 인해 교직원 상당수가 공
석이 되면서 1920년 8월 학교까지 폐교되었다. 정리하자면 노선의
갈등, 일제의 탄압, 마적의 극성, 윤치국 사건의 복합적인 요인으로
인해 신흥무관학교는 폐교되었던 것이다.

국내로 잠입하는 이회영

　국망(國亡) 후 형제들과 함께 망명하여 서간도에 경학사를 설립하고 신흥강습소를 세운 이회영 등 지도자들은 오래지 않아 자금이 바닥나면서 학교 운영은 난관에 봉착하게 된다. 연이어 닥치는 난관 속에서도 교장 이하 생도들의 의기는 꺾이지 않았으나, 나날이 재정 상태가 악화일로를 걷게 되자 지도자들은 대책에 골몰했다. 가뜩이나 어려운 형편에 연이은 흉작으로 인해 모두가 초근목피로 연명하다시피 해야 했다.

　설상가상으로 이때 한인(韓人) 마을에 풍토병(風土病)이 들이닥쳤다. 이 병은 마시는 물이 다르고, 토양이 다르고, 기후가 달라 생기는 병으로 고국에서는 듣도 보도 못한 병이었다. 허혁의 처조카가 이 병으로 죽었고, 이원일(李院一, 김동삼의 며느리 이해동의 부친)의 아우 원행에 이어 그 누이들이 둘이나 죽었으며, 이외에도 무수한 사람들이 죽어 나갔다.

　고심에 찬 나날을 보내던 이회영은 난관 돌파를 위해 이관직과 장도순을 국내로 들여보내 독립운동자금을 구해오도록 했다. 그러나 얼마 후 장도순은 혼자서, 그것도 빈손으로 돌아왔다.

　이때 실낱같은 희망을 가지고 국내에 남아 있던 이관직은 '일제가 이회영, 이시영, 이동녕, 장유순, 김형선 등 다섯 사람을 체포하기 위해 형사대를 만주로 파견할 계획'이라는 정보를 입수하고 즉시 이회영에게 알려왔다. 급보를 접한 해당 인사들은 블라디보스토크에서 활동하고 있는 이상설에게 의탁했다가 사태가 가라앉으면 다시 돌아오자고 했다. 그러자 이회영은, "우리가 조국 독립을 위해 몸과 마음을 바치기로 맹세한 마당에 왜놈이 두려워 몸을 피한다면 어느 세월에 독립을 이루겠소? 동지들은 블라디보스토크로 가시오. 나는 혼자서라도 고국으로 들어가서 자금을 구해오겠소."라며 강한 의지를 드러냈다.

그 말을 들은 좌중에 있던 사람들은 이회영을 향해 한사코 만류했다. "우리 모두가 우당(友堂)을 의지하고 있는데, 어찌 그렇게 몸을 가벼이 여기려 한단 말이오?"

그러나 이회영은 물러서지 않았다. "내 뜻은 이미 정해졌으니 더 이상 만류할 것 없소이다. 서둘러 행장이나 준비해 주시오."

결심을 끝낸 이회영은 곁에 있는 장유순을 향하여, "우리가 항일을 위하여 생사를 함께한 지가 어언 20여 년인데, 어찌 잠시나마 떨어져 있겠소? 나와 함께 고국으로 가서 자금을 구해옵시다."라고 말했다.

그러자 장유순은 "지금과 같은 상황에서 고국으로 간들 무슨 성과를 얻겠소? 공연한 고집 피우지 말고 우당도 우리와 함께 블라디보스토크로 갑시다."라며 오히려 이회영을 설득하고 나왔다. 결국 네 사람은 블라디보스토크로 피신하고, 이회영은 고국을 떠난 지 3년 만인 1913년 정월 초순 홀로 서울로 향하니, 이로써 이회영의 만주 활동은 사실상 끝나게 된다.

서울에 도착한 이회영은 평소 아들처럼 아끼던 윤복영(尹福榮, 1895~1956)을 찾았다. 윤복영에게 서울로 오게 된 사정을 밝힌 이회영은 비밀리에 이관직에게 연락을 취했다.

이관직을 통해 소식을 들은 이상재(李商在), 이덕규(李德圭), 유진태(俞鎭泰), 류기남(柳冀男) 등이 달려왔다. 이회영은 현재 간도에 있는 망명객들의 형편과 자신의 처한 상황을 설파하고 자금을 구할 방법을 물었다.

이에 국내에 남아 있던 동지들은 그사이에 서울의 변한 인심을 알리고, "최선을 다해 자금을 구해보겠으나 결코 그 일은 쉽지 않을 것"이라며 난색을 표했다. 이 말을 들은 이회영은 지금의 은신처인 윤복영네 집을 떠나 유진태의 집으로 거처를 옮기고 장기전에 대비했다.

그러던 어느 날 일인 형사 미쓰와(三輪)가 불쑥 찾아와서는 "선생은 가족을 이끌고 만주로 떠났다고 들었는데, 무슨 일로 돌아오셨소?"라며 추궁했다. 이회영은 속으로 뜨끔했으나, 미리부터 준비했던 대로 "선산(先山)에 나무를 누가 함부로 베어낸다는 소식을 듣고 성묘 겸 선산을 돌아보고자 왔소이다."라고 둘러댔다.

이회영의 대답에 미쓰와는 "선생이 만주로 돌아가게 되면 그 날짜를 미리 우리에게 알려주시오." 하고는 더 이상 묻지 않고 돌아갔다.

자신의 은신처가 일경에게 포착되었음을 알게 된 이회영은 그 즉시 공옥소학교 교사로 있는 이경혁의 집으로 옮겨갔다. 이경혁은 신의가 굳은 사람으로 두 사람 간에는 오래전부터 신뢰가 구축되어 있었다. 국내로 들어올 때부터 보안을 최우선으로 여겼던 이회영은 이경혁의 집으로 거처를 옮긴 후로는 더욱 신중하게 행동했다.

밤에는 이경혁의 아우 중혁 외에는 그 누구도 만나지 않았고, 동지들로부터 받은 서찰은 읽는 즉시 태워버렸다. 또한 이경혁에게 "만약 자신이 일경에 체포되면 누구누구에게 통보하라"고 일러두는 것도 잊지 않았다.

이와 같은 철통같은 보안 덕택으로 이회영은 이경혁의 집에서 2년간이나 숨어 지낼 수 있었다. 그리고 그동안 동지들이 간간이 구해오는 자금은 그 즉시 서간도 합니하로 보냈다.

마적단의 습격

이회영이 국내로 떠나고 나서 합니하에 남아 있던 이은숙은 그해 (1913) 3월 아들(규창)을 낳으니, 망명 당시 데리고 왔던 딸(규숙)을 포함해 세 식구로 늘었다. 생활은 곤궁했으나 망명생활이 길어지면서 이석영을 비롯한 형제들의 도움도 더 이상 바랄 수 없게 되었다.

아이들과 씨름하면서 하루하루 버티다 보니, 황량한 만주 산하에도 어느덧 가을도 지나고 초겨울이 닥쳐왔다. 그해 시월 보름은 돌아가신 시아버님(이유승)의 생신이었고, 바로 다음 날은 셋째 시숙(철영)의 생일이었다. 망자의 생신인지라 큰댁(건영의 집)에 가서 간단히 신주 앞에서 제사 형식으로 지냈다. 내친김에 다음 날 철영의 생일까지 차려 먹고서 둘째 시숙(석영)네를 들러 집으로 돌아가려는 은숙을 향해 둘째 시숙이, "추운데 어린 것들하고 우리 집에서 며칠간 머물렀다가는 게 어떻겠소?"라며 잡는 것이었다. 아우도 없이 어린애를 둘이나 데리고 고생하는 제수가 안 됐다고 생각해서 한 말이었다.

이은숙이 큰집에서 나흘을 머물고 닷새째 되는 10월 20일(음력) 새벽이었다. 갑자기 총을 든 마적 떼 수십 명이 이석영네 집으로 들이닥쳤다. 마적들은 측간에 다녀오던 이은숙을 향해 그대로 방아쇠를 당겼다. 왼쪽 어깨를 관통당한 이은숙은 그 자리에 나뒹굴었다. 총소리에 놀라 뛰어나온 이석영을 본 마적들은 그 즉시 그를 묶은 다음, 인근을 지나다 총소리를 듣고 뛰어 들어온 신흥무관학교 학생 두 명도 마저 묶었다. 세 사람을 묶은 마적들은 일부는 남고, 일부는 산속으로 도주했다. 집안에 남은 마적들은 이 방 저 방 돌아다니며 값나가는 물건을 찾아 헤매기 시작했다.

날이 밝아오면서 마적 떼는 달아났다. 그제야 신흥무관학교에서 교직원과 생도들이 달려왔다. 이은숙의 상태는 생각보다 심각했다. 제일 큰 문제는 출혈이 멈추지 않는 것이었다.

모두가 달려들어 총알이 뚫고 나간 자리에 치분(齒粉, 가루 치약)을 넣고서 헝겊붙이로 생긴 것은 닥치는 대로 끌어다 싸맸다. 대충 출혈이 멎자, 무관학교의 생도 박돈서(朴敦緖, 이시영의 처남)를 120리 밖에 있는 통화현으로 보내 의사 김필순을 불러왔다.

이날 이은숙의 생명이 위급하다는 소식을 듣고 그 멀고도 험한 길을 밤을 도와 달려온 김필순(金弼淳, 1880~1922)은 황해도 장연 태생으로 대한제국에서 첫 번째로 양의(洋醫) 면허를 획득한 사람이다. 세브란스병원의 의사로 안정된 삶을 살아가던 그는 도산 안창호와 의형제를 맺고서 비밀결사 신민회에 가입하고 독립운동가의 길로 뛰어들었다.

그 후 105인 사건으로 일경이 추적해오자, 1911년 말 망명을 단행, 만주 통화현에 병원을 개설하고 모든 수익금을 독립군의 군자금으로 기부하며 살아가고 있었다. 그의 큰 누이동생 김구례는 독립운동가 서병호와 혼인했고, 작은 누이동생 김순애는 상해임정의 부주석을 지낸 김규식과 혼인했다. 또한 세 살 어린 나이에 부친을 여읜

조카 딸 김마리아를 친딸처럼 키워 훗날 독립운동가의 길을 걷게 했을 정도로 온 집안 식구가 모두 독립운동가의 길을 걷고 있었다.

그러나 너무나 안타깝게도 1922년 8월 첩자로 의심되는 일본인 의사가 건네준 독약을 탄 우유를 마신 후 귀가 도중 말에서 떨어져 마흔셋을 일기로 순국하고 말았다.

김필순은 통화현을 출발하면서 현청에 이 사실을 알렸고, 통화 현청은 그 즉시 100여 명에 달하는 군대를 김필순에게 붙여주었다. 김필순이 이은숙을 치료하는 동안 군인들은 산속에 있는 마적단 소굴에서 이석영 일행을 무사히 빼내왔다.

통화현에서 군대까지 출동시키며 서두른 이유는 이석영의 신변에 자칫 문제라도 생길 경우, 원세개로부터 그 책임추궁을 받게 되지 않을까 두려워서였다. 제수의 위급한 상황을 본 이석영은 그 즉시 김필순이 운영하는 병원으로 보냈다. 이은숙은 입원한 지 40여일 만에 퇴원했다. 완쾌되기에는 아직도 멀었으나, 김필순에게도 미안하고 아이들도 걱정되어 의사의 만류에도 불구하고 퇴원을 고집했던 것이다.

구사일생으로 목숨을 건진 이은숙에게 그 3년 후에 또 다른 위기가 찾아왔다. 1916년 봄이 되자 합니하 한인촌에 홍역이 닥쳐왔던 것이다. 누구네를 막론하고 경황없이 지내야 했지만 그중에서도 이은숙이 머물고 있는 이시영네는 말 그대로 참화를 면치 못했다. 이은숙은 이때 동서(이시영의 부인)네와 합솔한 상태였다. 그 무렵 이시영은 북경에 들어가 있었고, 그 집에는 이은숙의 손아래 동서가 되는 시영의 부인 박씨가 장남 규봉과 손녀 둘을 데리고 어렵게 살아가고 있던 참이었다.

　이때 규봉의 어린 두 딸이 홍역에 걸리더니 미처 손쓸 새도 없이 한꺼번에 낭패를 보고 말았다. 이어서 이시영의 부인 박씨가 며칠 시름시름 앓더니 이내 숨을 멈추었다. 잇단 환란의 충격을 이겨내지 못한 것이다. 동서가 숨지고 며칠 지나자 이번에는 규숙과 규창 남매가 홍역에 걸렸다. 은숙의 애간장을 태우던 아이들은 10여 일 만에 툭툭 털고 일어났으나, 다음에는 은숙 자신이 홍역에 걸리고 말았다. 그런데 은숙의 홍역은 시작부터 심상치 않았다. 게다가 못된 악질(惡疾, 전염성이 강하고 고치기 어려운 병)까지 겹치는 바람에 은숙의 앓는 방에는 붙접도 할 수 없었다.

　결국 한 달이 넘도록 저승 문턱을 넘나들던 은숙은 그냥저냥 살아났다. 명이 길어 살아나기는 했으나 죽지 못해 하루하루를 살아가는 은숙은 한시바삐 남편에게 돌아가야 살 수 있다는 생각밖에 없었다.

　새해가 되자 사위 박창서(달성 서씨의 딸 이규원의 남편)마저 고향으로 돌아가겠다고 했다. 와중에 아이들 둘과 모친마저 잃은 규봉은 이 집에 정이 떨어졌다며 북경으로 떠나가고, 사람이 셋이나 죽어 나간 집에는 이은숙네 세 식구만 남게 되었다.

　결국 은숙은 1917년 5월 합니하를 떠나 서울에 머무는 남편에게로 갔다. 천신만고로 만난 부부였으나, 이들에게는 네 식구 당장 머물 방 한 칸이 없었다. 고심 끝에 이은숙은 남편이 합니하에서 돌아와 머물던 윤복영네로 가니, 은숙에게는 바로 대고모(大姑母, 아버지의 고모)네였다. 이곳에서 얼마간 머물던 이은숙은 남편이 유숙하는 익선동 유창환(俞昌煥)네로 들어갔다. 네 식구가 4년 만에야 한 지붕 아래 살게 된 것이다.

고종의 망명 계획

은인자중하던 이회영은 1918년 가을로 접어들면서 획기적인 계획을 시도하고 나섰다. 그것은 고종을 해외로 망명시켜 침체의 늪에서 헤매는 독립운동의 활로를 열자는 것이었다. 만약 고종을 망명시켜 그곳에 망명정부를 수립할 수만 있다면 그것은 왜놈의 땅에 있는 후지산이 무너지는 것만큼이나 엄청난 폭발력을 발휘할 것이고, 우리 독립운동계는 새로운 돌파구가 마련될 게 분명했다.

그동안 일제는 한국 측에서 원하여 두 나라를 병합한 것이라고 대외에 선전해 왔다. 저들은 '병합조약'을 앞두고 일진회를 사주하여 "한민족의 행복과 복지를 위하여 일본 천황폐하의 무궁한 은혜를 입게 해주실 것을 간청드립니다."라는 내용과 조약을 체결할 때 순종이 내린 "짐(朕)이 동양 평화를 공고히 하기 위하여 한일 양국의 친밀한 관계로 피차 통합하여 한 집으로 만드는 것은 상호 만세(萬世)의 행복을 도모하는 일이라 생각하였으므로, 한국통치를 들어서 짐이 극히 신뢰하는 대일본국 황제 폐하에게 양여하기로 결정한다."라는 조칙을 근거로 이렇게 선전해 왔었다.

그러므로 고종의 망명이 성공하게 된다면 저들의 이런 주장이 완전히 허구였음을 만천하에 공개하게 되는 것이다. 그러나 이 계획의 성공을 위해서는 태산준령만큼이나 높은 산을 몇 개나 넘어야 했다.

첫째는 구중궁궐 깊은 내실에 유폐되어있는 고종을 만나는 일이었고, 둘째는 만난다고 해도 과연 고종이 망명에 응할 것인지도 의문이었다. 또한 만약 도중에 발각이라도 되는 날에는 목숨을 내놓아야 했다.

이회영은 이 모든 것을 각오하고 고종의 망명을 치밀하게 준비해 나갔다. 일을 추진하는 데 필수 불가결한 사람 외에는 아무리 친한 동지라 해도 결코 발설하지 않았다. 이때 이회영이 접촉을 시도한 사람은 조정구(趙鼎九)·조남승(趙南升) 부자와 고종의 시종 이교영(李喬永)이었는데, 이들 중 조정구는 고종의 매부로서 이회영과는 사돈지간이었다. 쉽게 말해서 이회영의 차남 규학의 아내 조계진의 친정아버지가 조정구였던 것이다. 조정구는 경술국치 후 일제가 주는 남작 작위를 거부하고, 칼로 목을 찔러 혼수상태에 빠져있던 중 가족에게 발견되어 살아난 사람으로 이회영은 그를 무한히 신뢰하고 있었다.

고종을 만날 묘책을 찾던 이회영은 아들 규학의 신부례(新婦禮)를 이용하기로 했다. 장성한 규학(당시 23세)은 이미 3년 전에 혼례를 올렸으나, 창황 중에 아직 신부례도 못 올린 채 살고 있었다. 신부례란 예전 사대부가에서 혼례식에 이어 '신부가 가마를 타고 시가로 가서 처음으로 올리는 예식'을 말했다.

아들의 신부례를 구실로 자연스레 궁궐을 드나들게 된 이회영은 시종 이교영을 통해 고종에게 망명 동의 여부를 타진했다. 덕수궁 함녕전에 유폐되어 하루하루를 고통 속에서 보내고 있던 고종이 이를 거부할 이유는 없었다. 고종의 동의를 얻어 낸 이회영은 전 내부대신 민영달(閔泳達)을 만나 고종의 의사를 전하고 협조해 줄 것을 청했다. 경술병탄 직후 일제가 주는 남작(男爵) 작위를 거부했던 민영달은 "황제의 뜻이 그럴진대 신하된 몸으로 어찌 이의를 달 수 있겠소이까? 오직 이 한 몸 바쳐 황제를 모실 뿐이외다."라며 비장한 각오를 다졌다.

이회영과 민영달은 망명지를 중국의 북경으로 정했다. 이어서 행로는 일경의 추적을 피하기에 용이한 배편을 이용하기로 하고, 북경에 고종이 머물 거처를 마련하기로 했다.

며칠 후 민영달로부터 고종의 거처 구입자금으로 5만 원을 받아 든 이회영은 1918년 말, 이득년(李得年)으로 하여금 북경에 머물고 있는 아우 시영에게 전달토록 했다. 돈을 받아 든 시영은 그 돈으로 북경 시내 한적한 곳에다 고종이 거처할 만한 건물을 임차한 후, 말끔하게 수리를 마치고 만반의 준비를 갖추었다.

고종의 독살

1919년 1월 20일 저녁. 덕수궁 함녕전에서 자다가 깨어난 이 태왕(李太王, 병탄 후 일제로부터 받은 고종의 칭호)은 평소처럼 식혜를 찾았다. 고종의 습관을 잘 아는 대궐 나인은 자리끼 대신 늘 식혜를 준비하고 있었던 것이다. 그런데 식혜를 받아 마신 태왕이 갑자기 복통을 호소했다.

나인들이 달려오고 시의(侍醫)가 달려왔으나, 미처 손쓸 새도 없이 태왕은 숨을 멈추고 말았다. 총독부는 고종이 서거하고서 하루가 지난 뒤에 그가 뇌출혈로 사망했다고 발표했다. 이어서 사건이 난지 무려 일주일이나 지난 1월 27일 총독부 칙령 제9호로 "이 태왕이 서거했으므로 3일간의 가무음곡을 금한다"고 발표했다.

그러나 그 누구도 고종이 뇌출혈로 사망했다고 믿는 사람은 없었다. 그날 밤 함녕전을 지킨 사람은 이완용과 그의 수족이나 진배없는 이기용(대원군의 맏형 흥녕군 이창응의 장손), 이렇게 두 사람이었다. 이들 두 사람은 그날 밤 초저녁부터 이 태왕이 숨을 멈춘 새벽 6시까지 함녕전에 머무르며 태왕의 임종까지 지켜보았다.

시간이 지나면서 고종의 독살 의혹은 구체적으로 드러나기 시작했다. 그날 밤 함녕전에는 이완용과 이기용 외에 친일주구로 이완용과 어깨를 겨루는 윤덕영이 있었다. 이들 외에도 이왕직의 장시국장 한창수, 시종관 한상학 그리고 시의(侍醫) 안상호(安相昊)도 함께 있었다.

이 중 윤덕영은 순정효황후 윤씨의 백부로서 경술병탄 당시 시종원경에 있던 자이다. 그날 윤덕영은 조카딸 윤 황후가 치마 속에 감춘 옥새를 강제로 빼앗아 일제가 작성한 조약문서에 찍게 했던 장본인으로 경술국적 8인 중의 한 사람이었다.

윤덕영은 이날 밤 한창수와 한상학으로 하여금 나인들에게 고종이 마실 식혜에다 독을 타도록 지시했다고 한다. 허나 이것은 어디까지나 추정일 뿐 명확한 증거는 없었다. 그러나 앞뒤 정황으로 보아 이들 세 사람이 범인일 개연성은 충분했고, 이를 의심하는 사람은 없었다.

또한 시의 안상호는 숨이 멎은 고종의 시신을 검시하고 사인(死因)을 뇌출혈로 발표하여 사건의 구색을 맞추었다. 발표와는 달리 고종의 시신은 독살의 흔적이 역력했다.

명성황후의 4촌 동생으로 고종 망명 계획에 깊이 관여했던 민영달은 고종의 마지막 숨이 끊어지는 장면을 지켜보고 나서 중추원 참의 한진창에게 이렇게 말했다. "건강하시던 황제가 식혜를 마신 지 채 반 시간도 안 되어 심한 경련을 일으키며 숨이 멎어갔고, 시신의 팔다리가 하루 만에 크게 부어올라 황제의 한복 바지를 벗겨내기 위해서는 칼로 찢어야 했다."

이렇게 되어 조선의 스물여섯 번째 군주 고종은 68세를 일기로 생을 마감했다. 그는 열두 살 어린 나이로 왕위에 올라 처음에는 생부 흥선 대원군의 섭정을 받아야 했고, 성년이 되자 이번에는 중전 민씨에게 정권을 맡겨 조선을 망국의 길로 이끌어 '망국 군주(亡國君主)'의 오명(汚名)을 역사에 남기고 세상을 하직했다.

흔히 말하길 조선이 망한 것은 이완용과 박제순을 비롯한 친일 매국노들 때문이라고들 하지만, 실은 이들이 을사늑약과 경술병탄 당시 일제와 손을 잡고 나라를 망친 그 정점(頂點)에는 우매하고 탐욕스런 고종이 있었다.

19세기에 접어들면서 서세동점(西勢東漸)의 대세 속에서 서양 세력이 침략의 마수를 뻗친 것은 우리 조선에 앞서 이웃 나라 중국과 일본이었다. 세 나라 중 중국은 우여곡절 끝에 가까스로 나라의 명맥은 유지했으나, 조선은 우매한 임금과 사악(邪惡)한 신하들로 인해 5백 년 사직을 송두리째 들어내 주고 말았다.

이에 반해 섬나라 일본은 1854년 미국의 페리 제독에 의하여 강제로 개국의 길로 들어선 이래 힘이 약하면 또다시 강대국에 당할 수 있다는 교훈을 얻었고, 이후 이른바 '메이지유신'을 단행하여 나라를 서구열강의 반열에 올려놓았다.

반면에 고종은 친정(親政)을 시작한 이후에도 중전 민씨와 더불어 부정부패를 일삼으며 개혁과는 반대의 길을 걷다가 마침내는 망국 군주로 전락했다. 그러나 이러한 고종의 행로는 이미 예고된 일이었다.

국가 통치권자의 으뜸가는 덕목은 인사(人事)에 있다고 할 수 있는데, 고종의 인사 방식은 조선의 27명 임금 중 최악이었다. 실례로 을사늑약 당시 군부대신(국방장관)으로 을사오적의 한 사람이던 이근택, 그리고 을사늑약을 반대하는 척하다가 막상 조약 체결이 임박하자 적극 찬성한 법부대신 이하영을 중용한 것이 이를 증명한다.

이근택은 원래 충주 시골의 농사꾼이었다. 그는 임오군란 때 이웃으로 피신해 온 민비에게 날마다 싱싱한 물고기를 잡아 바쳤다. 이를 잊지 않고 있던 민비는 환궁 후에 고종을 움직여 그에게 정3품 당상관에 해당하는 함경남도 단천부사를 제수했다. 그 후 한성판윤 등 두루 요직을 거치고 나서 을사늑약 체결 당시에는 군부대신에 앉아 나라를 망치는 데 앞장섰다.

이하영의 전력 또한 이근택과 오십보백보였다. 집이 가난했던 이하영은 찹쌀떡 행상 등을 하며 굶기를 밥 먹듯하면서 성장했다. 가난에 한이 맺힌 이하영은 장사를 하고자 현해탄을 건넜다가 동업자에게 사기를 당했다. 오갈 데가 없게 된 그는 귀국선에서 선교사이며 의사인 미국인 알렌을 만났고, 그에게서 대충 익힌 영어 덕분에 알렌과 고종 사이에서 통역관으로 변신했다.

천자문도 못 읽는 그였으나, 고종에게는 이런 것이 하등 상관이 없었다. 그 후 이하영은 중추원 의장과 외부대신을 거쳐 을사늑약 체결 당시에는 법부대신으로 자리를 옮겼고, 그 또한 이토에게 무릎을 꿇었다.

뿐만이 아니다. 경술국치가 이루어지고 나서 이에 항거하여 자정순국(自靖殉國)의 길을 택한 황현(黃玹)이 남긴 『매천야록(梅泉野錄)』에는 다음과 같은 내용이 나온다.

고종은 과거를 유희로 생각하였으므로 매월 과거 시험을 치렀다. 어떤 때는 한 달에 두 번씩 과거를 치르기도 했고, 걱정이 있거나 무료하면 과거장을 설치하라는 명을 내리므로 한성 선비들은 처음 보는 사람이라도 만나기만 하면 "오늘은 과거 보라는 명령이 없었습니까?"라고 물었다. (…) 어떤 사람은 "당신은 돈이 몇 만 냥쯤 있습니까?"라고 물었다. 당시 대과(大科)의 매매가는 십만 냥쯤 하였다.

을유년(1885) 식년과(式年科)의 생(生). 진(進). 회시(會試)를 치를 때, 고종은 100명을 더 선발하여 2만 냥씩 받고 매도하라는 명을 내렸다. 방(榜)에는 공선을 한다고 하였지만 고시관 심이택(沈履澤)과 민종묵(閔種默) 등은 혼탁하여 공선은 하나도 없었다.

이외에도 1904년 9월 2일 자 『고종실록』에는 의정부 참정(부총리) 신기선(申箕善)이 사직원과 함께 올린 상소에 이런 내용이 보인다.

예로부터 나라가 망하고 어지러워진 일들이 역사에 많이 씌어 있으나, 오늘날 우리나라가 맞닥뜨린 망국의 증후와 기이한 재앙 같은 것은 천지가 열린 이래로 아직 들어본 적이 없습니다. 지금 상하가 서로 이익을 다투는 것을 마치 일상적인 일처럼 보며 온 나라 사람들이 모두 뇌물이 아니면 벼슬을 얻을 수 없고, 뇌물이 아니면 송사(訟事)에서 이기지 못하는 것으로 알고 있습니다. 관찰사나 수령 자리는 높은 값이 매겨져 있고, 의관(議官)이나 주사(主事) 자리도 값이 정해져 있어서 심지어는 뇌물을 바치고 어사(御使)가 되어 각도(各道)를 시찰하기도 합니다.
나라를 망하게 하는 정사가 한두 가지가 아니지만 뇌물처럼 혹독한 것은 없습니다. 대저 뇌물은 무엇에 쓰이는 것입니까? 내탕고(內帑庫, 임금의 사적 금고)에 보태어 나라의 비용을 넉넉히 만들자는 것이 아닙니까? 아! 어찌 이다지도 생각의 모자람이 심합니까? 뇌물로 벼슬을 얻은 자들은 모두 하찮은 무리들로서 나라와 백성이 무엇인지 모르니 정사가 무엇인지 어찌 알겠습니까? 부임하여 하는 일이란 오로지 공전(公錢)을 도적질하고, 백성들의 재물을 약탈해서 뇌물로 바친 빚을 보상받고, 그 몇 배의 이득을 취하는 것입니다. 이에 정공(正供)이 지체되고 탁지부(度支部)의 경비가 날이 갈수록 고갈되며 백성들의 재산이 탕진되어 가난해지고 있는데, 유독 폐하만이 부유해질 리가 있겠습니까?

신기선이 상소를 올린 것은 러일전쟁이 한창 진행 중일 때로서 고종이 친정을 행한 지 30년이 지날 무렵이었다. 이로 볼 때 고종은 친정을 시작하고 물러날 때까지 34년 동안을 오로지 자신의 권력충족과 사리사욕을 채우는 것으로 일관했음이 분명하다.

『매천야록』과 신기선의 상소가 아니더라도 실제로 1882년에 일어난 임오군란은 이러한 부정부패가 원인이 되어 일어났으며, 훗날 김구나 이승만이 과거를 포기한 것도 당시의 혼탁했던 과거장의 모습을 목격하고 실망했기 때문이었다.

또한 갑신정변 당시 제거 대상 1호로 꼽혔던 중전 민씨의 조카 민영익의 재산은 자그마치 30만 석지기(벼 30만 석을 생산할 수 있는 토지)에 이르렀다고 하며, 일제강점기 조선 최고의 갑부로 알려진 민영휘 역시 고종과 민비를 등에 업고 벌인 부정 축재 덕분이었다.

일본이 조선에서 청국과 서구열강을 물리치고 우위를 점하기 시작한 것은 1894년에 일어난 청일전쟁에서 청나라를 꺾으면서부터이다. 역사에서 지적한 대로 청일전쟁은 동학혁명을 잘못 처리한 데서 비롯된 전쟁이다. 만약 고종이 조금만 더 현명한 군주였다면 동학혁명 당시 그 원인을 제공한 고부 군수 조병갑(趙秉甲, 1844~1912)을 처형하고, 전봉준이 제창한 폐정개혁 12개 조를 수용했을 것이다.

그러나 고종은 조병갑을 전남 고금도로 형식적인 유배에 처하고, 전봉준의 요구를 묵살한 채 청에 구원을 요청하는 최악의 선택을 했다. 그 후 고종은 1년 만에 조병갑을 사면시켜 고등재판소 판사에 제수했다. 그로부터 한 달 뒤인 1898년 7월 18일, 조병갑으로 하여금 동학의 2대 교주 최시형에게 직접 사형 판결을 내리게 하여 동학혁명의 원인을 제공한 그에게 사원(私怨)을 갚도록 했으니, 여기에서 무슨 말을 더하겠는가.

당시 이회영을 비롯한 독립운동가들이 고종의 망명을 추진한 것은 고종이 현명한 군주라서가 아니라 황제의 망명으로 인한 폭발력을 의식해서였다. 고종을 망명시킬 경우 그 파급력은 상상을 초월할 정도로 대단할 것이다. 그러므로 고종의 정치적인 능력을 떠나서 빼앗긴 나라를 되찾는 데는 고종을 망명시켜 그를 중심으로 망명정부를 수립하는 것보다 더 나은 방법은 없었다.

고종의 독살 소식을 접한 이회영은 망연자실했다. 사방에서 번뜩이는 일제의 감시망을 따돌리고 함녕전 깊은 내실에 유폐되어 있는 고종과 선을 닿게 하는 일은 결코 쉬운 일이 아니었다. 도중에 삐끗하여 일이 빗나가기라도 하는 날에는 목이 열 개라도 살아남지 못할 것이다. 뿐만 아니라 그 불똥은 우리 독립운동계 전체로 파급되어 국내외를 막론하고 치명적인 타격을 입게 될 것임은 불을 보듯 뻔했다.

망명 주체가 사라졌다고 해서 그대로 주저앉을 수는 없다고 생각한 이회영은 오세창, 한용운, 이승훈 등을 만나 인산(因山, 왕이나 왕후의 장례식)일에 맞추어 거족적인 봉기를 추진했다. 그리고 자신은 거사 전에 출국하여 해외에서 투쟁하기로 결심했다.

이회영은 고국을 등지기 전날인 2월 20일 차남 규학을 앉혀놓고, "내가 고국을 떠난 사실을 그 누구에게도 말해서는 안 된다. 또한 황제의 인산 날이 되면 대문을 걸어 잠그고 절대로 밖으로 나가지 말거라."라고 당부했다. 3.1만세운동을 예상한 조치였다.

모든 준비를 끝낸 이회영은 고종의 인산을 8일 앞둔 2월 21일, 장남 규룡과 함께 북경으로 향했다. 두 번째 망명이었고, 조국과의 영원한 이별이었다.

대한독립선언과 2.8독립선언

1918년 11월 제1차 세계대전이 끝나자, 프랑스 파리에서 강화회담이 열렸다. 이때 윌슨 미국 대통령은 어떤 민족이 다른 민족을 지배하는 것을 배제하는 '민족자결주의'를 주창(主唱)했다. 이에 고무된 만주에서 활동하던 민족지사들은 이 기회에 우리 조선도 일제의 질곡에서 벗어나야 한다고 판단했다.

당시 만주에는 이상룡, 김좌진, 이동녕, 김동삼 등 독립운동계의 거물들이 대거 포진하고 있었다. 이들은 먼저 '대한독립선언서(大韓獨立宣言書)'를 발표했다.

기미독립선언서의 기폭제라고도 볼 수 있는 대한독립선언서는 수많은 독립선언서 중 가장 먼저 작성된 선언서로서 그 초안은 경기도 파주 출신의 독립운동가 조용은(趙鏞殷, 조소앙의 본명)이 잡고, 인쇄와 발송은 정원택(鄭元澤)이 맡았다. 대한독립선언서는 먼저 한일합방의 무효를 선언했다. 이어서 일본을 타도해야 할 많은 이유를 설명하고 한민족의 총궐기를 촉구하였다.

이 선언서에는 만주 지역과 중국 본토를 비롯한 해외 각 지역의 독립운동 최전선에서 활동하고 있는 독립운동가 39명이 서명하였다. 여기에 그 이름을 소개한다.

김교헌(金敎獻, 1868~1923)　　　　김규식(金奎植, 1882~1931)

김동삼(金東三, 1878~1937)　　　　김약연(金躍淵, 1868~1942)

김좌진(金佐鎭, 1889~1930)　　　　정재관(鄭在寬, 1880~1930)

조용은(趙鏞殷, 1887~1958)　　　　여 준(呂 準, 1862~1932)

류동열(柳東說, 1879~1950)　　　　이 광(李 光, 1879~1966)

이대위(李大爲, 1878~1928)　　　　이동녕(李東寧, 1869~1940)

이동휘(李東輝, 1872~1935)　　　　이범윤(李範允, 1856~1940)

이봉우(李奉雨, 1873~1921)　　　　이상룡(李相龍, 1858~1932)

이세영(李世永, 1869~1938)　　　　이승만(李承晩, 1875~1965)

이시영(李始榮, 1869~1953)　　　　이종탁(李鍾倬, 가명 추정)

이 탁(李 沰, 1889~1930)　　　　문창범(文昌範, 1872~1938)

박성태(朴性泰, ? ~ ?)　　　　　　박용만(朴容萬, 1881~1928)

박은식(朴殷植, 1859~1925)　　　　박찬익(朴贊翊, 1884~1949)

손일민(孫逸民, 1884~1940)　　　　신채호(申采浩, 1880~1936)

안정근(安定根, 1885~1949)　　　　안창호(安昌浩, 1878~1938)

임 방(任 邦, 가명 추정)　　　　윤세복(尹世復, 1881~1960, 본명 윤세린)

조 욱(曺煜, 1875~1948, 본명 조성환) 최병학(崔炳學, 재만 한인 대지주)

한 흥(韓興, 1888~1959)　　　　황상규(黃尙奎, 1890~1941)

허 혁(許爀, 1851~1939, 본명 허겸(의병장 허위의 형)

단국기원 4252년 2월 1일

이 선언서는 그 이름과는 달리 무오년이 아닌 기미년(1919) 2월
1일(음력 1월 1일)에 발표되었다. 그럼에도 불구하고 무오독립선언
서라고 불린 까닭은 이 선언서의 초안을 잡은 날짜가 무오년(1918)
11월 18일인데다가 기미독립선언서(己未獨立宣言書)와 구별을 짓고

자 이같이 부르게 된 것으로 알려졌다.

　무오독립선언서가 발표된 지 정확히 일주일 후인 2월 8일, 일본의 심장부인 도쿄 한복판에서 또다시 독립선언을 하니, 이른바 '2.8 독립선언'이다. 2.8독립선언은 1918년 12월 말경부터 도쿄(동경) 유학생을 주축으로 싹이 텄다.

　당시 백관수, 송계백, 최팔용 등 도쿄 유학생들은 미국의 윌슨 대통령이 주창한 '민족자결주의'에 자극을 받은 나머지 민족의 울분을 토로할 기회를 절감하고, 1918년 12월 30일과 이듬해 1월 6일 두 차례에 걸쳐 도쿄 시내 가와마치에 소재하는 '조선 YMCA회관'에서 웅변대회를 개최했다.

　대회에 참석했던 수백 명의 유학생들은 우리도 하루빨리 일본의 압제에서 벗어날 것을 결의하고, 그 대표자에 최팔용(崔八鏞), 송계백(宋繼白), 백관수(白寬洙), 윤창석(尹昌錫), 이종근(李琮根), 서춘(徐椿, 변절), 이광수(李光洙, 변절), 최근우(崔謹愚), 김도연(金度演), 김철수(金喆壽), 김상덕(金尙德) 등 11명을 선출했다.

　그날 대회에는 김마리아(본명 김진상)와 황애덕 등 여학생 6명도 참석했다. 그중 김마리아는 2.8독립선언서가 발표되고 9일이 지난 2월 17일 정신여학교의 후배 차경신과 함께 일본 여인의 전통 복장인 기모노를 입고 오비(허리띠) 속에 선언서를 숨겨 2월 21일 정신여학교의 외국인 교장 루이스에게 전달했다.

　학생들은 거사 때 발표할 독립선언서 초안은 유학생 대표 중의 한 사람인 이광수가 잡도록 했다. 이어서 국내와 연계한 거족적인 독립운동을 위해 밀사를 파견하여 선언서 초안을 국내 인사들에게 전하기로 하고, 그 책무는 와세다대학에 재학 중인 송계백에게 맡겼다.

선언서를 안전하게 전달할 묘책을 찾던 송계백은 자신의 사각모 안창을 뜯고 그 안쪽에 선언서를 넣고서 현해탄을 건넜다. 1월 중순 서울에 도착한 송계백은 민족지사 오세창을 만나 선언서 초안을 보이고 자신들의 거사 계획을 알렸다.

그리고 마침내 1919년 2월 8일 오후 2시, 가와마치에 있는 조선 YMCA회관에서 역사적인 2.8독립선언식의 막이 올랐다. 메이지대학 법과에 재학 중인 백관수의 선언서 낭독이 끝나자 거사에 참석한 600여 명의 학생들이 일제히 '대한 독립만세'를 외쳤다. 이때 대회장 주변을 감시하고 있던 경찰이 들이닥치면서 대회장은 삽시간에 아수라장으로 변했다.

일경은 50여 명에 이르는 학생들을 체포하고, 그중 송계백을 비롯한 9명에게는 실형을 선고했다. 그러나 친한(親韓) 변호사 후세 다쓰지의 노력으로 수감 이듬해인 1920년 3월 9일 유학생 모두가 풀려나게 된다.

하지만 이날 풀려난 송계백은 일제의 고문 후유증으로 그 해도 넘기지 못하고, 25세의 나이로 순국했다. 송계백과 함께 풀려난 최팔용(1891~1922)은 출옥 후 고향 함경남도 홍원으로 가서 청년 계몽 운동에 뛰어들었다. 그러나 고문 후유증을 이겨내지 못하고 송계백보다 겨우 2년을 더 살고 1922년 순국의 길을 걸었다.

3.1운동

대한독립선언에 이어 도쿄 한복판에서 나이 어린 유학생을 중심으로 독립선언서가 발표되자, 국내 인사들은 온 겨레를 참여케 하는 대대적인 거사를 계획하고 고종황제의 인산일인 3월 3일에 거행하기로 날짜를 잡았다. 그러나 황제의 인산일에 맞추어 거족적으로 봉기를 계획했던 민족지사들은 망설이지 않을 수 없었다.

만약 인산일에 봉기를 일으킨다면 삼천리 방방곡곡에서 구름떼 같은 군중이 모여들기야 하겠지만, 그렇게 되면 황제의 마지막 가는 길에 불경을 저지르게 되는 것이다. 고심 끝에 인산 날에서 하루를 앞당겨 2일로 정하려 했으나, 이날은 마침 일요일이어서 기독교 측에서 안식일임을 내세워 반대하고 나섰다. 그래서 정해진 것이 원래의 날짜보다 이틀을 앞당긴 3월 1일이었다.

거사 날 수많은 군중 앞에서 낭독할 독립선언서는 최남선이 쓰기로 했다. 경술국치 후 이회영이 만주로 망명할 당시 그가 지녔던 저택과 함께 산더미 같은 귀중한 도서까지 물려받은 그 최남선이었다. 이때만 해도 최남선(崔南善, 1890~1957)은 패기 넘치는 30세의 청년으로서 항일의지가 하늘을 찔렀고, 문사로서의 명성이 삼천리 강토를 뒤덮고 있었기에 이처럼 막중한 책임을 맡긴 것이다. 하지만 그는 훗날 온 민족의 기대를 저버리고 이광수와 함께 변절의 길을 걸었다. 그러나 그의 변절은 독립선언서를 쓸 때부터 이미 예고돼 있었다.

2.8독립선언을 주도한 송계백이 국내에 들어왔을 당시 오세창에 이어 최남선도 만났다. 이때 최남선은 "국내에서 일으키려는 거사 때 낭독할 선언서는 내가 쓰겠노라"고 자청하고 나섰다. 하지만 여기에는 조건이 있었다.

그는 민족대표 33인 중의 한 사람인 최린(崔麟)을 향하여 "나는 죽는 날까지 학자의 길을 가고자 결심하였으므로 독립운동 표면에는 나서고 싶지 않으나, 그 선언서만큼은 내가 짓고 싶은데, 그 작성상의 책임은 최형이 져야 합니다."라고 했다.

최남선이 서명을 기피하자, 한용운(韓龍雲)이 나서서 "서명도 안 할 거라면 그 선언서를 최남선 대신 내가 쓰겠다"고 했다. 그러나 이미 선언서가 마무리 단계에 있는 데다가 여러 사람이 최남선에게 맡기는 게 좋다고 하자 한용운은 물러설 수밖에 없었다.

결국 선언서는 최남선이 쓰게 되었고, 다만 말미에 '공약 3장'만은 한용운이 쓰기로 했다. 그리고 마지막으로 천도교계 15명, 기독교계 16명, 불교계 2명으로 하여 총 33인의 민족대표가 2월 27일에 서명을 마쳤다.

그러나 천만 유감스럽게도 민족대표로 서명한 33명의 명단에는 조선 5백 년 역사의 정신적 지주이며, 을미사변 직후부터 의병을 일으켜 항일무장투쟁에 앞장섰던 유림(儒林)계 인사는 단 한 명도 보이지 않는데, 거기에는 다음과 같은 곡절이 있었다.

당시 3.1운동을 주도한 천도교와 기독교 그리고 불교계에서는 유림의 대표적 인사이며 김홍집 내각에서 외무대신을 역임한 김윤식(金允植)과 고종 재위 시 이조판서를 역임했던 윤용구(尹用求)에게 민족대표로서 나서줄 것을 청원했다. 한데 당연히 응할 줄 알았던 이들은 시큰둥한 반응을 보이는 것이었다. 그러자 한용운이 영남 유림의 종장(宗匠)으로 추앙받고 있는 거창의 곽종석(郭鍾錫, 1846~1919)을 찾아가 승낙을 받아냈다.

그러나 곽종석은 3.1만세운동을 코앞에 두고 급환(急患)으로 인하여 상경을 못하고 말았다. 또 곽종석 외에 만세운동에 적극 참여코자 했던 성주 유림계의 젊은 재목으로 꼽히는 김창숙(金昌淑)은 모친의 병환 때문에 차일피일 미루다가 2월 28일에서야 상경을 단행, 유림계 선배 성태영을 찾아갔다. 하지만 그때는 이미 서명자가 결정이 되었고, 인쇄가 끝난 후여서 김창숙은 천추의 한을 남기고 돌아서야 했다.

당시 유림들이 3.1운동에 참여를 거부한 이유는 크게 두 가지로 요약된다. 그 하나는 독립선언서 내용 중 왕조 복고에 대한 언급이 전혀 없었으므로 이에 서명하는 것은 유림의 전통과 명분에 배치되는 일이고, 나머지 하나는 신학문을 배우며 머리를 깎은 자들과 자리를 함께한다는 것은 유림의 수치라고 생각했기 때문인 것으로 알려졌다.

이후 3.1만세운동이 소강상태로 접어들 무렵, 전 민족이 참여했던 만세운동에 유림에서 단 한 명도 참석을 못하게 된 것을 애석하게 여긴 유림계에서는 김창숙과 곽종석, 김복한(金福漢, 1860~1924) 등을 주축으로 전국의 유림계 인사 137명이 모여 전문 2,674자에 달하는 장문(長文)의 '한국독립청원서'를 작성하여 파리강화회의에 보내기로 결의했다.

완성된 청원서는 김창숙이 미투리의 날줄로 위장하여 상해 임시 정부로 가져갔고, 임정에서는 이를 영어에 해박한 임정의 외무총장 김규식(金奎植)에게 맡겨 영문으로 번역했다. 번역된 영문본은 한문으로 된 원본과 함께 각각 3천 부씩 인쇄한 후, 파리강화회의는 물론, 중국과 세계열강을 비롯하여 국내 각지에 배포했다.

이때 임정의 전권대사가 되어 파리로 파견된 인사는 외무총장 김규식이었는데, 그는 자신이 영역한 청원서를 품에 숨기고 파리를 향했다. 파리에 도착한 김규식은 영국 정부를 통해 당시 강화회의 의장이던 프랑스의 클레망소에게 청원서를 전달하는 등 혼신의 힘을 다했으나, 각국의 반응은 냉담하기만 하여 뜻을 이루지 못했다. 이렇게 되어 유림계에서는 3.1운동에도 참가하지 못하게 되고, 파리장서도 실패하고 말았다.

아래에 장문으로 된 파리장서와 기미독립선언서는 생략하고, 3.1 운동 당시 민족대표 33인의 명단만 싣는다.

朝鮮民族代表

손병희(孫秉熙)	길선주(吉善宙)	이필주(李弼柱)	백용성(白龍城)
김완규(金完圭)	김병조(金秉祚)	김창준(金昌俊)	권동진(權東鎭)
권병덕(權秉悳)	나용환(羅龍煥)	나인협(羅仁協)	양전백(梁甸伯)
양한묵(梁漢黙)	유여대(劉如大)	이갑성(李甲成)	이명룡(李明龍)
이승훈(李昇薰)	이종훈(李鍾勳)	이종일(李鍾一)	임예환(林禮煥)
박준승(朴準承)	박희도(朴熙道)	박동완(朴東完)	신홍식(申洪植)
신석구(申錫九)	오세창(吳世昌)	오화영(吳華英)	정춘수(鄭春洙)

최성모(崔聖模)　최　린(崔　麟)　한용운(韓龍雲)　홍병기(洪秉箕)
홍기조(洪基兆)

朝 鮮 建 國 四千二百五十二年 三月 一日

　위 33인 중 양한묵은 3.1운동 직후 다른 대표들과 함께 투옥되었으나, 일경의 가혹한 고문으로 1919년 5월 26일 옥사했다. 민족대표의 이름을 걸고 함께 투옥되었던 손병희(1861~1922)는 투옥 중 당한 고문으로 만신창이가 되어 풀려나오기는 했으나, 그 후유증으로 1922년 5월 19일 62세를 일기로 순국했다.

　독립선언서 인쇄의 책임을 맡았던 이종일(1858~1925)은 33인과 함께 투옥되어 징역 3년을 선고받고서 2년 반 만에 가출옥했다. 그 후 1922년 3월 1일을 기해 제2의 3.1운동을 시도하다가 사전에 발각되어 무위로 끝났다. 노령의 나이임에도 불구하고 계속 국권회복에 힘쓰던 이종일은 1925년 8월 31일 68세를 일기로 아사(餓死)했다. 또한 33인 중 박희도, 정춘수, 최린, 그리고 선언서를 초안했던 최남선은 후에 친일주구로 전락했다.

　2월 11일에 기초가 완성된 독립선언서의 인쇄는 보성사(지금의 조계사 대웅전 앞) 사장 이종일이 모든 책임을 맡아서 찍어내기로 했다. 그는 보안을 의식하여 밤에만 진행하기로 하고 2월 20일 저녁부터 장효근(張孝根), 김홍규(金弘奎), 최남선, 신영구와 함께 인쇄를 시작했다. 이때 이종일은 미리 자신의 문중인 성주 이씨 족보를 만드는 것처럼 위장막을 쳐놓았다.

　인쇄에 들어간 지 8일째가 되던 27일 밤이었다. 그날도 직원들이 모두 퇴근하기를 기다려 인쇄가 시작되었고, 이제 조금만 더 찍어내면 인쇄를 마칠 무렵, 누군가 밖에서 문을 세차게 흔들어 댔다. 이종일은 인쇄를 중단한 채 숨을 죽이고 기다렸다. 그러나 이 불청객은 돌아갈 생각을 않고 계속해서 문을 흔들어대는 것이었다. 불길한 예감에 문을 연 이종일은 그 자리에 털썩 주저앉고 말았다.

이종일의 눈앞에는 수많은 애국지사를 붙잡아 감옥에 처넣은 악질 형사로 소문난 종로경찰서 고등계 형사 신승희(일명 신철)가 서 있었다. 그가 안으로 들어오자 이종일은 문중의 족보를 찍는 중이라고 둘러댔다. 실제로 그 옆에는 며칠 전부터 찍어 낸 성주 이씨 족보가 산처럼 쌓여 있었다. 하지만 매의 눈을 가진 신승희의 눈을 속일 수는 없었고, 어느새 그의 손에는 방금 찍어 낸 독립선언서가 한 장 쥐어져 있었다.

이종일은 '이제는 모든 게 끝났구나' 하는 절망감에 아예 눈을 감아버렸다. 잠시 후 정신을 차린 이종일은 여기서 물러설 수는 없다고 생각하고, 죽으나 사나 이자에게 매달려 보기로 하고 그의 발밑에 엎드렸다. "이것만은 절대로 안 되오. 이 일은 우리 민족의 운명이 달려있는 일이란 말이오. 더도 말고 단 사흘만 봐주시오. 어차피 사흘 후면 이 일이 세상에 다 알려질 텐데 제발 못 본 걸로 눈 감아 주시오. 그리고 잠시만 이곳에서 기다려 주시면 그에 대한 보답을 해 드리리다." 말을 마친 이종일은 재동에 사는 손병희에게 달려갔다.

이때 손병희는 거사에 사용하기 위하여 뭉칫돈을 보관하고 있었다. 이종일로부터 자초지종을 알게 된 손병희는 그중에서 한 뭉치를 집어주며, "한시바삐 수습하시오. 자칫하다가는 모든 게 수포로 돌아갈지도 모르는 일이오."라고 일렀다.

이종일이 나간 사이 신승희는 증거 수집을 마치고 이종일이 돌아오기만을 눈이 빠지게 기다리고 있었다. 신승희를 다시 만난 이종일은 돈뭉치를 건네며 말했다. "5천 원이오. 이 돈이면 아마 오늘 당장 옷을 벗는다 해도 평생 살아가는 데는 끄떡없을 것이외다."

순간 신승희의 눈이 빛났다. 5천 원이라니! 한 달 봉급이 고작 40원에 불과한 그로서는 평생을 왜놈의 발밑에서 순사질을 한다고 해도 결코 만져볼 수 없는 거금이었다. 잠시 눈을 감고 있던 신승희의 입이 열렸다. "내 이만 돌아가리다. 나를 못 본 걸로 해주시오." 하고는 돌아섰다.

35,000매에 달하는 독립선언서가 탄생하는 순간이었다.

기미년 3월 1일 아침, 전국 각처에서 모여든 민중들은 삼삼오오 짝을 지어 탑골공원으로 향했다. 민중들은 이곳에서 정오에 울리는 오포(午砲) 소리에 맞추어 독립선언식이 있을 것으로 알고 모인 것이었으나 이 계획은 이미 바뀌어 있었다. 독립선언서에 민족대표로 이름을 올린 33명 중 23명의 인사들이 거사 전날인 2월 28일 재동 손병희의 집에 모였었다.

그들은 이 자리에서 의논하기를, 거사 당일 탑골공원에서 선언식을 하게 되면 수많은 군중으로 인하여 자칫 폭력 사태로 인한 많은 희생자가 발생하게 될지도 모르므로 인사동의 태화관에서 선언식을 거행하기로 방침을 바꾸었다. 이렇게 처음부터 차질을 빚으면서 선언식 거행 시간도 자동적으로 늦춰지게 되었다.

오포가 울리고서도 아무런 연락이 없자 공원에 모여 있던 군중들은 술렁거리기 시작했다. 그러나 바로 그 시간에 태화관에 모인 29

명(33인 중 지방에 있던 4명은 참석을 못 했다)의 대표들은 한용운의 선창에 따라 선언서를 낭독하고 "대한독립만세!"를 삼창한 후에 일경에 통고하여 자진해서 체포되었다.

뒤늦게 선언식 장소가 태화관으로 변경되었다는 연락을 받은 탑골공원에서는 우리도 별도로 선언식을 거행하자는 데까지는 합의했으나, 선언서를 누가 낭독할 것인가를 두고 또다시 시간을 끌었다.

오후 2시가 되도록 결말이 나지 않자, 경신학교 출신 정재용(鄭在瑢)이 군중 앞에 나서서 "오등은 자에 아 조선의 독립국임과 조선인의 자주민임을 선언하노라"로 시작되는 기미독립선언서를 낭독했고, 이어서 "대한독립만세"를 외치는 소리가 천지를 진동했다. 드디어 역사적인 3.1만세운동의 함성이 터지기 시작했던 것이다.

이들이 "대한독립만세!"를 외치며 공원을 나서자, 수많은 군중들도 이와 합세하여 "대한독립만세!"를 외치며 대한문을 향해 나아갔다. 바로 이때 대열을 가로막는 자들이 있었으니, 기마경찰을 앞세운 일경과 일본 헌병대였다. 그들은 대열을 향해 총을 난사하고 일본도로 내리쳤다. 이렇게 되어 비폭력 평화주의를 부르짖으며 맨주먹으로 일제에 맞섰던 3.1운동은 일경과 일본 헌병대의 무자비한 진압으로 엄청난 희생을 치른 채 무위로 끝나고 말았다.

총독부 자료에 따르면 3.1운동 진압 과정에서 우리 조선인들이 입은 피해는 다음과 같다.

　사망자 : 7,509명
　부상자 : 15,961명
　체포구금 : 47,949명

한편 박은식의 『한국독립운동지혈사』에는 당시 상황이 좀 더 생생하게 기록되어 있다.

"(…) 일인들은 말할 수 없는 야만적인 학살을 행하였다. 창으로 찌르고 칼로 치는 것이 마치 풀을 베듯 하여 즉사한 사람이 3,750여 명이고, 중상을 당해 며칠 후에 죽은 사람이 4,600여 명이었다. 수감되어 옥중에서 죽은 사람은 얼마나 되는지 알 수도 없다. 체포되어 감옥에 수감된 사람이 수십만 명이었는데, 사망하였다는 통보가 계속 이어지고 있다. 저들은 학살을 자행하고, 또 중상자에게 약을 주거나 치료하는 것도 허용하지 않았다. (…)"

사라진 류관순의 유골

3.1운동 당시 그 많은 희생자 중에는 3.1운동의 상징적 인물인 류관순(柳寬順, 1902~1920)과 그의 아버지 류중권, 그리고 어머니 이소제까지 포함되는데, 류관순의 순국(殉國) 과정을 살펴보면 일제의 악독함은 세계 역사상 그 유례를 찾아보기 힘들다.

3.1운동 당시 류관순은 이화여자고등보통학교 1학년에 재학 중이었다. 학교 내의 비밀결사 이문회(以文會) 선배들을 통하여 미리부터 3.1운동 추진 계획을 감지하고 있던 류관순은 만세운동이 일어나기 하루 전날인 2월 28일, 같은 학교 3학년 졸업반이던 4촌 언니 류예도(柳禮道, 1896~1989)를 비롯하여 서명학, 김분옥 등 6명의 시위결사대를 조직하고 만세운동에 나서기로 결의했다.

드디어 3월 1일, 시위대가 탑골공원을 나왔다는 소식을 들은 이들 6명의 결사대는 즉시 시위대와의 합류를 시도했다. 이때 프라이(Lulu Frey) 교장은 교문의 빗장을 걸어 잠근 후 "나는 나이 어린 너희들이 희생당하는 것을 앉아서 볼 수 없다. 정히 가려거든 나를 밟고 넘어가라"고 소리치며 결사적으로 막아섰다.

그러자 6명의 결사대는 프라이 교장의 만류를 뿌리치고 뒷담을 넘어 3.1운동의 한복판으로 뛰어들었다. 만세운동이 일어나자 일제는 기마경찰과 헌병대를 동원하여 무자비한 진압에 나섰고, 이 과정에서 수많은 사람들이 죽고 다치고 체포되었다.

일경의 무자비한 진압에 일단 주춤했던 만세 시위는 그로부터 나흘이 지난 3월 5일 서울 최대의 시위로 기록되는 남대문역 시위가 재차 일어났다. 이날 수많은 군중 앞에서 만세를 외치던 6명의 '이화 결사대'는 출동한 일경에 의해 곧바로 경무총감부에 구금되었다. 제자들이 경찰서 유치장에 갇혀 있음을 알게 된 프라이 교장은 경무총감부와 교섭을 벌였고, 덕분에 구금된 지 수일 만에 이들 모두가 풀려날 수 있었다.

그 후에도 만세 시위가 좀체 진정될 기미가 보이지 않자, 총독부는 시위를 아예 원천적으로 봉쇄하고자, 3월 10일부터 임시휴교령을 내렸다. 이에 류관순은 동료 학생들과 의논한 뒤 각자 자신의 고향으로 내려가 만세운동을 벌이기로 하고, 4촌 언니 류예도와 함께 태극기와 독립선언서를 몸에 숨긴 채 3월 13일 천안행 열차에 몸을 실었다. 고향 아우내(並川)에 도착한 류관순은 조인원 등과 협의하여 사람들이 많이 모이는 4월 1일 아우내 장날을 기해 만세운동을 벌이기로 계획하고, 유림(儒林)과 집성촌 대표들을 찾아다니며 적극적인 설득에 나섰다.

이렇게 시작된 아우내 장터 만세운동에 류관순의 가족은 한 사람도 빠짐없이 참가했다. 즉, 류관순의 아버지 류중권과 어머니 이소제를 필두로 오빠와 언니, 그리고 4촌 언니 류예도, 류예도의 아버지 류중무까지 총동원되었던 것이다.

만세 시위가 일어나자 일제는 경찰과 헌병대를 동원하여 무자비한 진압에 들어갔다. 결국 그들의 총칼 아래 류관순의 양친을 포함하여 19명은 현장에서 즉사하고 30여 명이 중상을 입는 대참사가 벌어졌다. 이어서 류관순은 만세운동을 주도한 혐의로 체포되어 천안 헌병대를 거쳐 공주검사국으로 송치되었다. 공주검사국에서 류관순을 심문하던 일본인 검사는 그가 미성년자임을 감안하여 잘못을 뉘우치면 선처하겠다고 구슬렸으나 류관순은 일언지하에 거절했다.

그 후 법정에 서게 된 류관순은 일본인 재판관을 향하여 큰소리로 꾸짖었다. "나는 조선인이다. 너희 일본 놈들은 우리 조선 땅에 몰려와 수많은 동포를 죽이더니 마침내 나의 양친까지 죽였다. 너희들이 과연 나를 심판할 자격이 있다고 생각하는가?"

그해 5월 9일 공주지방법원에서 열린 1심 공판에서 일본인 재판장은 류관순에게 보안법 위반과 소요죄를 적용하여 징역 5년에 법정모독죄 2년을 추가해 7년을 선고했다. 류관순은 이 판결에 불복하여 경성복심법원에 항소했고, 이에 류관순은 자동적으로 서울에 있는 서대문형무소로 이감된다.

류관순이 수감된 서대문형무소 여감방에는 만세 시위를 하다가 잡혀온 여죄수들로 넘쳐났다. 이 중에는 개성 만세운동을 이끌어 낸 어윤희를 비롯하여 수원의 기생 출신 김향화, 그리고 김마리아까지 쟁쟁한 여성 독립투사들이 수감되어 있었다. 당시 일본인 간수들은 수감된 여학생과 젊은 여성 독립투사들의 옷을 찢고 때리고 강간하기도 했으며, 심지어는 불로 여성의 은밀한 부분을 지지거나 태우는 등 짐승 같은 만행을 서슴지 않았다.

서대문형무소로 이감된 지 약 4개월이 지난 9월 11일, 경성복심법원은 류관순에게 3년의 징역형을 확정했다. 일제의 판결을 결코 받아들일 수 없었던 류관순은 이후에도 끊임없이 만세를 외치며 저항했다.

이에 형무소 측은 류관순을 요주의 인물로 분리하여 어둡고 축축한 지하 독방에 감금하고 가혹한 고문을 가했다. 이렇게 지하 감방에서 일제의 만행에 치를 떨며 절망의 나날을 보내던 류관순에게 어느 날 희망의 소식이 날아든다. 1920년 4월 28일 조선의 마지막 황태자 영왕 이은(李垠)의 결혼 기념 특사령에 의해 형량이 1년 6개월로 감형되었던 것이다.

허나 그러한 희망도 잠시, 만기 출소 3개월을 남겨 둔 9월 28일 아침, 류관순은 서대문형무소 지하 감방에서 차디찬 시신으로 발견된다. 이때 류관순은 꽃다운 열아홉이었다.

지금까지 밝혀진 류관순의 직접적인 사인은 '고문에 의한 장독(杖毒)과 방광 파열 및 영양실조'였던 것으로 알려졌었다. 그러나 국가기록원이 주일대사관에서 이관받아 2013년 11월 19일에 공개한 자료에는 '류관순 옥중에서 타살'이라고 분명히 기록되어 있었다. 타살(打殺)이란 사람을 때려죽였다는 말이다. 악독한 일제는 고문을 하다못해 아예 때려죽였던 것이다.

류관순이 서대문형무소에서 순국했다는 통보를 받은 이화학당의 프라이 교장과 월터 선생은 서대문형무소에 그녀의 시신 인도를 요구했으나 형무소 측은 딱 잘라 거절했다. 이에 이화학당의 모든 외국인 교직원들이 나서서 류관순의 억울한 죽음을 세계만방에 알리겠다고 으름장을 놓자, 그제야 형무소 측은 해외 언론에 알리지 말고 조용히 장례를 치러야 한다는 단서를 붙여 시신을 내주었다.

1920년 10월 14일 이화학당에서는 류관순의 장례식을 치른 후 시신을 '이태원 공동묘지'에 안장했다. 그로부터 16년이 지난 1936년 총독부에서 이태원 공동묘지를 군용기지로 개발하면서 류관순의 유골이 사라진 것으로 밝혀졌는데, 이는 일제가 고의로 없애버린 것으로 추정된다. 이에 죽은 영혼이나마 위로하고자 1989년 10월 12일, 뜻있는 이들이 합심하여 천안시 동남구 병천면 매봉산 기슭에 류관순의 초혼묘(招魂墓)를 조성하여 오늘에 이른다.

대한광복회 총사령 박상진

경술병탄 이후 일제는 3.1운동이 일어나던 1919년까지 10여 년에 걸쳐 가혹한 무단통치를 행하며 조선 민중을 탄압했다. 이때 그들과 맞서 싸운 사람 중에는 대한광복회 총사령 박상진이 있었으니, 그는 이처럼 암울했던 시기에 누구보다 치열하게 일제와 투쟁했던 인물이다.

박상진(朴尙鎭, 1884~1921)은 1884년 12월 7일(음력) 고종 치하에서 승지를 지낸 박시규(朴時奎)의 장남으로 태어났다. 울산에서 태어난 그는 백부 박시룡(朴時龍)에게 입양되어 경주에서 성장하게 되는데, 박시룡은 홍문관 교리를 지낸 것으로 알려진다.

부유한 명문가에서 태어난 그는 어려서부터 한학을 익히며 장차 과거를 보아 입신양명의 꿈을 지향하고 있었다. 그의 나이 19세에 이르던 1902년부터는 왕산(旺山) 허위(許蔿)의 문하에 들어가 수학하며 민족의식을 키워나갔다.

이 무렵 일제의 침략은 노골화되어 나라는 혼란으로 빠져들고 있었다. 기울어 가는 나라를 지키기 위해서는 신학문을 접해야 한다고 판단한 박상진은 21세가 되던 1904년 서울에 있는 양정의숙(養正義

塾)에 들어가 경제학과 법학을 전공했다. 1910년 판사 시험에 합격한 그는 평양법원으로 발령을 받았으나, 일제의 관리가 되는 것을 치욕이라 여기고 부임을 거부했다.

출세가 보장된 판사의 길을 스스로 차버린 박상진은 조국광복을 위해 신명을 바치기로 결심하는데, 그의 이런 결심 뒤에는 2년 전에 순국한 스승 허위의 영향이 컸다.

허위(許蔿, 1855~1908)는 1908년 1월, 남산에 있는 통감부를 공격하다가 패퇴하여 서대문형무소에서 교수형을 받아 순국한 인물로, 그는 마지막을 이렇게 장식했다고 전해진다.

그가 사형판결을 받고 서대문형무소 교수대 앞에 섰을 때 일본 승려가 그의 극락왕생을 빌어주겠다며 다가왔다. 이를 본 허위는 "충의(忠義)의 귀신은 불경을 안 외워도 저절로 극락에 갈 것이다. 설사 극락에 못 가고 지옥에 떨어진다 한들 어찌 네놈들의 도움을 받아 극락왕생을 빌겠느냐?"라고 일갈(一喝)했다.

입회한 검사가 "형이 집행되면 그 시신을 치울 사람은 있는가?"라고 묻자, "어찌 죽은 뒤의 일을 괘념(掛念)하겠는가. 시신을 치울 사람이 없어 옥중에서 썩어 문드러져도 좋으니, 속히 형을 집행하라"고 호통쳤다. 그의 기개 넘치는 호통에 기가 질린 검사는 곧바로 집행을 명하니, 그날은 병탄을 2년 앞둔 1908년 10월 21일이었다.

허위가 순국하고 나자 감히 그의 시신에 손을 대는 사람은 없었다. 이때 박상진은 스승의 시신을 수습하여 경북 선산(善山)에 안장한 후 묘막을 짓고 1년간 복상(服喪)했다. 어려서부터 군사부일체(君師父一體)를 몸에 익혔던 그는 나라와 스승과 부모는 한 몸이라 생각하고 이를 몸소 실천했던 것이다.

판사직을 헌신짝처럼 내던진 박상진은 경술국치 후 만주로 건너가 허위의 형 허겸(許蒹)을 비롯하여 이상룡, 김동삼, 손일민(孫逸民) 등과 독립운동 방략을 논의했다. 그 후 독립지사들의 연락기관으로 만주에서 여관을 경영하며 대한의군부(大韓義軍府) 조직에 착수했으나, 일제의 방해로 실패하게 된다.

국내로 돌아온 그는 1912년 대구에 상덕태상회(尙德泰商會)를 설립하고 곡물상을 가장하여 군자금 마련과 독립운동의 연락기관으로 삼았다. 상·덕·태란 자신의 이름 박상진과 그의 동지 김덕기와 오현태의 이름을 조합한 것이었다.

이듬해에는 다시 중국으로 건너가 신해혁명의 주역들에게 협조를 요청했다. 국내로 돌아온 박상진은 1915년 7월 15일 대구에서 자신이 주도했던 국권회복단과 풍기광복단(豐基光復團)을 연합하여 '대한광복회(大韓光復會)'를 결성했다. 풍기광복단은 채기중(蔡基中), 유창순(庾昌淳), 류장열(柳璋烈), 한훈(韓焄) 등의 주도로 1913년에 결성된 항일단체였다.

대한광복회 총사령(總司令)에 추대된 박상진은 부사령에는 의병장으로 용명을 드러낸 이석대(李碩大, 본명 李鎭龍)를 임명하여 만주에 상주하며 독립군 양성을 주도하도록 했다. 그 후 1917년 이석대가 체포되자 부사령직은 김좌진이 수행하게 된다.

대한광복회는 다음과 같은 결의문을 채택했다.

우리는 대한의 독립을 위하여 우리의 생명을 희생에 바침은 물론,

우리 평생에 그 목적을 달성치 못할 시에는 자자손손이 계승하여 원수 일본을 완전히 몰아내고 국권을 회복할 때까지 절대 변치 않고, 결심 육력(戮力, 서로 힘을 합침)할 것을 천지신명에게 맹세한다.

이어서 실천 강령으로 다음 일곱 가지 사항을 결의했다.

○ 부호의 의연금 및 일인이 불법 징수하는 세금을 압수하여 무장을 준비한다.
○ 만주에 군관학교를 세워 독립전사를 양성한다.
○ 종래의 의병 및 해산 군인과 만주 이주민을 소집하여 훈련한다.
○ 중국 러시아 등 여러 나라에 의뢰하여 무기를 구입한다.
○ 본회의 군사행동·집회·왕래 등 모든 연락기관의 본부를 상덕태상 회에 두고 한만(韓滿) 각 요지와 북경·상해 등에 지점 또는 여관 ·광무소(鑛務所) 등을 두어 연락기관으로 한다.
○ 일인 고관 및 한인(韓人) 반역자를 때와 장소를 가리지 않고 처단하 는 행형부를 둔다.
○ 무력이 완비되는 대로 일본 섬멸전을 단행하여 광복을 완수한다.

강령에서 밝힌 대로 대한광복회는 친일부호와 일제가 불법 징수 하는 세금을 압수하여 만주에 군관학교(軍官學校)를 세워 독립군을 양성하여 일제를 쫓아내고 국권을 회복하는 데, 최종 목표를 두었다.
대한광복회는 1916년부터 전국적인 조직으로 발전하여 각 도에 지부를 설치하고 있었다. 또한 대구의 상덕태상회를 본부로 하고, 안동, 영천, 삼척, 예산, 인천, 광주, 용천 등지에 곡물상을 설치하고 연락처로 삼았다. 이외에도 만주 장춘(長春)에 상원양행(尙元洋行)을, 안동에는 삼달양행(三達洋行)을 세우는데, 이 중 삼달양행은 이관구(李觀求)가 주도하면서 동지들의 연락처로 삼았다.

대한광복회는 군자금을 모으기 위해 상동광산과 직산광산을 습격하는가 하면, 경주에서는 우편 마차를 습격하여 세금을 탈취하기도 했다. 또한 부호들에게 의연금 청구서를 발송하는 등 군자금 확보에 총력을 기울이고 있었다.

대한광복회는 경북 칠곡의 친일부호 장승원(張承遠), 대구부호 서우순(徐祐淳), 아산군 도고면장 박용하(朴容夏), 전남 보성의 양재학(梁在學), 낙안의 서도현(徐道賢) 등에게 청구서를 보냈으나, 그들은 이를 거부하고 일경에 밀고해 버렸다.

이에 격분한 대한광복회는 가장 먼저 장승원을 처단하기로 하고 곧바로 행동으로 옮겼다. 1917년 11월 10일 총사령 박상진의 명을 받은 채기중, 강순필, 유창순 등은 장승원을 처단하고, 1918년 1월 24일에는 김한종, 장두환 등의 주도하에 친일 악질 면장으로 지목받고 있던 아산군 도고면장 박용하를 처단했다. 그리고 양재학과 서도현도 잇달아 처단했다.

대한광복회에서 이들을 처단한 이유는 민족을 배신하고 부를 축적하고서도 의연금을 거부한 이들을 처단함으로써 민족적 경각심을 불러일으키는 데 그 목적이 있었다.

대한광복회는 경술국치 후 3.1운동 때까지 9년간에 걸쳐서 거국적인 조직을 운영하며 가장 활발하게 활동했던 항일단체로서 1916년에는 김좌진(金佐鎭), 노백린(盧伯麟), 신현대(申鉉大) 등 기라성 같은 무장독립운동가까지 가세하여 그 세가 하늘을 찌르고 있었다.

1917년에는 김경태(金敬泰), 김재풍(金在豐) 등 경기도와 충청 지방의 지사들 다수가 참가함으로써 전국적인 조직으로 발전했고, 회원도 2천여 명에 달하여 1910년대 대표적인 항일단체로 발전했다.

총사령 박상진은 경주 최부자로 잘 알려진 4촌 처남 최준(崔浚, 1884~1970)과 양정의숙 동문인 안희제(安熙濟, 1885~1943)와도 긴밀히 협조하면서 군자금 확보에 총력을 기울였다.

이때 안희제는 부산에 백산상회(白山商會)를 설립하여 그 이익금으로 독립운동자금으로 활용하고 백산상회를 동지들의 연락 장소로 지정했다. 또한 최준은 상해임정의 운영자금을 도맡다시피 하고 있었다. 광복 후 김구는 상해 운영자금의 60%는 최준이 제공했다고 할 정도로 그는 노블레스 오블리주를 몸소 실천한 독립운동가였다.

최준의 아우 최완(崔浣, 1889~1927) 역시 독립운동가로서 상해 임시의정원 의원을 지냈다. 그 후 형 최준이 제공하는 독립자금을 임정에 전달하는 과정에서 일경에 체포되어 혹독한 고문으로 서른아홉에 생을 마감한 열렬한 항일투사였다.

1917년 12월 박상진은 권영목(權寧睦) 이하 청년 수명을 만주 길림성 독군(督軍) 맹사원(孟思遠)에게 파견해 군사훈련과 개척 사업의 병행을 시도했다. 그러나 자금을 가지고 국내로 들어오던 권영목이 일 헌병에게 체포되어 그 일은 무위에 그친다.

한편 장승원과 박용하의 처단으로 광복회 실체가 드러나게 되자, 일경에서는 광복회 간부를 노리기 시작했다. 결국 도고면장 박용하를 처단한 지 나흘이 지난 1918년 1월 28일 그동안 눈부신 활약을 보이던 김한종이 체포되는 불행한 사태를 맞고 말았다.

이어서 그해 봄에는 총사령 박상진을 포함한 대한광복회원 37명이 체포됨으로써 광복회는 위기를 맞는다. 일경에서 자신의 체포에 혈안이 된 것을 감지하고 있던 박상진은 보안에 각별히 신경을 썼다. 이때 경주에 사시던 모친이 작고했다는 전갈이 오자 위험을 무릅쓰고 본가를 찾았다가 미리 잠복하고 있던 형사대에 체포되었던 것이다.

체포된 박상진은 가혹한 고문과 모진 악형 끝에 대구지방법원에서 사형을 선고받고서 4년여에 걸쳐 옥고를 치르다가 1921년 8월 11일 대구형무소에서 형장의 이슬로 사라졌다. 서른여덟 한창나이로 순국한 그는 죽기 전 이런 유시(遺詩)를 남긴 것으로 전해진다.

순국 하루 전에 남긴 遺詩(유시)

어머님 장례도 마치지 못한 채	母葬未成
나라의 원수도 갚지 못했네	君讐未復
빼앗긴 강토마저 되찾지 못했으니	國土未復
무슨 면목으로 저승길 갈까	死何面目

순국 당일 남긴 遺詩

다시 태어나기 힘든 이 세상에	難復生此世上
다행히 대장부로 태어났건만	幸得爲男子身
이룬 일 하나 없이 저세상에 가려 하니	無一事成功去
청산이 조롱하고 녹수가 비웃는구나	靑山嘲綠水嚬

그날 박상진과 생사고락을 함께하던 김한종의 사형도 집행되는

데, 그들의 순국 장면을 1921년 8월 13일 자 『동아일보』는 이렇게
전하고 있다.

朴尚鎭 死刑執行(박상진 사형 집행)
십일일 하오 한 시 대구 감옥에서 박상진은 십삼 분 만에 절명되여
同日에 共犯 金漢鍾도 執行(동일에 공범 김한종도 집행)

광복회(光復會) 사건의 박상진(朴尚鎭)은 마츰내 십일일 하오 한시에
대구 감옥에서 사형을 집행 하얏는대, 십삼분 동안에 절명이 되얏스며
교수대에서도 매우 태연하얏다는대 동 한시 삼십분에는 반(박)상진의
공범자 김한종(金漢鍾)의 사형을 집행하얏는바, 김한종은 십이분만에
절명이 되얏고 대구복심법원에서는 률산(栗山) 검사 국천(菊川) 서기와
측근(則近) 뎐옥(전옥, 형무소장을 가리킴)이 립회하얏더라(대구통신)

상해 임시정부 건설

3.1운동 직전 이회영이 장남 규룡과 함께 북경으로 망명하자, 그의 아내 이은숙 또한 뒤이어 망명했다. 이회영이 망명한 북경에는 지난날 만주에서 함께 활동하던 이동녕과 아우 시영을 포함하여 조성환, 이광 등 수많은 동지들이 머물고 있었는데, 이들은 하나같이 우리의 독립이 다 된 것처럼 들떠 있었다. 이런 분위기 속에서 가장 빠르게 태동의 기미를 보인 것은 상해에 임시정부를 수립하려는 움직임이었다.

그러나 이회영은 임시정부 수립에 반대하는 입장이었다. 이회영은 정치와 행정조직을 겸한 임시정부를 수립하게 되면 감투싸움에 연연하게 되어 독립운동 세력이 분열된다고 주장했다. 이회영은 그 대신 '독립운동총본부'를 설립하여 그곳을 중심으로 우리의 독립운동 세력을 결집시켜 분열을 막아야 한다고 주장했다. 이회영의 이같은 주장은 멀리 앞날을 내다본 선견지명이었으나, 이미 임시정부를 수립하려는 움직임은 돌이킬 수 없는 대세였다.

이에 이회영은 임시정부 건설에 참여하기 위하여 아우 시영과 이동녕을 비롯한 몇몇 동지와 함께 1919년 4월 초 상해로 향했다.

이때 임시정부 건설의 후보지로 떠오른 상해에는 국제적 안전지

대로 각광을 받는 프랑스, 영국, 독일, 이탈리아 등 서구 열강의 수많은 조차지(租借地)가 있었다. 또한 상해에는 예관(睨觀) 신규식(申圭植, 1879~1922)이 있었는데, 그는 이미 이곳에서 눈부신 활약을 하고 있었다. 경술국치 이듬해인 1911년 이곳 상해로 망명한 신규식은 쏭자오런(宋敎仁)과 천치메이(陳其美) 등과 친교를 맺어 정치적 기반을 다졌다. 이어서 국민당의 전신인 동맹회에 가담한 후 손문이 주도한 무창의거(武昌義擧)에도 기여했다. 이후 그는 중국의 국부(國父)로 추앙받는 손문과 호형호제(呼兄呼弟)하는 사이가 되어 중국 정부는 그를 상당히 신뢰하고 있었다. 국내에서 멀리 떨어져 있는 상해가 임시정부 건설의 최상의 후보지로 떠오른 데에는 이런 제반 사정이 있었기에 가능했다.

1919년 4월 9일 밤, 상해 프랑스 조계 김신부로(金神父路) 22호 3층 건물에서는 임시정부 수립을 준비하는 회의가 밤을 지새우며 진행되고 있었다. 그로부터 이틀 후인 11일 오전까지 진행된 회의에서 정원 29명의 임시의정원을 구성하여 그 의장에 이동녕(李東寧)을, 부의장에는 손정도(孫貞道)를 선출하고, 국호(國號)를 '대한민국'이라 정했다. 이때 국호의 후보로는 대한민국, 조선공화국, 고려공화국 등 3개가 거론되었으나, 논란 끝에 대한제국을 계승한다는 의미로 대한민국으로 정했다고 알려진다.

정부기구로는 국무총리를 수반으로 하는 국무원 안에 내무, 외무, 재무, 법무, 군무, 교통의 6부를 두고, 국무총리를 위시하여 각부 총장을 투표로 선출하기로 하였다. 이때 선출된 임시정부 초대 국무위원은 아래와 같다.

국무총리 이승만(李承晩)　　　　국무원 비서장 조소앙(趙素昻)

내무총장 안창호(安昌浩)　　　　내무차장 신익희(申翼熙)

외무총장 김규식(金奎植)　　　　외무차장 현　순(玄　楯)

재무총장 최재형(崔在亨)　　　　재무차장 이춘숙(李春塾)

군무총장 이동휘(李東輝)　　　　군무차장 조성환(曺成煥)

법무총장 이시영(李始榮)　　　　법무차장 남형우(南亨佑)

교통총장 문창범(文昌範)　　　　교통차장 선우혁(鮮于赫)

　내각이 완료되자 4월 11일 우리나라 최초의 헌법인 '대한민국 임시헌장(大韓民國 臨時憲章)'을 제정하고, 13일에는 임시정부 수립을 내외에 공식으로 선포했다. 총 10개 조항으로 된 임시헌장의 내용은 아래와 같다.

　　제1조, 대한민국은 민주공화제로 함.

　　제2조, 대한민국은 임시정부가 임시의정원의 결의에 의하여 통치함.

　　제3조, 대한민국의 인민은 남녀, 귀천 및 빈부의 계급이 없고 일체 평등함.

　　제4조, 대한민국의 인민은 종교, 언론, 저작, 출판, 결사, 집회, 통신, 주소 이전, 신체 및 소유의 자유를 가짐.

　　제5조, 대한민국의 인민으로 공민 자격이 있는 자는 선거권과 피선거권이 있음.

　　제6조, 대한민국의 인민은 교육, 납세 및 병역의 의무가 있음.

　　제7조, 대한민국은 신(神)의 의사에 의해 건국한 정신을 세계에 발휘하며, 나아가 인류문화 및 평화에 공헌하기 위하여 국제연

맹에 가입함.

제8조, 대한민국은 구 황실을 우대함.

제9조, 생명형, 신체형 및 공창제(公娼制)를 전부 폐지함.

제10조, 임시정부는 국토회복 후, 만 1개년 내에 국회를 소집함.

대한민국 원년 4월 11일

이로써 1897년(고종 34) 10월 12일, 고종이 황제의 나라로 선포한 '대한제국(大韓帝國)'은 국민이 주인이 되는 대한민국(大韓民國)으로 바뀌었다.

이어서 국내에서는 각종 비밀결사가 탄생하고, 만주에서는 항일 무장독립 단체가 결성되어 활발하게 움직이기 시작했다. 그러나 나라를 되찾고자 하는 절실한 염원을 안고 출발한 임정은 첫걸음부터 분열을 일으키며 삐걱거리는데, 분열의 중심에는 국무총리로 선출된 이승만이 있었다.

이승만은 임정 수립 이전인 1919년 1월 윌슨 미국 대통령에게 '한국의 위임통치 청원서'를 냈다. 임정 인사들은 이 청원서 제3항에 있는 '미국이 국제연맹의 위임을 받아 한국을 당분간 통치해 달라'는 내용에 격렬하게 반대했다.

이때 신채호는 "미국에 들어앉아 외국에 위임통치나 청원하는 이승만을 어떻게 임정 수반으로 삼을 수 있단 말이오? 따지고 보면 이승만은 이완용보다도 더 큰 역적이오. 이완용은 있는 나라나 팔아먹었지만, 이승만은 아직 나라를 찾기도 전에 팔아먹으려 드는 것 아니오?"라고 주장하면서 임정 참가를 거부했다.

위임통치 문제 말고도 이승만은 임정 수립 논의에도 불참했음은 물론, 임시정부의 국무총리로 선출된 이후에도 상해에 오기를 계속 거부하고 있었다.

　뿐더러 임정은 각 계파별로 파벌싸움을 벌이고 있었으니, 거기에는 국내파, 상해파, 만주파, 노령파(露領派, 러시아파)에 이어 이승만을 주축으로 하는 친미파까지 복잡하기 짝이 없었다. 이처럼 출발부터 내분을 일으키는데 실망한 이회영은 그해 5월, 의정원 의원직을 사직하고 북경으로 돌아가고 말았다.

독립운동 본부로 변한 이회영네 집

이회영이 북경으로 떠나고 나서 서울에 남게 된 이은숙 일가는 아예 대문을 닫아걸었다.

이회영의 차남 규학의 입장에서는 이번에 서거한 고종황제가 처외숙이므로 법도대로 하자면 당연히 두 내외가 덕수궁 함녕전까지 가서 문상을 해야 했다. 하지만 국가의 존망지추는 물론, 집안 전체의 명운이 걸린 이 시기에 자칫 엉뚱한 사달이라도 생기지 않을까 불안을 느낀 나머지 아예 눈을 감고 두문불출로 일관했다.

두문불출하던 이은숙이 규학 내외와 규숙·규창 남매를 데리고 서울을 떠나 북경으로 향한 것은 3월 16일이었다. 이때는 이미 3.1 만세운동도 서울에서는 소강상태를 보이고 지방으로 확산되고 있었다.

이은숙이 북경에 도착해보니 남편 이회영은 임시정부 건설 문제로 상해로 가고, 서간도에서 어린 두 딸을 잃고 이곳으로 온 이시영의 큰아들 규봉 내외가 집을 지키고 있었다. 이회영이 조카 내외와 함께 머물던 집은 북경 하다문(哈達門) 밖의 셋집이었다. 이은숙이 이 집으로 들어오자, 조카 규봉 내외는 다른 집으로 이사를 갔다.

이은숙이 도착하고 두 달가량 지나자 남편 이회영이 상해에서 돌아오고, 뒤이어 임시정부 건설에 참여했던 이동녕, 신채호, 이광, 조성환, 박용만, 김규식, 조완구 그리고 이회영의 아우 시영까지 줄줄이 북경으로 왔다. 이때부터 이회영의 셋집은 북경에서 활동하는 독립운동가 본부 격이 되었다.

비좁은 셋집에 날마다 찾아오는 손님들로 북적거리자 생각다 못한 이회영은 북경 부성문 부근의 금십방가 이안정(錦什坊街 二眼井)에 있는 좀 더 큰 집을 빌려 새로운 거처를 마련했다. 이회영의 새로운 거처에 많은 사람들로 한 달 내내 북새를 떨게 되자, 주변의 중국인들은 이를 이상한 눈으로 바라보기 시작했다.

중국인들이 한국인들을 일본의 앞잡이일지도 모른다고 생각하고 있었기에 이곳에 거주하는 독립지사들은 자신의 신분을 떳떳이 밝힐 수 없는 형편이었다. 고심 끝에 이회영은 중국인들을 만나면 남방 복건성(푸젠성)에서 왔다고 둘러대라고 주변에 일렀다. 중국은 워낙 땅도 넓고 언어가 다양하여 같은 나라 안에서도 민족이 다르거나 거리가 멀 경우에는 통역이 필요할 정도여서 이렇게 둘러대면 별 탈 없이 넘어갈 수 있었다.

이후 국내외에서 활동하던 독립지사들이 임시정부가 소재하는 상해로 가려면 으레 북경에 있는 이회영의 집을 먼저 들르는 것이 하나의 불문율처럼 되었다. 많은 사람들이 드나들다 보니 가장 큰 문제는 양식과 부식의 조달이었다. 당시 이회영의 집에서는 한 달에 두 가마니의 쌀이 소비될 정도였으니, 거기에 들어가는 부식도 엄청났다. 생각다 못한 이은숙은 셋집 근처에다 밭을 얻어 야채를 가꾸어 해결하기로 했다.

망명 초기에는 이회영 자신이 지니고 있던 돈과 여러 동지들의 주머니를 털어 충당했으나, 시간이 지나면서 누구를 막론하고 주머니에서 먼지만 풀풀 나는 지경에 이르렀다. 이렇게 되자 이회영은 결국 주변 상가를 상대로 외상거래를 트기 시작했다.

이리하여 차차 눈덩이처럼 불어나던 외상값은 어느 순간 2~3천 원에 이르렀다. 이회영의 형편으로는 단돈 100원만 돼도 갚기가 벅찬데, 이렇게 큰돈으로 불어나고 보니, 아예 갚을 엄두를 못 냈다. 당시 나이가 10여 세 안팎에 불과했던 이회영의 아들 규창은 그의 자서전 『운명의 여진(運命의 餘燼)』에서 그 상황을 이렇게 회고했다.

수년간 그 많은 사람들의 식사를 대접하려니 중국 상점 보흥호나 보산호에 쌓인 외상값이 눈덩이처럼 쌓여갔다. 부친께서 백방으로 노력하여 조금씩 갚아나갔으나 2~3천 원의 거액이 되자 도저히 갚을 도리가 없었다. 우리 남매는 허구헌날 중국 상인에게 곤욕을 당했다. 이런 생활은 자그마치 2년 반이나 계속되었고 심지어는 매를 맞기도 했다.

이렇게 곤란을 겪고 있는 이회영에게 1922년 어느 날 구세주가 나타났다. 국내에 있을 때부터 이회영과 뜻이 맞던 임경호(林敬鎬)가 이정열(李定烈, 1900~1962)이란 젊은이를 데리고 이회영을 찾은 것이다. 이정열은 상해 임시정부를 건설하는 데도 참여했을뿐더러 그 누구보다도 애국심이 투철하고 의기 넘치는 젊은이였다.

임경호는 북경에서 이회영이 온갖 어려움을 겪고 있다는 소문을 듣고, 이정열에게 부탁하여 적지 않은 돈을 가져왔다. 임경호는 이회영이 독립운동자금을 구하기 위해 서울에 은신하고 있을 당시 비 오는 날 저녁에 이회영으로부터 밖으로 쫓겨났던 적이 있었다.

임경호가 나간 직후 일경이 들이닥치며 임경호의 행방을 물었으나, 이미 임경호는 그들의 추적권에서 벗어나 있었다. 임경호는 이회영의 냉철한 판단 덕분에 일경에 체포되는 것을 모면했다고 생각하고 그 이후로는 이회영을 '아버님'이라고 부르며 더욱 깍듯이 대했다.

이때 이회영을 찾은 이정열은 충남 당진 출신으로 3.1만세운동에 참가했다가 옥고를 치르고 나서 그해 10월 자신의 토지를 매각한 대금을 임시정부에 전달했다. 그 후 임경호로부터 북경에 있는 이회영이 절박한 처지에 놓여 있다는 말을 듣고 재차 토지를 팔아 불원천리하고 달려온 것이다.

이후에도 그는 두 차례에 걸쳐 자신의 토지를 매각하여 상해 임시정부에 전달했는가 하면, 1929년에는 남은 토지를 팔아 독립군 군자금으로 전달하고 그 일부를 남겨 평북 구성(龜城)과 삭주에서 광복이 될 때까지 광산을 경영하여 그 이익금을 독립운동자금에 쏟아넣은 보기 드문 열혈 청년이었다. 임경호와 이정열 두 젊은이 덕분에 이제는 좀 숨통이 트이는가 싶던 찰나에 전혀 예상치 못한 사건이 발생한다. 이규창의 회고이다.

임 선생(임경호)이 우리 집에 온 지 10여 일이 지난 어느 날 밤중에 갑작스런 소동에 나는 잠에서 깨어났다. 근데 이게 어찌된 일인가! 조○○ 씨와 성○○ 씨 그리고 이○○ 씨 이렇게 합세하여 임 선생을 무지막지하게 구타하는 것이었다. 부친은 기가 막힌 나머지 말없이 이 광경을 지켜보고만 계셨다. 한참이나 임 선생에게 주먹을 휘두르던 그들 세 사람이 돌아가고 나자, 임 선생은 부친께 이렇게 호소했다.

"아버님! 세상에 이럴 수가 있습니까? 제가 무슨 죄를 지었다고 그자들이 저를 구타하고 욕을 합니까? 저는 오직 빼앗긴 나라를 되찾겠다는 일념으로 타국에서 고초를 겪고 계시는 아버님을 위해 온갖 위험을 무릅쓰고 도왔을 뿐입니다. 그런데 아버님과 함께 독립운동을 같이한다는 그자들이 어쩌자고 저에게 돈을 혼자 먹은 도둑놈이라고 욕을 하며 저에게 주먹을 휘두르는 것입니까? 저는 너무나 억울하고 분해서 견딜수가 없습니다."라고 대성통곡하는 것이었다.

사건 이후, 국내로 돌아간 임경호는 지금까지와는 달리 국내에서만 활동하다가 일경에 체포되어 대구형무소에 수감되었다. 그 후 해방을 불과 반년을 남겨 둔 1945년 2월 58세의 나이로 옥사한 것으로 전해진다.

봉오동전투

3.1운동은 우리 민족으로 하여금 머지않은 장래에 독립이 되리라는 확신을 심어주었고, 여기에서 얻어진 열매가 1919년 4월에 수립된 상해 임시정부다. 따라서 초기의 상해임정은 밀려드는 사람들로 넘쳐났을뿐더러 그 기세 또한 대단했다.

당시의 이러한 분위기는 멀리 만주에까지 파급되어 수많은 무장독립군 단체가 탄생했다. 많은 단체 중 김좌진(金佐鎭, 1889~1930)이 이끄는 '북로군정서(北路軍政署)'와 홍범도(洪範圖, 1868~1943)가 이끄는 '대한독립군'이 가장 두각을 나타냈다.

대한독립군사령관 홍범도는 1919년 10월, 이범윤과 함께 1,200명의 독립군을 이끌고 평안북도 자성군으로 진격, 일군 70여 명을 살상하여 일본군을 두려움에 떨게 했다.

홍범도에 이어 1920년 6월 4일 새벽에는 '대한신민단'의 박승길이 독립군 1개 소대를 이끌고 두만강을 건너 함경북도 종성군 강양동에 주둔하는 헌병대를 습격하여 일군 헌병 다수를 살상시키고 무사히 귀환했다.

이에 일본군은 제19사단 소속 남양수비대 병력 중 1개 중대를 동원하여 독립군 추격에 나섰다. 월강추격대라 부르는 이 추격대의 지휘관은 아라요시(新美) 중위였다. 아라요시는 1개 중대 병력을 이끌고 두만강을 건너 박승길 소대를 추격하였다. 그러나 박승길 소대는 그들이 보복해 올 것을 예상하고 미리 대피한 상태였다.

박승길 소대가 사라졌음을 알게 된 아라요시 중대는 무고한 민간인을 학살하고 추격을 계속했다. 이때 박승길 소대는 삼둔자 서남쪽 산기슭에 매복하고 일본군의 출현을 기다리고 있었다. 6월 6일 밤 10시경 일군 추격대가 나타나자 박승길 소대는 즉각 공격을 감행하여 추격대를 섬멸시켰다. 이 '삼둔자전투'는 봉오동전투의 전초전으로서 일본군이 두만강을 건넜다가 최초로 독립군에게 패한 전투였다.

함경북도 나남에 사단본부를 두고 있던 일본군 19사단은 즉각 보복전에 나섰다. 6월 7일 새벽, 야스가와(安川) 소좌가 지휘하는 월강추격대대가 두만강을 도하하여 독립군 부대가 집결해 있는 봉오동으로 출동했다.

봉오동에는 홍범도의 대한독립군, 최진동(崔振東)이 지휘하는 군무도독부, 안무(安武)의 국민회군 등 연합부대가 집결해 있었다. 연합부대의 전체 병력은 약 900명에 달했다. 일본군의 보복전을 예측하고 있던 연합부대는 왕청현 봉오동 골짜기에 병력을 매복시키고 일본군의 출현을 기다리고 있었다.

1920년 6월 7일 오전 11시 반경, 연합부대가 매복하고 있는 봉오동 계곡에 야스가와의 월강추격대대가 나타났다. 이에 미리 매복하고 있던 연합군은 홍범도의 개전을 알리는 총소리를 신호로 일본군을 향해 일제사격을 감행했다.

공격을 받은 일본군은 즉시 응사했으나, 숲속에 매복한 채 일본군의 출현만을 기다리고 있던 독립군에게는 상대가 될 수 없었다. 일본군의 본대가 무너지기 시작할 무렵, 때마침 세찬 소낙비가 퍼붓기 시작했다. 피아를 구분키 어려운 가운데 일본군은 추풍낙엽으로 쓰러졌다.

폭우 속에서 총탄 세례가 계속되자 당황한 일본군은 자신들을 지원하러 온 우군(友軍)을 독립군으로 오인, 저희끼리 총격전을 벌이는 어처구니없는 사태까지 벌어졌다. 비가 그친 후에야 그것이 적군이 아닌 아군이었음을 깨달은 일본군은 경악했으나 이미 엎질러진 물이었다.

이 전투에서 일본군은 전사자 157명, 중상자 200여 명이 발생했고, 독립군 측은 전사 4명에 중상자가 2명이었다. 독립군의 일방적인 승리로 끝난 이 전투가 바로 그 유명한 '봉오동전투(鳳梧洞戰鬪)'이다.

청산리대첩

봉오동전투 이후, 만주에서 활동하던 독립군 부대들은 백두산 지역에 새로운 기지를 구축하기 위하여 1920년 9월 17일부터 이동을 시작, 10월 10일경에는 안도현 경계 지역인 삼도구 청산리에 주둔하고 있었다. 급속도로 강해지는 독립군의 기세에 크게 위협을 느낀 일본군은 간도 지역의 독립군 소탕을 위해 1920년 10월 이른바 '훈춘사건(琿春事件)'을 조작한다.

즉 일본군은 중국의 마적 두목 장강호(長江好)를 매수하여 훈춘의 일본 영사관을 고의로 습격할 것을 사주했던 것이다. 일본군의 사주를 받은 장강호는 그해 10월 2일 새벽, 400여 명의 마적단을 이끌고 훈춘 공격에 나섰다. 마적들은 약 4시간에 걸쳐 살인과 약탈을 자행하고, 중국군 70여 명과 우리 독립군 7명을 사살하는 만행을 저질렀다.

이 습격으로 훈춘 일본 영사관의 시부야(渋谷) 경부 가족 등 일본인 부녀자 9명이 살해되고, 계획적으로 비워 놓았던 일본 영사관이 소실되었다. 일제는 이 사건을 독립군의 소행이라 뒤집어씌우고 함경북도 나남에 사단본부를 두고 있던 19사단 병력을 주축으로 용산에 주둔하던 20사단의 1개 대대와 기타 보조 병력을 차출하여 총

2만 5천 명의 병력을 동원하여 대대적인 독립군 토벌에 돌입했다.

이때 독립군 측은 김좌진이 지휘하는 북로군정서군(北路軍政署軍) 1,600명과 홍범도의 대한독립군 그리고 최진동의 군무도독부 병력을 포함하여 전체 병력이 일본군의 10분지 1 남짓한 3,000여 명에 불과했다.

사전에 일군의 병력 규모를 파악한 독립군 지휘관들은 승산이 없다고 판단하고, 일단 한발 물러서서 훗날을 기약하고자 했다. 그러나 훈춘사건에 이어 독립군을 향하여 정면으로 총부리를 겨누는 데 격분한 이들 지휘관들은 일전(一戰) 불사의 결의를 다졌다.

1920년 10월 21일 아침, 김좌진은 휘하 병력 중에서 가장 뛰어난 최정예 부대를 선정하여 청산리 백운평(白雲坪) 계곡에 매복시킨 후 일본군의 출현을 기다리고 있었다.

이 계곡은 동서로 약 25km에 달하는 긴 계곡으로 대낮에도 어두컴컴할 정도로 울창한 삼림지대여서 군사를 매복시키기에는 더할 수 없이 좋았다. 드디어 오전 9시경, 야스가와 소좌가 이끄는 수색대가 계곡의 좁은 길을 따라 계곡 깊숙이 들어서자, 매복해 있던 독립군이 일제사격을 가해 일거에 궤멸시켰다.

뒤이어 본대인 야마다(山田) 연대가 그곳에 도착하면서, 피아간에 치열한 총격전이 전개되었다. 하지만 일본군은 유리한 지형을 선점한 독립군 정예병을 상대하기에는 역부족이었다. 독립군의 정확한 조준사격에 일본군은 200여 명의 전사자를 내고 도주하였다.

이때 백운평에서 얼마 안 떨어진 완루구(完樓溝)에서는 홍범도와 최진동이 지휘하는 연합부대가 일본군과 총격전을 벌이고 있었다.

연합부대는 좌우에서 협공하는 일본군과 결사 항전을 벌인 끝에 적의 포위망을 벗어나는 데 성공했다. 포위망에서 벗어난 연합부대는 역으로 일본군 본대를 공격하기 시작했다. 다음 날 새벽까지 계속된 이 전투에서 일본군은 기병연대장을 포함하여 400여 명의 전사자를 내고 패주하였다.

한편 22일 새벽 갑산촌에 도착한 김좌진이 이끄는 북로군정서군은 그곳에서 가까운 천수동에 일본군 기병대가 머물고 있다는 정보를 입수하고, 즉시 이동을 감행하여 기습공격을 펼쳤다. 이 기병중대는 독립군을 공격하기 위해 어랑촌(漁郎村)에 주둔하고 있던 아즈마(東正彦) 소장이 지휘하는 37여단의 예하 부대였다. 전혀 예상치 못한 상황에서 독립군의 기습공격을 받게 된 일본군은 속수무책일 수밖에 없었고, 마침내 무수한 전상자를 남기고 퇴각했다.

이 두 번의 전투에서 대승을 거둔 김좌진은 휘하 병력을 어랑촌 부근의 고지로 이동시켰다. 일본군의 대대적인 반격이 있을 것을 예상한 조치였다. 예상대로 5,000여 명에 이르는 일본군이 김좌진 부대를 추격했고, 이동하는 독립군을 본 순간 총공격을 감행했다. 이에 김좌진은 즉시 응사를 명했으나, 병력의 열세로 인하여 계속 밀리고 있었다. 이때 부근에 있던 홍범도가 고전하는 김좌진 부대의 구원에 나섰다.

연합군은 익숙한 지리와 어둠을 이용하여 진지를 점령한 일본군을 향해 맹공을 퍼부었다. 독립군이 사방을 포위하고 맹렬하게 공격하자 공수(攻守)가 바뀐 데 당황한 일본군은 수많은 사상자를 내고 퇴각할 수밖에 없었고, 이것으로 청산리대첩의 막은 내려졌다.

10월 21일부터 26일 새벽까지 엿새간에 걸친 전투에서 독립군은 적의 연대장을 포함하여 1,200여 명을 사살한 반면, 아군의 전사자는 100여 명에 불과했다. 이 전투가 바로 청사에 길이 빛나는 '청산리대첩(靑山里大捷)'이다.

간도참변

청산리대첩이 끝나자 일본군과 격전을 벌였던 부대를 포함하여 만주 지역에 주둔하던 독립군 부대들은 서둘러 북상길에 올랐다. 그것은 일본군의 대대적인 보복전을 피하고 거듭되는 전투에서 피로해진 부대원들의 체력 회복과 더불어 전력을 더욱 강화하여 본격적인 국내 진공 작전을 전개한다는 원대한 목표가 있었기 때문이다.

예상했던 대로 무참하게 참패한 일본군은 이에 대한 보복으로 한인촌을 습격하여 무차별 학살에 나섰다. 1920년 10월부터 약 3개월간에 걸쳐 벌어진 이 사건을 가리켜 '간도참변' 또는 경신년에 일어났다고 해서 '경신참변(庚申慘變)'이라고 부른다.

1920년 가을 '간도지방불령선인토벌계획'을 세운 일제는 그 즉시 행동에 나섰다. 그들은 이 지역의 마적단을 매수하여 1920년 10월 2일 훈춘에 있는 일본 영사관을 공격하도록 사주했다. 일군은 영사관을 습격한 마적 일당을 한국 독립군이라고 주장했다. 일군은 영사관을 습격한 독립군을 소탕한다는 구실을 내세워 일본군 14사단 소속 15연대를 동원했다.

10월 30일 15연대장 오오카(大岡隆久) 대좌가 이끄는 일본군 77명은 용정촌 동북 방면 25리 지점에 위치한 한인 기독교 마을 장암동(獐巖洞)을 포위했다. 그들은 마을 주민들을 교회당에 집결시킨 후에 40세 이상의 남자(청년들은 미리 피신했다) 33명을 포박 지어 꿇어 앉혔다.

이어서 조 짚단을 교회당 안에 쌓아놓고 석유를 뿌리고 불을 지른 뒤에 불길을 피해 밖으로 뛰쳐나오는 사람들을 총검으로 무차별 학살하고 달아났다. 일본군이 돌아간 뒤에 한인들은 울부짖으며, 가족의 시신을 찾아 나섰다. 그러나 일본군의 만행은 여기에서 그치지 않았다.

며칠 후 재차 들이닥친 일본군은 유족들을 모아놓고 무덤을 파헤쳐 시체를 한군데 모으라고 위협했다. 위협에 못 견딘 유족들이 언 땅을 파서 시체를 모아놓자, 그 위에 재차 조 짚단과 석유를 뿌린 뒤에 시체가 재가 될 때까지 태워버렸다. 이들 33인의 시체는 뼈만 남아서 누가 누구인지 분간조차 안 되어 그 뼈를 한데 모아 합장 무덤을 만들 수밖에 없었다.

12월 6일에는 일본군 수십 명이 와룡동에 살고 있는 정기선의 얼굴 가죽을 벗기고 두 눈을 파내는 만행을 저지르기도 했다. 또한 사람들을 일렬로 세워 놓고 소총사격 과녁으로 사용하는가 하면, 연길현 의란구에서는 30여 호의 전 주민을 몰살시키고 한 가족 4형제를 불타는 가옥 속으로 밀어 넣기도 했다.

이와 같은 일본군의 만행은 캐나다 선교사 푸트(Foote W. R.)와 영국인 선교사 마틴(Martin S. H.) 등에 의해서 외부에 알려졌을 뿐 한인은 그 누구도 외부에 알린다거나 기록을 남길 엄두조차 못 냈다. 그러나 박은식(朴殷植, 임정 2대 대통령)은 그의 필생의 역작 『한국독립운동지혈사』에 당시의 상황을 이렇게 기록했다.

일제는 올 10월에 훈춘사건을 구실로 비적 소탕을 내세우고 3개 사단을 출동시켜 훈춘을 강점하고 우리 민족을 박멸하였다. 이를 결행함에 있어서 일본군 장교가 다수의 병사를 지휘하여 각처의 촌락으로 들어가 인가와 교회당, 학교 및 양곡 수 만석을 일제히 태워 버렸다. 또한 남녀노소를 가리지 않고 총으로 쏴 죽이고, 칼로 찔러 죽이고, 몽둥이로 때려죽이고, 묶어서 죽이고, 발로 차서 죽이고, 찢어서 죽였다.

이 밖에 생매장, 불로 지지기, 솥에다 삶기, 해부하기, 코에 구멍 뚫기, 옆구리 뚫기, 배 가르기, 목 자르기, 눈알 빼기, 가죽 벗기기, 허리 자르기, 사지에 못 박기, 수족 절단 등 인간으로서는 차마 할 수 없는 짓들을 저들은 오락 즐기듯 했다. (…) 혹 지아비를 죽이면 이를 그 부인에게 보였고, 산모가 아이를 안고 화를 피하려다가 모자가 함께 목숨을 잃는 등 허다한 만행들을 일일이 다 기록할 수 없다.

또 장지락(일명 김산)은 『아리랑』에서 토벌군의 만행을 현장에서 직접 목격한 조운산의 입을 통해 이렇게 증언했다.

안동희(安東禧) 목사는 두 아들이 산 채로 세 동강 나는 장면을 눈 뜨고 지켜봐야 했다. 그런 후에 왜놈 병사들은 강제로 안 목사에게 맨손으로 자신의 무덤을 파게 한 후 산 채로 그를 매장하였다. 세 식구의 죽음을 지켜봐야 했던 부인은 강물에 몸을 던졌다. (…) 삼원보에서 만났던 수많은 사람들 중에서 학교 선생인 조운산(趙雲山)만이 유일하게 살아남았다.

이러한 일본군의 만행은 자그마치 3개월이나 계속되었고, 그들이 떠난 한인 마을은 개 한 마리 짖지 않는 완전히 폐허로 변해버렸다. 상해판『독립신문』에 기록된 내용에 따르면, 이때 간도 일대에서 일본군에게 학살당한 한인은 3,693명, 가옥 소실 3,288채, 양곡 소실 53,400여 석, 학교 소실 41개교, 교회 소실이 16개에 달했다.

당시 이 많은 희생자 속에는 김동삼의 아우 김동만(金東萬, 1880~1920)도 있었다. 그의 조카며느리 이해동(李海東)은 김동만의 아들 김경묵(金敬黙)의 회고담을 통해 그때의 일을 이렇게 전했다.

시삼촌(김동만)은 12명 중 맨 마지막으로 총살했다고 들었는데, 옷고름을 뜯어 눈을 싸매었고, 목은 군도로 쳤으나 채 떨어지지 않아 시체만은 그냥 알아볼 수 있었다고 한다. 그 후 시사촌 동생(김경묵)은 그때 목격한 것을 이렇게 말하였다. "그때 여덟 살이었던 나는 어머니를 따라 아버지 시체를 찾으러 갔다. 그 당시 무섭고 참혹한 광경은 지금도 나의 머릿속에 또렷이 생각되며 영원히 잊을 수 없다."

(…) 시숙모의 정신병은 남편이 삼합포에서 왜놈에게 살해당한 충격이 원인이었다. (…) 그때는 농사철이어서 바쁘고 데리고 갈 사람도 없었지만, 그보다는 노비도 문제였다. 그래서 흰 목천에다 이름을 쓰고 고향 목적지를 먹으로 써서 저고리 등 뒤에 꿰매고 하얼빈에서 고향(경상도 안동)으로 가는 화차에 태워 보내게 되었다.

장암동에서의 일제의 만행은 뒤늦게 서울에도 전해졌다. 이때

『동아일보』 기자 장덕준(張德俊, 1891~1920)은 그들의 만행을 알리고자 현장 취재를 하겠다는 뜻을 보였다. 주위에서는 위험하다며 한사코 만류했다. 그는 "비록 내가 저들에게 학살되는 한이 있더라도 동포가 대량 학살되었다는 소식을 듣고 보도기관으로서 어떻게 두고만 보겠느냐?"면서 자신의 뜻을 굽히지 않았다. 그 무렵 그는 폐결핵으로 건강이 상당히 좋지 않은 상태였다.

뿐만 아니라 당시 『동아일보』는 무기정간(無期停刊)을 당한 상태여서 취재에 성공한다 해도 보도할 지면도 없었다. 그러나 이미 뜻을 굳힌 그는 1920년 10월 15일 훈춘을 향해 길을 나섰다. 장덕준이 두만강을 건너 목적지인 간도에 도착한 것은 11월 6일이었다.

그는 도착 즉시 그 참혹한 광경을 보고 나서 "빨간 핏덩이만 가지고 나의 동포를 해하는 자가 누구냐? 이곳에 와보니 우리가 상상하던 바와 조금도 다르지 않다"는 첫 소식을 보내왔다. 그는 1차 취재 후 용정에 있는 일본 영사관을 찾아가 토벌군의 만행을 격렬하게 항의했다.

장덕준의 취재 활동을 위험시하던 토벌군사령부는 한밤중에 장덕준을 찾아와 와룡동 토벌전에 종군해 줄 것을 요청했다. 의혹을 품은 장덕준은 그들의 요청을 거부했으나, 그들은 이미 말(馬)까지 준비하고 있었다. 어쩔 수 없이 따라나선 장덕준은 그날 이후 종적이 끊겼다.

자유시참변(흑하사변)

    청산리대첩 이후 일본군의 보복을 피해 북상길에 오른 독립군은 12월 소·만 국경지대에 위치한 밀산으로 집결했다. 이곳에 모인 독립군은 이듬해(1921) 1월부터 각 부대별로 이동하여 우수리강 건너 소련령인 연해주의 이만(Iman, 달네레첸스크)에 집결했다. 4월 12일 서일(徐一)을 비롯한 독립군 지휘관들은 북로군정서, 대한독립군, 의군부, 대한독립단, 간도국민회, 대한신민회, 혈성단, 광복단, 도독부, 대한정의군정사 이렇게 10개 부대를 하나로 통합하기로 합의했다.

    약 4,500명의 병력을 보유하게 된 통합부대는 그 이름을 '대한독립군단'으로 정하고, 총재에는 서일을, 부총재에 홍범도, 총사령에 김좌진, 여단장에 지청천을 추대했다. 새롭게 진용을 정비한 대한독립군단은 소련의 자유시(스보보드니)로 이동, 이곳에 머물면서 레닌 정권과 협정을 맺어 독립군의 실력향상을 꾀하고자 했다.

    이러한 목적을 지닌 대한독립군단은 무기와 물자를 원조받기 위해 백계군(白系軍) 토벌 작전에도 참전하는 등 소련 측에 협조를 아끼지 않았다. 이 무렵 소련 정부 대표 카라한과 일본 공사 요시자와(芳澤) 사이에 캄차카반도 연안의 어업권에 관한 협정을 맺게 된다. 이 자리에서 요시자와는 '소련 영토 안에서 일본에 대적하는 한국

독립군을 육성하면 양국 간의 우호 관계가 심각한 사태에 직면할 것'이라며 소련 측에 압박을 가했다.

그러자 볼쉐비키 혁명 이후 국력이 쇠약해진 소련은 일본의 압박에 굴복하여 한국 독립군을 무장해제시키겠다고 약속했고, 결국 1921년 6월 22일 소련은 우리 독립군에게 무장해제를 통고했다. 이에 독립군 지휘부는 '피압박민족의 해방을 위해 투쟁한다'는 레닌 정권의 구호를 들이대며 강력하게 항의했다.

이 무렵 자유시에는 대한독립군단 외에 러시아에서 활동하는 조선인 공산주의자들도 있었는데, 이들 중 가장 강력한 세력을 형성하고 있는 오하묵(吳夏默)과 박일리아는 통수권 다툼을 벌이고 있었다. 두 세력 중 오하묵이 이끄는 이르쿠츠파의 보병자유대대는 공산주의 혁명을 추구하고 있었다. 반면에 박일리아가 이끄는 사할린의용대(대한의용군)는 상해임정을 지지하고 있었다. 양대 세력은 6월 27일까지 통합 논의를 벌였으나, 끝내는 결렬되고 말았다.

그리고 마침내 6월 28일 소련 적군 소속 29부대와 이르쿠츠파의 보병자유대대는 대한독립군단과 사할린의용대를 이중 삼중으로 포위하고, 각종 포와 중기관총으로 무차별 공격을 가해왔다. 이때 독립군은 최후의 1인까지 민족적 절의를 다지며 결사 항전했으나 불가항력으로 참패하고 말았다.

이 사건이 바로 우리 독립군을 거의 재기 불능상태로 만든 자유시참변(일명 흑하사변, 黑河事變)이다. 이때 소련군은 대한독립군단 여단장 지청천을 생포하여 사형선고까지 내렸으나, 상해임정의 강력한 항의로 겨우 풀려났다.

자유시참변으로 입은 독립군 측 피해는 전사자 272명, 행방불명자 250명, 익사자 31명, 그리고 917명은 소련군에 체포되었다. 체포된 독립군 중, 일부는 감옥에서 처형당하고, 일부는 시베리아 강제 노동소로 끌려갔다. 독립군 역사상 가장 비극적인 이 사건으로 인해 독립군의 무장투쟁은 사실상 끝나게 되었다.

아나키스트와의 첫 대면

1923년 3월 어느 날 이회영의 집에 이을규(李乙圭)·이정규(李丁圭) 형제와 백정기(白貞基), 정화암(鄭華岩, 본명 정현섭) 이렇게 네 사람이 찾아왔다. 이때 이회영의 형편은 한층 더 곤궁해져 '짜도미'로 연명하고 있었다. 이 쌀은 사람이 먹는 곡식을 모두 한데 섞어 파는 것으로서 중국의 가장 하층민이 먹는 쌀이었다.

이런 형편에 식구가 네 명이나 늘자 이회영은 그때부터 죽으로 연명해야 했고, 그마저도 없으면 아예 굶어야 했다. 이은숙은 당시의 곤궁했던 상황을 이렇게 회고했다.

노인(이은숙은 자신보다 22세 연상인 남편 이회영을 이렇게 부르는 일이 많았다)과 사랑에 계신 선생들에게 죽 상을 들고 갈 때면 너무도 미안하여 얼굴이 화끈 달아오른다. 보다 못한 선생들은 다소간 변통을 하여 나에게 주면서 "이 돈으로 쌀을 사다가 선생님 진지를 해 드리세요. 우리는 짜도미 밥이라도 상관없으니 이대로 먹으면 됩니다." 하며 가군 모시기를 당신네 부모처럼 하더라.

이런 형편에도 이들과의 만남은 훗날 이회영이 한국 아나키스트

계의 정신적 지주가 되는 계기를 마련한다. 그러나 실은 이회영이
아나키즘을 처음 접한 시기는 1921년 류자명(柳子明, 1894~1985)을
통해서였다. 1923년 신채호에 의해 작성된 「조선혁명선언」 기초 작
성 당시 조언을 해줄 정도로 아나키즘 이론에 밝았던 류자명의 이력
은 꽤나 다채롭다.

충북 충주 출신인 류자명은 충주농업학교 교사로 근무하던 중
1919년 3.1운동에 가담했다가 일경의 추적을 피해 상해로 망명했
다. 이후 무장항일투쟁에 뜻을 두고 의열단에 가입하여 김원봉의
일급 참모로 활동했고, 후에는 이회영, 김창숙, 신채호 등과 더불어
아나키스트계를 이끌며 한국 아나키스트계의 태두로 자리 잡는다.

중국 호남대학교 농학과를 졸업하고, 창사대학교 대학원에서 박
사학위를 취득한 류자명은 중국에서 농학자로 활동하는 한편, 상해
임정 수립에 참여하여 의정원 의원과 학무부 차장을 역임하며 항일
투쟁에 진력했다.

중국어에 능통했던 류자명은 중국인, 인도인들과 함께 '동방피압
박민족연합회'를 결성한 뒤에 기관지 『동방민족』을 발행하기도 했
다. 그는 1930년 상해에서 조직된 '남화한인청년연맹'에서는 그 연
맹 의장으로 활동했는가 하면 1939년에는 재중 한인 무정부주의자
들이 결성한 '전시공작대'에 가담하여 항일투쟁을 벌이기도 했다.

이회영은 류자명을 만난 이후에도 아나키즘에 별 흥미를 느끼지
못했던 듯 적극적인 활동을 하지는 않았다. 천부적으로 아나키스트
로서의 자질을 타고났다고 해도 과언이 아닐 만큼 자유·평등 사상
이 몸에 배어 있던 이회영이 아나키즘을 접한 지 수년 만에야 아나
키스트가 된 이유는 무엇일까? 그것은 아마도 아나키즘 사상에 대

한 이해가 부족했기 때문이었던 듯싶다.

아나키즘(anarchism)의 정의를 한마디로 표현하기는 쉽지 않다. 아나키즘을 일러 대개는 '무정부주의'라 하고, 이러한 사상을 가진 사람을 가리켜 '아나키스트' 또는 '무정부주의자'라고 표현한다.

그러나 아나키즘을 좀 더 정확히 표현하자면 우리가 사는 이 사회를 아나키(anarchy)의 상태로 만들고자 하는 정치적·철학적 사상을 가리키는 용어이다. 여기에서 말하는 아나키의 상태란 정치적, 사회적, 경제적 지배자가 없는 상태, 즉 모든 사회가 빈부귀천이 없고 오직 자유·평등만이 존재하는 사회를 의미한다.

이회영 외에도 한국 아나키스트계의 정신적 지도자가 된 사람으로는 단재 신채호가 있는데, 그가 1923년 1월 의열단(義烈團)의 독립운동 이념과 방략을 이론화해 천명한 「조선혁명선언서」는 보기 드문 명문(名文)으로 꼽히고 있다.

박열과 가네코 후미코

　이 밖에도 한국의 독립운동계에서 이름을 날린 아나키스트로는 왜놈들이 그 이름만 들어도 오줌을 지렸다는 약산(若山) 김원봉(1898~1958), 그리고 히로히토 황태자를 죽이려다 장장 22년 동안 옥살이를 한 박열(朴烈, 1902~1974)이 있다.

　당시 한국의 아나키스트들은 그들이 궁극의 목표로 삼았던 조국의 독립을 위해서는 나이 불문, 남녀 불문에 이어 국적조차 안 가렸다. 때문에 이들의 동지 중에는 중국인에 이어 심지어는 일본인까지도 있었다. 이들 역시 한국의 아나키스트들과 같은 목표 아래 움직였는데, 그중에서 가장 돋보이는 존재는 단연 가네코 후미코(金子文子)가 첫손에 꼽힌다.

　1903년 일본 요코하마에서 태어난 가네코는 출생신고가 누락되어 무적자로 자라난다. 어머니의 거듭되는 재혼 속에 친척 집을 전전하던 가네코는 1912년 열 살이 되던 해 고모의 양녀가 되어 충청도 부강으로 건너와 7년을 살게 된다. 가까스로 부강고등소학교를 졸업한 그녀는 1919년 일본으로 돌아갔다.

　1920년 도쿄로 상경한 가네코는 신문팔이와 식모살이 등을 하며 고학에 매달리던 중 우연한 기회에 잡지 『청년 조선』에 실린 박열의 시 '개새끼'를 접하고서 박열을 흠모하기 시작한다.

1922년 4월부터 박열의 애인 겸 동지로서 동거를 시작한 두 사람은 아나키스트 계열인 흑도회와 흑우회 그리고 불령사 등의 항일단체를 만들어 잡지 『흑도』를 발간하며 한일 양국의 아나키스트들과 함께 지하에서 암약한다. 그 후 일왕 히로히토의 암살을 위해 폭탄 구입을 4회에 걸쳐 시도했으나 불행히도 네 번 모두 실패하고 만다.

그 첫 번째 계획은 폭탄 구입을 의뢰했던 일인 선원 모리다가 도중에 겁을 먹고 달아나서 실패했고, 두 번째는 자신이 직접 제조하려 했으나 제조의 어려움 때문에 실패했다. 세 번째는 폭탄 구입을 의뢰했던 의열단원 '김한'이 종로경찰서를 폭파한 김상옥과의 관련 혐의로 체포되는 바람에 실패했다. 네 번째는 김중한이란 사람에게 의뢰했는데, 그가 구입 비용으로 거액을 요구하면서 쌍방 간에 신뢰가 깨져 실패했다.

그 후 두 사람은 1923년 9월 관동대지진으로 조선인들이 대거 학살당할 때 보호 검속이란 애매한 명목으로 일경에 체포되었다. 그러나 이때 폭탄도 발견되지 않았을뿐더러 아무런 증거도 없었다. 그러나 박열은 혐의를 부인하지 않고 재판장이 묻는 질문에, "나는 일본 천황이나 황태자 개인에 대해서는 아무런 원한도 없다. 내가 일본의 황실 특히 황태자를 제거하고자 하는 첫째 이유는 그들은 우리 조선 민족의 증오의 대상이기 때문이며, 둘째로는 일본 국민을 억압하고 고혈을 짜내는데도 불구하고 일본 국민들이 천황을 신처럼 받들기 때문이며, 셋째는 침체되어 있는 아나키스트계에 혁명의 열기를 불어넣기 위해서였다."라고 답했다.

그는 "왜 그 대상이 천황이 아니고 황태자였는가?"라는 판사의
질문에 이렇게 답한다. "병든 닭처럼 비실거리는 천황은 그대로 내
버려두어도 머지않아 죽을 것이다. 이것이 내가 천황이 아닌 황태자
를 택한 이유다."

결국 '대역죄'의 혐의를 면치 못하게 된 두 사람의 첫 공판은
1926년 2월 26일 도쿄 대심원에서 열렸다. 200여 명의 경찰이 삼엄
한 경계를 펴고, 150여 매에 달하는 방청권이 일찌감치 매진된 가운
데 개정된 법정에서, 박열은 재판장에게 다음의 네 가지 조건을 제
시했다.

첫째, 나 박열은 죄가 있어서 법정에 서는 게 아니므로 나를 피고라
부르지 말라. 또한 그대 재판관이 일본을 대표해서 법정에 서는 것처럼
나 역시 조선을 대표해서 이 자리에 서는 것이다. 그러므로 그대가 일본
을 대표하여 법복을 입는 것과 마찬가지로 나 박열도 조선의 전통복장
을 갖추게 해 달라.

둘째, 나는 일본이 나의 조국 조선을 강탈한 강도 행위를 탄핵하고자
법정에 서는 것인 만큼 내가 작성한 '선언문'을 낭독하게 해 달라.

셋째, 나에게 조선어로 말하게 해 달라.

넷째, 나의 좌석을 재판관 좌석과 동등하게 해 달라.

그들은 숙의 끝에 첫째와 둘째 조건은 들어주기로 했으나, 나머지
두 조건은 이런저런 이유를 들어 거부했다. 이리하여 박열은 사모관
대 차림에 푸른 도포를 입었고, 가네코 또한 백색 저고리에 검정치
마를 입고 머리는 쪽을 진 상태로 재판에 임하게 된다.

인정신문에 들어간 재판관이 이름을 묻자 박열은 "나는 박열이다!"라고 반말투의 조선말로 답했다. 가네코 역시 조선말로 "박문자(朴文子)"라고 답하여 자신은 일본인 가네코 후미코(金子文子)가 아닌 조선인 박문자임을 강조했다.

그날 박열과 가네코의 변론을 맡은 사람은 한국의 독립운동가라면 친형제 못지않게 도와주던 후세 다쓰지(布施辰治, 1880~1953)였다. 그는 두 사람을 구명하기 위해 무던히도 애를 썼으나, 결국 이들 두 사람에게는 사형선고가 내려졌고, 그로부터 9일 후인 3월 25일 최종심에서 이들의 사형은 확정된다.

사형이 선고되는 순간 가네코는 웃으면서 "만세"를 외쳤다. 이때 박열은 재판장을 향해 "재판장 수고했네! 내 육체야 자네 맘대로 죽이고 싶으면 얼마든지 죽이게나. 그러나 자네가 나의 정신이야 어찌하겠는가."라며 일갈했다.

그런데 이들 두 사람의 형이 확정된 지 열하루가 지난 4월 5일 아무도 예상하지 못했던 결정이 내려진다. 그날 각각 다른 감방에 수용되어 있던 두 사람을 형무소장이 호출하자, 이들은 오늘이 자신들의 사형집행일임을 직감했다. 당시 일본 형무 당국에서는 사형을 확정하고 불과 열흘도 안 되어 형을 집행하는 경우가 비일비재할 때였다.

한데 이들 두 사람을 세워 놓은 형무소장은 '무기징역으로 감형한다'는 감형장을 낭독한 후, 천황이 내리는 은전이라며 '은사장'을 건넸다. 전혀 예상치도 못한 은사장을 받게 된 가네코는 그 자리에서 은사장을 발기발기 찢어버리며, "기왕에 사형선고를 내렸으면 집행하고 말 것이지, 은사라는 허황된 말로 사람의 생명을 가지고 농락하다니, 천벌을 받을 놈들 같으니라구."라고 외쳤다. 곁에 있던 박열 역시 받아 쥔 은사장을 찢어버리며 외쳤다. "은사라니? 더러운 너희들 감옥에서 사느니, 차라리 죽는 것이 은사이다."

이후 두 사람은 형무소 측의 허락을 얻어 옥중결혼식을 올리고 법적 부부가 되었다. 부부는 되었으나 각 방에 수감된 이들은 형무소가 생긴 이래 최고라고 할 만큼 두 사람 모두 특별대우를 받는다. 비록 한나절에 불과했으나 신혼부부라 하여 합방까지 했고, 다른 죄수와는 달리 머리는 장발에 목욕은 매일 허용되었다.

또한 담당 판사였던 다테마쓰의 호의로 옥중 기념 촬영까지 허용되는데, 후일 이것이 큰 문제가 되어 다테마쓰는 파면을 면치 못했고, 당시 와카쓰키 내각까지 총사퇴하는 엄청난 파문을 몰고 온다.

그 후 가네코가 노끈으로 목을 맨 시체로 발견된 것은 이들이 수감생활을 시작한 지 4개월 만인 7월 23일이었다. 형무소 측은 그녀의 사인(死因)을 '자살'로 발표했으나, 여기에는 짙은 의혹이 있었다.

가네코의 죽음은 일체 비밀에 부쳐졌는데, 그녀가 죽은 지 사흘 후에 후세 다쓰지 변호사가 이를 알게 된다. 후세는 이를 즉각 박열이 활동하던 불령사 회원들에게 연락했다. 가네코의 죽음을 알게 된 회원들은 몽둥이를 들고 몰려가 난동을 피운 끝에 우쓰노미야형무소 공동묘지에 매장된 가네코의 사체를 인수받는 데 성공했다.

사인을 밝히기 위해 부검을 실시했으나, 한여름 무더위 속에 일주일이나 무덤 속에 있었던 사체는 이미 사인을 밝히기엔 무리가 따랐다.

도리가 없게 된 후세 다쓰지와 불령사 회원들은 일단 사체를 화장하여 후세 변호사의 집에 보관하고서 박열의 고향 경북 문경에 살고 있는 그의 형 박정식에게 알렸다. 우여곡절 끝에 가네코의 유해가 남편 박열 문중 선산에 안치된 것은 1926년 11월이었다. 이렇게 되어 가네코 후미코는 일본 여인 금자문자(金子文子)가 아닌 조선 여인 박문자(朴文子)가 되어 생전에 염원했던 대로 영원한 박씨 문중의 여인이 되었다.

가네코는 이렇게 죽었으나 한국 정부는 그녀가 죽은 지 92년이 지난 2018년 그녀에게 건국훈장 애국장을 수여하여 우리나라 건국훈장 서훈자 중 맨 앞자리에 그녀의 이름을 올렸으니, 그것은 가나다순에 의한 것이었다. 또한 이들 두 사람을 위해서 그토록 애를 썼던 후세 다쓰지는 2004년에 애족장에 서훈되어 가나다순에 따라 건국훈장 서훈자 중 맨 끝자리를 차지하고 있다. 부언하자면 대한민국의 건국훈장 명단은 가해자인 일본인으로 시작해서 일본인으로 끝을 맺은 형국이 된 것이다.

한편 가네코가 죽은 후에도 내내 홋카이도에 소재하는 아키타형무소에 수감되어 있던 박열은 장장 22년 2개월 만인 1945년 10월 27일 출옥하여 우리 독립운동가 중 최장 복역 기록을 세웠다.

일본 법정에서 조선인의 기개를 유감없이 발휘하여 그 간악한 일인들까지 감동시켰던 박열은 해방과 더불어 자유의 몸이 되었으나, 그 5년 후에 닥친 6.25전쟁으로 인해 이번에는 북으로 끌려가게 된다. 그가 북에서 어떤 활동을 했는지는 정확히 알려진 게 없다. 다만 1974년 1월 17일 73세의 나이로 사망하여 그곳 애국열사의 묘소에 안장되었다고 전해질 뿐이다.

65세의 의열투사 강우규

35년간의 일제강점기 중 우리 민족이 일제에 대항하여 싸운 투쟁 방식에는 크게 나누어 네 가지가 있었다. 그중 첫 번째 방식은 무력투쟁으로 이는 직접적이고도 물리적인 방식으로 상대방을 바로 제압할 수 있기는 하나, 그 군사력을 키우는 경제적 비용과 함께 인명의 희생을 동반하는 난제가 따른다.

두 번째는 '실력양성론'으로 이것은 무력투쟁에 비해 그 기간이 훨씬 더 오래 걸린다는 단점을 지니고 있다. 반면에 민족의 저력을 키운다는 장점이 있으므로 일제강점기 내내 여러 분야의 인사들이 우리 민족의 실력향상을 위해 부단히 노력을 기울여 왔다.

세 번째는 외교독립론으로 이 방법은 경제적 비용도 적게 들뿐더러 인명의 희생을 요하지 않는 장점을 지니고 있다. 그러나 당시의 상황으로 보아 일제에 대항하는 방법으로는 적절치 않다는 것이 대다수 사람들의 공통된 견해다.

마지막 네 번째는 '의열투쟁'이다. 이것은 약자가 강자를 상대할 경우에 사용하는 방법으로 자신의 목적을 달성하기 위해 쓰기는 하나, 거기에는 필수적으로 인명의 희생을 요하는 난제가 따른다. 그럼에도 불구하고 대다수의 항일투사가 이 방법을 택한 이유는 우리의 힘으로는 막강한 일본의 군사력을 대적하기에 한계가 있었기 때문이다.

이 의열투쟁은 을사늑약 체결 당시 군부대신으로 조약 체결에 찬동했던 이근택의 척살을 시도한 것이 효시였다. 이어서 경술국치 한 해 전인 1909년 10월, 안중근이 만주 하얼빈 역두에서 이토 히로부미를 척살하여 2천만 조선 민중의 한을 풀어주었다.

안중근이 이토를 척살한 것은 그를 제거함으로써 일제의 침략 야욕을 저지하는 데 그 목적이 있었으나, 일제는 이토의 죽음을 기화(奇禍)로 오히려 병탄을 가속화시켜 이토가 죽은 지 불과 8개월 후에 조선을 병탄했다.

그 후 일제는 10여 년에 걸쳐 무단통치를 행하며 조선 민중을 탄압했으나, 안중근 이후 의열투쟁에 나서는 사람은 없었다. 그러나 그 10년째가 되는 1919년에는 한민족 전체가 일제의 무단통치에 항거하는 3.1만세운동을 일으켜 우리 민족의 저력을 보여주었다.

이에 충격을 받은 일제는 지금까지 행했던 무단통치에서 벗어나 문화정치를 표방하며 하세가와 요시미치(長谷川好道) 2대 총독을 소환하고, 그 후임에 사이토 마코토(齋藤實)를 임명했다. 이를 저들의 기만정책으로 간파한 평안남도 덕천(德川) 출신의 강우규(姜宇奎, 1855~1920)는 사이토 척살을 위해 65세의 노구(老軀)를 불사른다.

사이토가 조선 총독으로 부임하기 위해 서울에 도착한 것은 1919년 9월 2일이었다. 이날 일경(日警)은 그가 내릴 예정인 남대문정거장(서울역)에서부터 남산 총독 관저에 이르기까지 물샐틈없는 경비망을 펼치고 있었다. 그날 아침 강우규는 폭탄을 명주 수건에 싸서

허리에 찬 뒤, 그 위에 두루마기를 걸치고 파나마모자를 쓴 노신사로 위장하고, 동지 허형(許炯)과 함께 숙소를 나섰다.

허형을 멀리서 망을 보게 한 강우규는 인파들 틈에 섞여 사이토가 탄 열차의 도착을 기다리고 있었다. 그날 오후 5시 무렵, 사이토를 태운 열차가 남대문정거장에 도착했다. 잠시 후 사이토가 정무총감을 대동하고 마차에 오르려는 순간, 군중 틈에 숨어있던 강우규는 번개 같은 동작으로 그의 마차를 향해 폭탄을 던졌다.

천지를 진동하는 폭음과 함께 주위는 삽시간에 아수라장으로 변하면서 사람들이 나뒹굴었다. 그러나 불행히도 폭탄이 사이토의 마차 바로 앞에서 터지는 바람에 파편 몇 개가 사이토의 혁대만 스쳤다. 하지만 경비를 나왔던 스에히로(末弘又郎) 경시(警視, 지금의 총경)가 파편에 맞아 사건 9일 후에 사망하고, 『아사히신문』 다치바나(橘香橘) 특파원과 야마구치(山口諫男) 『조일신문』 특파원은 사건 2개월 후에 사망했다. 그 외 30여 명의 부상자 중에는 경성 본정경찰서장(本町警察署長) 오무다(小牟田十太朗)와 육군소장 무라다(村田信乃) 그리고 구보(久保) 철도관리국장이 끼어 있었다.

강우규는 폭탄을 던진 직후, 거사가 실패했음을 직감했다. 애초에는 사이토를 폭살시킨 뒤에 그 자리에서 자작시(自作詩) 한 수를 읊고 나서 의연하게 일경의 포박을 받으려 했으나, 이렇게 되자 재거사를 위해 일단 현장을 탈출하기로 했다.

혼란한 틈을 타서 현장을 벗어난 강우규는 여관에서 하룻밤을 보낸 뒤 오태영(의학전문학교 학생)의 소개로 가회동 장익규(張翊奎)의 집에 머물다가, 다시 간호부 오명숙(吳明淑)의 주선으로 사직동 임승화(林昇華)의 집으로 옮겨 다니며 재거사의 기회를 노렸다.

그러나 사건 보름 후인 9월 17일, 목격자의 등장으로 인하여 친일 경찰로 악명을 떨치던 종로경찰서 고등계 형사 김태석(金泰錫)에게 체포되고 말았다. 이어서 그의 거사를 도왔던 허형, 최자남, 한홍근, 오태영까지 줄줄이 체포되기에 이른다.

법정에 선 강우규는 당당하면서도 의연했다. 강우규를 향하여 '피고(被告)'라고 부르던 일본인 판사는 그의 위엄에 위축되어 '강선생'으로 호칭까지 바꾼다. 강우규는 "이 재판은 너희 총독이 시켜서 하는 것인가, 아니면 대정(大正, 다이쇼 일왕을 지칭)이 시켜서 하는 것인가. 세상이 다 알다시피 사이토는 세계평화를 좀 먹는 큰 죄인인데, 왜 그는 잡아다가 심문하지 않고 무슨 까닭에 나만 이토록 궁지에 몰아넣는가?"라며 일본인 판사를 꾸짖었다.

사건 이듬해인 1920년 2월 25일, 경성지방법원 판사로부터 사형을 선고받은 강우규는 경성복심법원에 항소를 제기하면서 그 이유를 이렇게 밝힌다. "내가 항소를 제기한 것은 결코 사형을 면하고자 함이 아니라, 나로 인하여 애꿎게 고초를 당하는 허형이나 최자남 등의 구명을 위한 것이다."라며 자신의 항소가 동지들의 구명을 위한 것임을 분명히 했다. 그러나 4월 26일 경성복심법원에서도 사형은 유지되었고, 다시 경성고등법원에 상고하였으나, 다음 달 5월 27일 기각과 동시에 사형이 확정되었다.

사형이 확정된 뒤 아들 중건(重建)이 멀리 만주 길림(지린)에서 달려왔다. 강우규는 사형집행을 얼마 남겨두지 않은 11월 어느 날 아들 중건을 향해 이렇게 말한다. "너는 이 애비가 죽는다 하여 조금도 슬퍼하지 마라. 만일 네가 이 애비가 사형받는 것을 슬프게 생각하는 어리석은 사람이라면 너는 내 자식이 아니다. 나는 오히려 세상에 대하여 너무도 한 일이 없는 것이 부끄러울 뿐이다. 내가 이때까지 우리 민족을 위하여 자나 깨나 잊지 못하는 것은 우리 젊은이들의 교육이다. 내가 죽어서 젊은이들의 가슴에 털끝만 한 깨달음이라도 줄 수 있다면 더 이상 바랄 게 없다."

강우규는 교수대 앞에서도 기개를 꺾지 않았다. "마지막 할 말이 없는가?"라는 검사의 물음에 그는 다음의 시 한 수로 답했다.

단두대 위에 오르니	斷頭臺上
오히려 봄바람이 이는구나	猶在春風
몸은 있으되 나라가 없으니	有身無國
어찌 감회가 없겠는가	豈無感想

시를 끝낸 강우규는 66세를 일기로 순국의 길을 걸으니, 그날은 1920년 11월 29일이었다.

의열단

강우규 의거는 3.1운동 이후 독립운동의 새 방향을 제시했다.

따라서 일제강점기를 거치면서 수많은 항일투사들이 행했던 의열투쟁은 65세나 되는 강우규가 행했던 거사의 지대한 영향을 받았다고 볼 수 있다. 강우규 의거 두 달이 지난 1919년 11월에는 항일비밀결사체 '의열단'이 결성되었고, 이어서 철혈광복단, 보합단, 공명단, 한인애국단, 남화한인청년연맹 등 이루 헤아릴 수 없이 많은 의열단체가 탄생했다.

이 많은 단체 중 의열투쟁의 상징적인 존재로는 단연 '의열단(義烈團)'을 첫손에 꼽는다.

의열단은 아나키스트 성격의 무장독립운동 단체로서 1919년 11월 9일 길림성 파호문(巴虎門) 밖 중국인 반(潘) 모씨 집에서 약산(若山) 김원봉(金元鳳)의 주도하에 창단되었다. 총 13명의 창단 인원 가운데 강세우, 서상락, 신철휴, 윤세주, 이성우, 이종암, 한봉근, 한봉인, 김원봉까지 9명은 신흥무관학교 출신이었다. 다시 말해 신흥무관학교 출신들은 봉오동전투와 청산리전투는 물론, 의열투쟁까지 그 주역으로 활동했던 것이다.

그중 윤세주(尹世胄, 1900~1942)는 3.1만세운동 → 신흥무관학교 졸업 → 의열투쟁 → 7년의 옥고 → 무장투쟁까지 행한 보기 드문 이력을 지닌 투사였다.

윤세주의 고향은 김원봉과 같은 경남 밀양이었다. 그것도 바로 옆집에서 살았다. 김원봉보다 두 살 아래였던 윤세주는 밀양 읍내에 소재하는 동화중학교(同和中學校)를 함께 다녔다. 동향 동문인 그들은 누구보다 뜻이 잘 맞았고 상대에 대한 이해도 깊었다. 둘은 민족혼이 강한 전홍표(全鴻杓) 교장 지도 아래 소년 시절부터 항일 의식을 키워나갔다.

1918년 김원봉이 중국으로 망명할 때 고향에 남아 있던 윤세주는 이듬해 3.1운동이 일어나자 스무 살 어린 나이로 시위를 주도했다. 그는 일제가 내린 체포령을 피해 길림으로 망명했으나, 일제는 궐석재판에서 그에게 징역 1년 6개월을 선고한다.

망명지에서 김원봉을 만난 윤세주는 그해 11월 김원봉이 의열단을 조직할 때 주역으로 참가했다. 의열단원이 된 윤세주는 1920년 황상규(김원봉의 고모부) 등과 함께 총독부를 비롯한 일제 관공서를 폭파하기 위해 폭탄을 국내로 반입하던 중 체포되어 7년의 옥고를 치르고 1927년 만기 출옥했다.

출옥 후 그는 남경(南京)으로 망명하여 김원봉을 다시 만난다. 1937년 김원봉과 함께 조선민족혁명당을 조직하고 이어서 1938년 김원봉이 조선의용대를 창단할 때에도 그 주역이 되어 무장항일투쟁에 선봉에 섰다. 윤세주는 그 후 1942년 태항산(太行山) 전투에서 일본군과 격전을 벌이다 마흔세 살의 나이로 전사했다.

신흥무관학교 출신을 주축으로 창단된 의열단은 그 단장에 해당하는 '의백(義伯)'에 김원봉을 추대했다. 창단 이듬해 그 본부를 북경으로 옮긴 의열단은 이때부터 본격적인 활동에 들어갔다. 의열단은 반드시 처단해야 할 대상, 즉 '7가살(七可殺)'과 반드시 파괴해야 할 대상으로 5개의 건물로 '5파괴'를 지정했다.

7가살	5파괴
1. 조선 총독 및 고관	1. 조선총독부
2. 일본 군부 수뇌	2. 동양척식회사
3. 대만 총독	3. 매일신보사
4. 매국적(賣國賊)	4. 각 경찰서
5. 친일파 거두	5. 기타 중요기관
6. 왜놈의 밀정	
7. 반민족적 토호 및 지방유지	

또한 단원의 숫자가 늘어남에 따라 1923년 5월 김원봉은 총회를 열어 의열단원들이 지켜야 할 '활동 수칙'을 제정했다. 아래는 그 주요 항목이다.

○ 의열단원은 입단한 날로부터 생명, 재산, 명예, 부모, 처자, 형제를 일체 희생에 바치고 오직 의열단의 주의·목적인 조선독립을 위해 결사 투쟁한다.
○ 활동 중 체포당하는 단원이 발생할 때에는 그 복수 방법을 강구하고, 단원을 체포한 자나 단원에게 형벌을 가한 자는 반드시 제거한다.
○ 조선 귀족으로서 나라를 망하게 하고 백성의 앙화(殃禍)를 초래한 대가로 많은 재산을 축적하고도 의연(義捐)에 응하지 않는 자는 결단코 처단한다.

김원봉의 직접 지휘를 받는 의열단은 창단 이후 수많은 폭력투쟁을 벌였다. 이에 일제는 김원봉의 목에 100만 원(현재 화폐가치로 약 300억 원)이라는 거액의 현상금까지 걸었다. 이 금액은 '오사마 빈 라덴'이 등장하기 전까지는 세계 역사상 최고의 현상금이었다고 알려져 있을 정도로 의열단은 일제에게는 공포의 대상이었다.

이에 비해 김구의 지도 아래 움직였던 한인애국단은 투쟁 횟수 자체는 의열단보다 뒤떨어졌으나, 이봉창 의거라든가 윤봉길 의거 같은 굵직한 거사를 성공시키는 바람에 그 명성은 의열단과 어깨를 겨룬다.

일제에 항거한 우리 독립투사들은 자신의 신분을 감추기 위하여 본명 외에 여러 개의 가명을 사용하는 게 하나의 불문율처럼 되어 있었다. 따라서 24시간 일제의 추적을 받는 김원봉은 이름 많기로도 타의 추종을 불허했다.

그가 사용한 이름을 열거해 보면 우선 본명인 김원봉을 시작으로, 그의 호를 딴 김약산(金若山), 최림(崔林), 진국빈(陳國斌), 이충(李冲), 김세량(金世樑), 왕세덕(王世德), 암일(岩一), 왕석(王石), 운봉(雲峰), 김국빈(金國斌), 진충(陳沖), 천세덕(千世德), 김약삼(金若三) 등 수많은 이름을 사용했다. 또한 그는 은신처만 해도 5~6개소나 되어 측근조차도 그의 거처를 알기가 어려웠던 것으로 전해진다.

의열단의 활동이 가열됨에 따라 일제에게 김원봉의 존재는 신출귀몰의 존재로 각인되었고, 그의 이름만 들어도 오줌을 지리게 되었다. 의열단의 의거는 대부분 창단 이듬해인 1920년부터 1926년 사이에 이루어졌다. 아래는 의열단이 결행했던 사건을 시대순으로 나열한 것이다.

1920년 9월 14일. 박재혁이 고서적상을 가장하고 부산경찰서에 들어가 하시모토 서장을 폭사시켰다. 체포된 박재혁은 사형선고를 받고 수감 중 옥사했다.

1920년 12월 27일. 최수봉이 김원봉의 고향이며 또한 자신의 고향이기도 한 밀양경찰서에 동료들이 수감되어 있다는 소식을 듣고 밀양경찰서를 찾아들었다. 마침 서장이 전 직원 앞에서 훈시를 하는 것을 목격한 최수봉은 그들을 향하여 폭탄을 투척하여 다수의 경찰을 살상했다. 체포된 최수봉은 1921년 7월 8일 대구형무소에서 사형당했다.

1921년 9월 12일. 김익상이 전기수리공을 가장하여 남산 조선총독부 청사에 들어가 폭탄을 투척하여 건물 일부를 파괴했다. 김익상은 소란한 틈을 이용하여 청사 밖으로 빠져나와 열차를 타고 신의주를 거쳐 북경으로 탈출하는 데 성공했다.

1922년 3월 28일. 김익상, 이종암, 오성륜이 상해 황포탄 부두에서 일본 육군대장 다나카 기이치의 암살을 시도했으나 실패했다. 단원 3명 중 김익상과 오성륜은 현장에서 체포되고, 이종암은 탈출에 성공했다. 재판에 넘겨진 김익상은 사형을 선고받았으나 감형으로 1942년 만기 출소했다. 고향으로 돌아온 김익상은 일인 형사에게 끌려간 뒤에 종적이 끊겼다. 함께 체포된 오성륜은 일본 영사관에 수감되었으나 탈출에 성공했다.

1923년 1월 12일. 김상옥이 항일투사들의 원한의 상징인 종로경찰서에 폭탄을 투척하고 추적하는 일경 수십 명을 사살하고 장렬하게 산화했다.

1924년 1월 5일. 김지섭이 도쿄의 궁성문 앞에 3회의 걸쳐 폭탄을 투척했으나, 3회 모두 불발되어 현장에서 체포되었다. 법정에 선 김지섭은 "조선인은 조선의 독립을 위해 최후의 일인, 최후의 일각까지 일제와 싸울 것"이라고 선언했다. 공판 과정에서 친한 변호사 후세 다쓰지가 "폭탄이 불발했으니, 김지섭은 불능범이므로 무죄"라고 주장했으나 결국 무기징역을 선고받았다. 그 후 옥중에서 단식으로 맞서던 김지섭은 1928년 2월 20일 옥중에서 의문의 죽임을 당했다.

1924년 6월 1일. 김병현, 김광추, 박희광이 친일파 정갑주와 그 가족을 사살했다.

1924년 6월 7일. 김병현, 김광추, 박희광이 봉천성 일본 총영사관에 폭탄을 투척했다. 이어서 금정관에서 군자금을 탈취하던 중 김광추는 총상으로 현장에서 숨지고, 김병현과 박희광은 체포되었다.

1926년 12월 28일. 나석주가 식산은행과 동양척식회사에 폭탄을 투척했다. 나석주는 추격하는 다하타 유이지(田畑唯次) 경부와 동양척식회사 토지개량부 오모리(大森太四郎) 차석 등 세 명을 사살하고, 현장에서 권총 자결했다.

위에 열거한 의열투쟁 중 1922년 3월 28일, 김익상, 이종암, 오성륜이 상해 황포탄 부두에서 일본 육군대장 '다나카 기이치'의 척살을 시도한 '황포탄 사건'과 1923년 1월 12일에 벌어진 김상옥의 종로경찰서 투탄 사건은 그 많은 의열투쟁 중 단연 압권이었다. 이 두 사건은 일제로 하여금 의열단의 진가(眞價)를 확인시켜 주었고, 김원봉의 목에 거액의 현상금을 거는 결정적 계기를 마련했다.

황포탄 사건

   1922년 3월 의열단에서는, 다나카 기이치(田中義一) 일본 육군대
장이 중국 상해를 방문한다는 정보를 입수하고, 그의 암살을 추진했
다. 이때 거사에 동원된 단원은 지난해 9월 조선총독부 청사에 폭탄
을 투척하고 무사히 탈출한 김익상(金益相)을 비롯하여 오성륜(吳成
崙)과 이종암(李鍾岩) 이렇게 세 사람이었다.

   거사를 앞두고 의열단에서는 이 일에 한 사람만을 보내려 했으나,
이들은 서로 자신을 보내 달라며 그 누구도 양보하지 않는 바람에
세 사람이 선정되었던 것이다.

   의열단에서 암살을 기도하고 있는 다나카는 육군대신 재직 중 간
도학살을 지령했고, 시베리아 출병과 만주 침략 계획안을 작성하여
일왕(日王) 다이쇼(大正)에게 올린 자로서 한국은 물론 중국에서도
이를 가는 인물이었다.

   3월 28일 아침 6시 무렵, 의열단에서는 다나카가 배에서 내릴 예
정인 황포탄 부두에 위의 세 사람을 배치하여 3단계 습격을 준비하
고 있었다. 제1선에는 명사수로 이름을 떨치던 오성륜이, 제2선에
는 김익상이, 제3선에는 이종암이 대기하고 있었다.

   장장 아홉 시간을 넘게 기다린 끝에 오후 3시 30분이 되자 다나카

가 승선한 호화 여객선 파인 트리 스테이트(Pine Tree State)호가 부두에 닻을 내렸다. 다나카가 배에서 걸어나올 때 그의 바로 앞에는 신혼여행차 남편과 함께 상해를 찾은 미국 여인이 있었다. 다나카가 10여m 앞까지 다가오자 오성륜이 방아쇠를 당겼다. 오성륜이 다나카를 향해 발사한 세 발의 총탄은 모두 그녀의 몸에 명중했다.

혼비백산한 다나카는 대기 중이던 자동차를 향해 내달렸다. 이를 본 김익상이 그를 향해 폭탄을 던졌으나, 다나카 곁에 있던 영국 군인이 그것을 바다로 차 넣었다. 차에 오른 다나카가 출발하려는 찰나 오성륜이 재차 총격을 가했다. 그러나 불행하게도 총알은 그의 모자를 뚫고 나갔다.

오성륜은 도망쳤고, 뒤이어 김익상과 이종암도 도망쳤다. 공공조계의 영국 경찰과 중국 경찰의 추격을 받은 세 사람 중 이종암은 도피에 성공했으나, 김익상과 오성륜은 사천로(四川路) 막다른 골목에서 중국 경찰에 붙잡혀 일경에 넘겨졌다. 수사가 진행되면서 김익상은 지난해 9월 총독부 투탄의 범인임이 드러나, 경기도 경찰부에서 파견 나온 김태석(金泰錫) 경부에게 한 달 이상 모진 고문을 받아야 했다.

일본 나가사키로 압송된 김익상은 1심에서 무기징역, 2심에서 사형판결을 받았다. 이때 오성륜의 총탄에 아내를 잃은 미국인 스나이더(Snyder)가 일본 사법 당국에 진정서를 냈다. 아내를 쏜 조선 청년들은 조국을 구하기 위해 쏜 것이지, 내 아내를 겨냥하고 쏜 것이 아니므로 선처를 부탁한다는 내용이었다. 이어서 상해 임시정부의 외무총장 조소앙(趙素昻)이 일본 외무대신에게 항의문을 띄우는 등 애를 쓴 끝에 무기징역으로 감형되었고, 얼마 후 다시 20년으로 감형되었다.

김익상은 20년을 복역하고 1942년 풀려나서 이태원에 사는 조카 김기복의 집으로 갔다. 기복은 김익상의 동생 김준상의 아들이었다. 준상은 황포탄 사건 이후 형수 모녀(김익상의 아내 송씨와 그 딸)까지 데려다 한집에서 살던 중 몇 해 전에 생활고로 인해 자살하고, 이 무렵엔 그의 아들 기복이 백모(伯母) 송씨와 홀로된 모친을 모시고 어렵게 살아가고 있었다.

그런 형편에 자신까지 끼어들자니 바늘방석이었으나, 당장 오갈 데가 없는 김익상의 처지로선 선택의 여지가 없었다. 조카에게 얹혀 더부살이 신세로 살아가던 김익상은 어느 날 일인 형사에게 연행된 후 다시는 돌아오지 않았다.

오성륜은 추격하는 경찰에게 총상을 입히고 한구로(漢口路)까지 달아났다. 그는 그곳에 멈춰있는 자동차에 뛰어올라 운전수를 끌어 내리고, 자신이 직접 핸들을 잡고서 전속력으로 달리기 시작했다. 결국 그의 차는 다른 차와 충돌했고, 그는 영국 경찰에 체포되었다.

체포된 오성륜은 일본 영사관으로 넘겨져 창문이 쇠창살로 막혀 있는 영사관 3층 특수감방에 수감되었다. 그 방에 오성륜과 함께 갇혀 있는 세 명의 일본인 중 한 명은 사기범, 다른 두 명은 절도범이 었다. 이들 중 사기죄로 수감된 다무라 주이치(田村忠一)의 형량은 1년 6개월이었고, 나머지 두 사람은 그보다 형량이 짧아 머지않아 출옥을 앞두고 있었다.

오성륜과 다무라는 함께 탈옥을 결심하고 준비에 들어갔다. 나머지 두 사람은 이들의 탈출을 도와주기로 했다. 그중 한 명이 조력자를 통해 주머니칼을 가져다주자, 오성륜은 밑부분이 목재로 되어 있는 출입문에 구멍을 뚫었다. 철사 도막으로 수갑까지 푼 두 사람은 탈출의 기회를 노리기 시작했다. 마침내 5월 1일 밤 2시, 모두가 잠든 틈을 이용하여 오성륜과 다무라는 작전에 들어갔다. 나머지 일본인들은 출소일이 얼마 남지 않았다며 탈옥을 거부했다. 그러나 간수들의 추궁이 두려웠다.

이들은 뒤탈 방지를 위해 연극을 하기로 했다. 탈주자의 살해 위협 때문에 알릴 수가 없었다고 입을 맞추기로 하고. 이부자리를 잘라서 만든 끈으로 남아 있는 두 사람의 손발을 묶고 입에는 재갈을 물렸다. 완벽하게 준비를 끝낸 두 사람은 그동안 애써 뚫은 문구멍을 통해 감방을 벗어나는 데 성공했다.

탈출에 성공한 오성륜은 다무라와 헤어져 프랑스 조계지로 숨어들었다. 경찰의 추적망을 따돌린 오성륜은 알고 지내던 미국인 집에 가서 며칠간 숨어 있었다. 그 사이 영국과 일본 경찰은 수백 명의 경찰을 동원하여 상해에 있는 모든 조선인의 집을 겹겹이 에워싸고 가택수색에 들어갔다. 그들은 또한 시내 각 요소마다 오성륜의 사진을 배포하고 5만 달러의 현상금도 내걸었다.

미국인 집에 숨어있던 오성륜은 마치 그들을 비웃기라도 하듯 중국인으로 변장하고 상해 시내를 벗어나 대륙의 남쪽 광동으로 갔다. 그곳에서 여권을 위조한 오성륜은 여객선을 타고 인도양을 횡단하고 수에즈운하를 통과하여 독일에 다다랐다. 베를린에서 금발의 독일 아가씨와 사랑에 빠진 오성륜은 그 집에서 1년을 살았다.

가지고 있던 돈이 바닥나자, 이번에는 소련 영사관을 찾아갔다. 오성륜은 영사의 주선으로 1925년 모스크바로 갔다. 그곳에서 공산주의 사상에 빠져든 오성륜은 공산당에 입당하고, 동방노동자대학에 들어가 1년 동안 공산주의 이론을 익혔다.

1926년 모스크바를 떠난 오성륜은 블라디보스토크를 거쳐 상해로 갔다. 상해를 탈출한 지 4년 만에 지구를 한 바퀴 돌아 마침내 제자리로 돌아온 것이다. 그러나 상해에 도착하자마자 경찰이 비상 경계망을 펴고 그를 잡고자 눈에 불을 켜고 있다는 소식을 접하고 다시 광동으로 달아났다. 이곳에서 중국공산당에 입당한 오성륜은 재중국한인청년동맹의 중앙위원이 되는 것으로, 그의 멀고도 험난했던 도피 행각은 마침내 막을 내렸다.

1,000대 1의 싸움을 한 김상옥

1890년 서울 효제동에서 출생한 김상옥(金相玉)은 어려서 아버지를 여의고 불우한 환경 속에서 성장한다. 향학열에 불탔던 그는 서당에서 한학을 배우는 한편, 어의동보통학교(효제초등학교의 전신)에 다니며 학구욕을 채워나갔다.

그는 보통학교를 졸업하자마자 인근 철공소에서 말굽 만드는 일을 하며 야학을 병행했다. 이어서 스물한 살이 되던 1910년에는 경성영어학교를 다니며 국제 정세와 서양 문화에 대한 안목을 넓힌다. 1912년에는 창신동에서 영덕철물상회를 경영하여 경제적 기반을 다진 후, 이듬해 정진주와 혼인했다. 1917년 조선물산장려운동과 일화(日貨)배척운동을 전개하던 김상옥은 이를 위해 말총모자를 생산하여 보급하는 한편, 농기구와 양말 등을 생산해 각 지방을 돌면서 국산품장려운동에 힘썼다.

3.1운동 이후에는 비밀결사 '혁신단'을 창단하고 『혁신공보』를 발간해 독립사상을 고취하는 데 앞장섰다. 그해 12월에는 암살단을 조직했고, 1920년 4월에는 한훈·유장렬 등과 함께 민족반역자 수명을 처단하였으며, 일본 헌병분소를 습격하고 무기를 탈취했다.

1920년 8월, 40명의 미 의원단이 내한한다는 소식을 듣고, 동지들을 규합해 환영 차 나오는 사이토 총독을 암살하려 했으나, 사전에 누설되어 동지들은 체포되고, 김상옥은 중국 상해로 망명하게 된다.

상해에서 의열단에 입단한 김상옥은 이듬해 7월, 독립운동자금 확보를 위해 귀국을 단행, 충청도와 전라도에서 모금하여 다시 상해로 들어갔다. 이때 김상옥의 모친 김점순(金点順)은 아들의 활동을 적극적으로 돕다가 일경에 탐지되자 아들을 탈출시키고 자신이 대신 잡혀 들어가 온갖 고초를 겪는다.

이듬해 1월 사이토 조선 총독이 일본 의회에 참석하는 기회를 노려 그를 암살하려는 계획을 세운 의열단에서는 김상옥에게 권총 4정과 실탄 800발을 휴대시키고, 폭탄은 의열단원이 서울로 직송해 주기로 한 뒤에 서울로 출발케 했다.

출발 전 김상옥은 단장 김원봉과 여러 동지들 앞에서 이런 말을 남긴다. "내가 만약 실패하면 그 자리에서 자결할지언정 왜놈의 포로는 되지 않겠소."

비단 장수로 가장한 김상옥은 1922년 11월 초 상해를 출발, 북경과 단둥을 거쳐 압록강을 건너 신의주로 들어섰다. 이때는 이미 밤이 이슥해서 거리는 한산했다. 여관을 찾아들려는 그의 앞에 난데없이 나타난 형사가 불심검문을 걸어왔다. 김상옥이 지닌 보따리가 수상하다고 여긴 형사가 보따리에 손을 대는 순간 김상옥의 발길이 허공을 갈랐다.

형사는 그 자리에 나뒹굴었고, 형사의 기절을 확인한 김상옥은 어둠 속으로 사라졌다. 사라졌던 김상옥이 서울에 나타난 것은 그해 12월 1일이었다.

김상옥은 이날부터 김한 등 옛 동지들과 함께 조선 총독 암살을 위한 준비에 들어갔다. 이번에도 그의 모친은 권총을 감춰주고 무기를 전달하는 등 아들의 활동을 또다시 도왔다.

그러나 이때 상해 주재 일본 경찰의 통보를 받은 일경이 경계를 강화하자 총독 암살 계획은 차질을 빚게 된다. 마음이 초조해진 김상옥은 총독 암살에 앞서 항일투사들의 원한의 상징인 종로경찰서부터 폭파하기로 하고 곧바로 실행에 들어갔다.

해가 바뀐 1923년 1월 12일 밤 8시 무렵, 김상옥은 목적한 종로경찰서 앞에 당도했다. 주위를 살피던 그는 들고 온 가방에서 폭탄 한 개를 꺼내 경찰서를 향해 힘차게 내던졌다.

천지를 진동하는 폭음과 함께 사방에 유리 파편이 날았다. 경찰서 건물 일부가 파손되고 『매일신보』 기자 등 6~7명이 다쳤다. 성공을 확신한 김상옥은 즉시 현장을 벗어나 용산 삼판통(三坂通, 지금의 후암동)에 사는 매부 고봉근의 집으로 숨어들었다.

김상옥은 이곳에서 1월 17일에 도쿄로 떠나는 사이토를 남대문 정거장(서울역)에서 저격하기 위해 현장을 사전 답사하며 거사를 준비해 나갔다.

워낙 재빠르게 현장을 벗어나는 바람에 이때까지도 경찰에서는 범인의 윤곽조차 파악하지 못하고 있었다. 그러나 고봉근의 행랑방에 세 들어 사는 아낙이 종로경찰서에 있는 친정 오빠 조용수에게 밀고하여 은신처가 탐지되고 말았다.

1월 17일 새벽 무장경찰 수백 명이 고봉근의 집을 겹겹이 에워쌌다. 그리고 마침내 포위망을 좁혀오던 경찰 측에서 선제사격을 가해왔다. 양손에 권총을 움켜잡은 채 숨죽이고 있던 김상옥의 총구에서도 불을 뿜기 시작했다.

사격이라면 사격의 신으로 불리는 홍범도 사령관에 뒤지지 않을 만큼 뛰어난 김상옥이었다. 그의 총구에서 불을 뿜을 때마다 일경의 비명소리가 들려왔다. 그의 총탄 세례에 종로경찰서 유도 사범이자 형사부장이던 다무라가 즉사하고, 2명의 경부와 무장경찰 20여 명이 중상을 당했다.

경찰이 주춤하는 사이 김상옥은 경찰의 포위망을 벗어나는 데 성공했다. 이때 김상옥은 맨발이었다. 그러나 어려서부터 '동대문 홍길동'이라는 별명을 가진 김상옥을 경찰이 따라잡을 재간은 없었다. 더구나 그의 양손에는 권총이 들려 있었고, 수백 발의 실탄까지 있었다. 잠시 전 동료 경찰 수십 명이 그의 쌍권총에서 불을 뿜을 때마다 쓰러지는 것을 제 눈으로 확인한 경찰들은 감히 가까이 다가올 엄두를 못 냈다.

포위망을 벗어난 김상옥은 눈 쌓인 남산 기슭으로 방향을 틀었다. 경찰이 수색망을 좁혀오자 남산을 벗어난 김상옥은 18일 새벽 왕십리 뒷산에 있는 안정사(安靜寺)를 찾아 들었다. 도박을 하다가 경찰에 쫓기는 중이라고 둘러대고, 먹을 것을 청하여 허기를 채운 김상옥은 스님으로부터 승복과 짚신을 빌렸다.

승려로 변신한 김상옥은 추격하는 경찰을 혼란시키기 위해 짚신을 거꾸로 신고 인근에 사는 이지호 노인 집으로 향했다. 이지호 노인은 김상옥이 어린 시절 철공소에서 말굽 만드는 일을 할 때 한문을 가르쳐 주며 김상옥을 아들처럼 대했었고, 그 후 지금까지 두 사람은 인연의 끈을 놓지 않고 있었다. 그러나 여기도 안전한 장소가 못 된다고 판단한 김상옥은 이내 그 집을 나와 수유리에 사는 이모네로 옮겨갔다.

이모네서 잠시 머물던 김상옥은 황혼 무렵 장작 실은 마차를 밀어주는 체하며 동소문을 통과하여 효제동에 사는 당년 28세의 이혜수(李惠受) 여인의 집으로 숨어들었다. 김상옥보다 여섯 살 아래였던 이혜수는 김상옥과 함께 효제동에서 어린 시절을 보냈고, 성장해서는 독립운동을 함께하는 동지이기도 했다.

김상옥을 놓친 경찰은 마야(馬野) 경기도 경찰부장의 지휘 아래 1,100여 명의 경찰을 동원하여 대대적인 수색에 들어갔다. 이것은 일본 경찰 역사상 단일범의 추격으로는 가히 기록적인 숫자였다. 수색망을 좁혀오던 경찰은 1월 21일 마침내 김상옥의 은신처를 알아내는 데 성공했다. 기마경찰까지 동원한 경찰은 이혜수의 집을 이중 삼중으로 포위한 뒤 이튿날 새벽 3시 무렵 김상옥 체포 작전에 들어갔다.

일경 최정예로 구성된 특공대가 지붕을 타고 이혜수의 집 마당으로 뛰어내렸다. 이때 김상옥은 방 안 벽장 안에 숨을 죽인 채 바깥 동정에 귀를 기울이고 있었다. 기다리다 못한 특공대장 구리다 경부가 방으로 들어와 벽장문을 열어젖히는 순간 김상옥의 총구에서 불을 뿜었다.

구리다가 쓰러지자, 뒤따르던 경찰들은 반사적으로 물러섰다. 다급해진 김상옥은 그 즉시 문을 박차고 방에서 탈출, 담을 넘어 옆집 지붕 위로 올라섰다. 지붕 위의 김상옥과 지붕 아래에 있는 경찰과의 총격전이 벌어졌다. 1,000여 명의 무장경찰과 공방전을 벌이는 이때의 김상옥의 모습은 흡사 사람이 아닌 귀신 그 자체였다.

그의 몸에는 이미 수없이 많은 총구멍이 나 있었고, 머리부터 발

끝까지 온몸이 붉은 피로 얼룩졌다. 그의 쌍권총에서는 여전히 총알이 튀어나왔다. 그는 지붕에서 내려와 골목길을 내달리며 일경을 조롱하고 있었다.

이렇게 귀신을 방불케 하던 그의 몸에 갑자기 힘이 빠지기 시작했다. 그토록 많은 피를 흘렸으니, 진짜 귀신이 아닌 다음에야 그럴 수밖에 없었다. 최후의 순간이 다가왔음을 직감한 그는 남은 실탄을 헤아렸다. 남은 총알은 단 3발.

800발이나 되는 그 많은 실탄을 다 쓰고 이제 겨우 3발만 남은 것이다. 김상옥은 눈을 감았다. 이 3발의 총알을 어찌해야 하는가! 결심을 마친 김상옥의 눈이 떠짐과 동시에 두 번의 총성이 연이어 울렸다. 총성과 함께 경찰 두 명이 더 쓰러졌다. 이제 남은 것은 단 한 발. 김상옥은 다시 눈을 감았다.

그리고 잠시 후 '탕'하는 총소리와 함께 김상옥의 몸은 썩은 나무 둥치처럼 쓰러졌다. 그의 몸에는 무려 열한 방의 총구멍이 나 있었다. 장렬한 최후였다.

의열단원의 길

조국을 위해 목숨을 내놓고 투쟁을 벌이는 의열단원들은 의외로 당대의 멋쟁이였다. 복장은 언제나 양복에 넥타이를 맨 정장 차림이었고, 구두는 최신 유행하는 것만 신었다.

이발과 목욕을 자주 함은 물론이고, 개중에는 더러 사교춤도 배웠다. 항상 최상의 몸 상태를 유지해야 하는 이들은 탁구와 배구를 비롯하여 수영, 테니스까지 거의 모든 운동을 섭렵했다. 사격 연습도 게을리하지 않았고, 틈틈이 독서와 함께 각종 오락도 병행했다. 이처럼 멋쟁이였던 이들에게는 아가씨도 많이 따랐다.

대부분의 상대 여성은 조선인이었으나 더러는 중국 여성도 있었고, 드물게는 러시아 여성까지 있었다. 이들은 연애도 아주 화끈하게 했고, 술집에도 자주 드나들었다.

이들의 특징 중 하나는 사진을 자주 찍는 것이었는데, 까닭은 자신이 언제 죽을지 모르기 때문이었다. 그래서 사진을 찍을 때마다 이것이 나의 마지막 모습이 될지도 모른다는 기분으로 찍었다. 이들은 정의의 용사인 자신들만이 일제를 격멸할 수 있다고 믿었고, 자신들의 신성한 피로써 망국의 치욕을 씻을 수 있다고 확신했다.

이런 생활을 하다가도 자신에게 임무가 주어지면 언제라도 달려나갔다. 이들이 임무를 완수하기 위해 뛰어들 때는 동료에게는 유언을 남길망정 가족에게는 알릴 생각 자체를 안 했다. 마음이 흔들릴지도 모르지만 기왕에 택한 죽음의 길이기에 가족의 마음을 상하게 하고 싶지 않아서였다. 그것은 1천 명이 넘는 일경과 총격전 끝에 장렬하게 산화한 김상옥의 경우도 그랬지만, 그 외 다른 대원의 경우에도 하나 같이 예외가 없었다.

이런 생활을 하는 의열단에는 의외로 지원자가 많았다. 1919년 11월 창단 시에는 열세 명에 불과하던 단원은 나날이 늘어나던 끝에 창단 5년째에 이르던 1923년에는 천여 명에 달했을 정도로 지원자가 폭주했다.

그러나 시간이 지남에 따라 꽃 같은 젊은 단원들의 희생은 늘어나는 데 반해 결과가 기대에 미치지 못한다고 판단한 김원봉은 의열단의 투쟁노선을 재정립하고 방향 전환을 검토했다. 그리고 마침내 1928년 「창립 9주년에 즈음하여」라는 성명서를 내고, 이듬해인 1929년 의열단의 해체를 선언하니, 창단 10년 만이었다.

김원봉의 아내 박차정

　김원봉은 그 이미지와는 다르게 문학을 좋아했는데, 그의 동지이며 아내였던 박차정을 만난 것도 문학을 통해서였다. 김원봉이 경남 밀양 출신인 데 반해 박차정(朴次貞, 1910~1944)은 그 이웃인 부산 동래 출신이었다.

　박차정의 아버지 박용한(朴容翰)은 경술국치를 당한 뒤에 울분을 이기지 못하고 자결했다. 뿐만 아니라 큰오빠 박문희와 작은오빠 박문호 형제들도 모두 의열단원으로 활동했고, 숙부 박일형을 포함해서 외가 친척들까지 집안 전체가 열렬한 항일투사들이었다.

　이러한 집안에서 태어난 박차정은 동래일신여학교 시절부터 동맹휴학을 주도했는가 하면, 졸업 후에는 서울로 상경, 근우회(槿友會)에 가입하여 중앙집행위원과 중앙상무위원 등 간부로 활동했다.

　1929년 11월 3일 광주학생사건에 이어 다음 달인 12월에는 서울에서도 학생들의 시위가 있었다. 이때 근우회 중앙상무위원을 맡고 있던 박차정은 이 운동을 주도한 혐의로 일경에 체포되어 서대문경찰서 유치장에 수감된다.

　일경은 시위를 주도한 박차정에게 모진 고문을 가했다. 이로 인해 만신창이가 된 몸으로 불기소 처분을 받고 방면되었으나, 고문의 후유증으로 집에서 몇 달간 누워 지내야 했다. 뒤늦게 소식을 들은 둘째 오빠 박문호는 누이동생을 자신의 곁으로 데려오기로 결심한다. 그는 북경에서 의열단원으로 활동 중이었다.

박차정은 1930년 4월, 박문호가 보낸 의열단원을 따라 북경으로 망명했고, 이곳에서 운명의 남자 김원봉을 만난다. 박차정은 타오르는 불꽃보다 더 화끈한 사나이 김원봉에게 한눈에 반했고, 김원봉 또한 샛별 눈매를 지닌 이 당찬 처녀에게 흠뻑 빠져들었다.

일제의 감시망을 따돌리며 애정을 불태우던 두 남녀는 만난 지 1년이 채 못 된 1931년 어느 날 결국 부부의 연을 맺는다. 그 후 의열단의 핵심 간부로 선임된 박차정은 남편 김원봉을 그림자처럼 따라다니며 생사고락을 함께한다. 김원봉은 결혼 이듬해인 1932년 장개석의 지원을 받아 중국 남경에 '조선혁명간부학교'를 설립했다.

이 학교에서 박차정은 '임철애(林哲愛)'라는 가명을 사용하며 여성부 교관으로 활동했다. 박차정은 늘 생도들에게 "혁명전쟁을 일으켜 일제를 타도하는 것만이 조선이 독립하는 유일한 길"이라고 역설하였으며, 실제로 그녀는 이 길을 위해 모든 정열을 불태운다. 1937년 중일전쟁이 터지자 기고(寄稿)와 방송 활동으로 일본의 침략 전쟁을 규탄하고 조선 부녀자들의 일치단결과 투쟁을 촉구했다.

1938년 김원봉은 조선의용대를 창설하고 대일 군사작전에 돌입하는데, 박차정은 이번에도 부녀복무단장을 맡아 총을 들고 누구보다 앞장서 싸웠다. 이렇게 남편 김원봉을 앞지를 정도로 맹렬하게 활동하던 박차정은 1939년 2월 강서성 곤륜산에서 일본군과 벌인 총격전에서 심각한 부상을 당한다. 그러나 전장(戰場)에서 제대로 된 치료를 받지 못해 상처는 나날이 악화된다.

부부는 결국 임시정부가 있는 중경(충칭)으로 옮겨갈 수밖에 없었고, 이곳에서 임정 군무부장에 취임한 김원봉은 아내 박차정의 곁을 지키며 지극정성을 다한다. 박차정은 병상을 지키는 남편을 향하여 "하루빨리 부상에서 회복되어 조국 독립운동에 함께 참여해야 한다"며 끝까지 희망의 끈을 놓지 않았다. 그러나 하늘이 정해 준 그녀의 수명은 거기까지였다.

해방을 겨우 1년 남겨 둔 1944년 5월 27일, 그토록 그리던 조국의 해방을 보지 못하고 눈을 감으니, 이때 박차정의 나이 아직도 푸르른 서른다섯이었다.

밀정 김달하의 최후

1923년 가을 김창숙, 이상재, 손영직, 김활란 네 사람이 북경으로 이회영을 찾아왔다. 이들 중 이상재는 이회영네서 머물기 시작했고, 김활란은 그 형부가 되는 김달하(金達河)의 집에서 머물기 시작했다. 동행한 이들 네 사람이 북경을 찾은 목적은 각기 달랐다. 이상재와 김활란 두 사람은 세계기독교학생연맹회의 참석차 온 것이었고, 김창숙과 손영직은 한중 유림과 한일관계를 협의하기 위하여 온 것이었다.

김활란의 형부 김달하는 북경의 독립지사들에게는 꽤나 잘 알려진 인물이었다. 평안도 의주 출신인 김달하는 한학(漢學)에도 조예가 깊었을뿐더러 구한말 계몽운동에도 참가했는가 하면 한때는 신민회에 가입하여 활동하기도 했다. 또한 1906년에 관서 지역 인사들을 중심으로 설립된 애국계몽단체 서우학회(西友學會)의 12명의 발기인 중 한 명이 김달하였다. 경술국치 후에는 활동무대를 북경으로 옮겨 북양군벌의 거두 단기서(段祺瑞)의 부관으로 일하면서 한국 독립운동가들과도 접촉하는 등 그의 행보는 매우 광범위했다.

당시 김달하의 존재는 독립운동가들 사이에서 오해와 분란을 일으키는 불씨가 되었다. 김달하는 북경에서 이상재, 김창숙 등의 신임을 받으면서 독립운동 진영 인사들과 자주 어울렸는데, 독립운동가들은 대부분 그의 실체를 잘 모르는 채 접촉하고 있었다.

이회영 역시 김달하를 소문으로만 듣고 있다가 김창숙의 소개로 네 사람이 처음으로 인사를 나누게 되었다. 그때까지만 해도 김창숙 역시 김달하의 실체를 전혀 모르고 있었다. 그러나 그를 이회영에게 소개해 준 뒤에 비로소 그의 실체를 알게 되는데, 여기에서 김창숙의 입을 통해 그 이야기부터 먼저 들어보기로 하자.

하루는 김달하가 서신으로 만나자기에 찾아갔다. 밤이 깊도록 천하 대세에 관하여 열변을 토하던 그는 갑자기 내 손을 잡으며 은근한 어조로 "선생은 근래 경제적으로 자못 곤란하다고 들었는데 숨기지 말고 말씀해 주시오."라고 하자 "곤란하기야 하지만 그것은 혁명가의 처지가 원래 그런 것 아니겠소?"라고 말했다.

"천하에 자신의 의식주 하나 해결하지 못하면서 어찌 혁명가가 될 수 있단 말이오? 이것이 사실이라면 그야말로 독립운동은 빈말에 지나지 않는 게 분명하오."

그는 이렇게 말하고서 다시 나의 손을 굳게 잡고 눈물을 흘리며 "선생은 끝내 성공하지도 못할 독립운동에 무엇 때문에 이 같은 고생을 사서 합니까? 곧 귀국할 결심을 하여 안락한 가정을 꾸리는 게 현명할 겁니다. 내가 이미 선생의 귀국 후 처우 절차를 총독부와 접촉하여 경학원 부제학 자리를 비워 놓고 내락을 얻어 놓았소이다. 내 선생에게만 이런 말을 하는 것이니 한시바삐 결단해 주셨으면 합니다."

나는 그 말을 듣고 대노하여 그를 꾸짖었다. "내 처지가 좀 곤란하다고 하여 네가 나를 매수하려 드는구나. 네가 밀정이란 소문에도 불구하고 한 귀로 흘렀더니, 이제 보니 과연 그게 헛말이 아니었구나."

　나는 그 즉시 그자의 집을 박차고 나와 김달하가 왜놈의 밀정이라는 사실을 주변에 알렸다.

　김달하의 실체를 알게 된 북경의 독립운동가들은 긴급회의를 가졌다. 참석자들은 이구동성으로 이런 자를 그대로 내버려두었다가는 그 피해가 어디까지 미칠지 모르므로 한시바삐 그를 처단하자는 데 합의했다.

　이어서 김달하를 처단할 행동대로는 다물단(多勿團)이 나서기로 했고, 그 책임은 다물단을 조직한 이규준(李奎駿)과 단의 고문으로 있는 신채호에게 일임하기로 했다. 김달하 처단에 행동대 역할을 맡은 다물단은 1923년 무렵에 창단된 조직으로 이석영의 장남 규준과 이회영의 차남 규학 그리고 훗날 아나키스트 활동으로 유명한 류자명의 주도하에 설립된 단체였다.

　김달하 처단의 주역을 맡은 규준은 4촌 동생 규숙·규창 남매까지 끌어들이는데, 당시 상황을 규창은 이렇게 회고했다.

　규준 형이 나에게 편지를 써주며 신채호 선생께 비밀히 전하라고 부탁하여 신 선생께 전해 드렸다. 그 후 보름 만에 신 선생이 밀봉한 봉투 하나를 주시며 규준 형에게 전하라고 하시기에 그대로 행하였다. 회답을 받은 규준 형은 내게 칭찬과 함께 돈까지 주며 과자를 사 먹으라고 하였다. 나는 그런 심부름을 할 때는 절대로 그 내용에 대하여 묻는 법이 없었기에 비밀 보장은 완벽했다.

그로부터 며칠 후, 규준은 규숙이 다니는 학교 앞에서 하교하는 규숙을 데리고 음식점으로 갔다. 이 자리에서 규준은 규숙에게 내일 하학길에 김달하의 집에 들러 그가 거처하는 방은 물론, 집에는 어떤 사람들이 있는지를 상세하게 알아 오라고 부탁했다. 이때 규준이 4촌 여동생 규숙에게 이 일을 맡긴 것은 규숙과 김달하의 딸 유옥은 '승자여학교'에서 한 반에 다니는 동창 관계였기 때문이다.

옛말에 '호랑이는 새끼 때부터 사납다'고 했듯이 규숙과 규창 남매는 혁명가의 자녀답게 이런 일에는 웬만한 어른 두 몫도 해낼 만큼 담대했다. 이튿날 학교에서 돌아오던 규숙은 친구 유옥의 집으로 가서 규준이 지시한 사항을 일호의 차질도 없이 해냈고, 그 일은 아버지 이회영도 몰랐다.

1925년 3월 30일 황혼녘이었다. 다물단원 이인홍과 이기환은 북경 시내 안정문(安正門) 안에 위치하는 김달하의 집 문 앞에 나타났다. 문을 두드리자 하인이 나와 누구를 찾느냐고 물었다. 두 사내는 다짜고짜 하인에게 달려들어 결박과 동시에 입에 재갈을 물려 구석에 처박아 놓은 채 안으로 뛰어들었다.

두 괴한의 침입에 놀란 김달하가 벌떡 일어나며 권총을 빼고자 손을 바지로 내렸다. 이를 본 두 사내가 번개같이 달려들어 그를 쓰러뜨리고 권총을 압수한 뒤에 결박을 지우고 입에는 재갈을 물려 버렸다. 두 사내는 김달하를 뒤채로 끌고 갔다. 그리고 품에서 문서 한 장을 꺼내 탁자 위에 펼쳐 놓으니, 그것은 바로 다물단에서 내린 김달하의 사형선고서였다. 김달하의 식구들이 목에 올가미가 걸린 그의 시체를 발견한 것은 그로부터 몇 시간 지난 뒤였다.

혁명가의 아내

사건 후 중국 경찰 당국에서는 즉시 수사에 착수했다. 수사의 초점은 이회영 일가에게 맞춰졌다. 먼저 규숙을 구속시킨 경찰은 수시로 이회영의 집을 수색했고, 신변의 위협을 느낀 규학은 즉시 상해로 피신했다.

이 와중에 이들 일가에게는 더욱 참혹한 일이 닥친다. 규학의 큰딸 학진이 그 무서운 성홍열에 걸린 것이다. 이 성홍열은 발병한 지 24시간 이내에 치료를 못 하면 목숨이 위태로운 무서운 전염병이었는데, 조석조차 걸러뛰는 이들 형편에 아이를 병원에 데리고 간다는 건 꿈도 못 꿀 일이었다.

결국 학진은 그 흔한 주사 한 방 못 맞은 채 숨이 멎었고, 그 며칠 후에는 학진의 동생 을진과 이은숙의 네 살짜리 아들 규오마저 이 병에 걸리고 만다. 큰손녀의 갑작스런 죽음에 놀란 이은숙이 가까스로 변통하여 두 숙질을 병원으로 데려갔지만 결국에는 이 아이들마저 낭패를 보고 말았다.

졸지에 두 손녀와 네 살짜리 어린 아들을 잃은 이은숙의 시련은 여기에서 멈추지 않았다. 일곱 살짜리 현숙마저 뇌막염에 걸려 생사를 장담할 수 없는 지경에 이른 것이다. 그날 마침 이회영을 늘 존경하며 틈날 때마다 찾아오던 유학생들이 현숙의 상태를 보고 밤중에 독립운동가 한기악이 운영하는 병원으로 데려가서 현숙은 가까스로 위급을 넘겼다.

그러나 현숙의 뇌막염은 큰 병원에 가서 서둘러 치료하지 않으면 회복되기가 심히 어려운 병이었다. 이에 평소 친딸 못지않게 따르던 여학생 장봉순과 이회영의 동지 한기악의 주선으로 서양인이 운영하는 자선병원에 입원시켰다.

이런 와중에 하루는 이회영의 집으로 한 통의 편지가 배달되었다.

마침 집에 들렀다가 편지를 보게 된 이은숙이 편지를 읽어보니, 그것은 김창숙과 신채호가 보낸 편지로 이은숙이 김달하가 죽었을 때 조상(弔喪) 갔다 온 것에 대하여 강하게 비난하며, 이회영 부부와의 절교를 선언한다는 내용이었다.

김달하가 처단될 무렵의 북경 시내 분위기는 자못 험악했다. 일제의 밀정과 조금이라도 관련이 있는 것으로 판명되면 다물단에서 가차 없이 처단하던 시절이었다. 며칠 전부터 권총을 몸에 숨긴 다물단원이 이회영의 집 주변을 서성이기까지 할 정도로 분위기는 살얼음판이었다.

편지를 다 읽어 본 이은숙은 기가 막히다 못해 참담한 생각마저 들었다. 김창숙과 신채호는 그동안 남편 이회영과는 생사고락을 함께하던 동지였다. 그들은 어려울 때마다 남편을 찾아와서 의논했을 뿐 아니라 때로는 몇 달씩 이회영네 집에 머물며 그 어려운 형편에도 불구하고 이은숙이 끓여주는 음식을 대접받던 사람들이다.

그런데 어디서 무슨 얘기를 들었는지는 모르겠으나, 두 사람은 남편이 일제의 밀정과 내통하고 있는 것으로 몰아대고 있으니, 이 무슨 황당한 소리란 말인가!

읽기를 마친 이은숙은 결단을 내렸다. "내 아들을 찾아가 담판을 지으리라. 그냥 내버려뒀다가는 무슨 험한 꼴을 당할지 아무도 장담할 수 없겠다."

이튿날 조반을 끝낸 이은숙은 열세 살짜리 규창을 데리고 집을 나섰다. 두 사람은 북경 시내 동단패루(東單牌樓)에 있는 한세량 목사네 집에 세 들어 살고 있었다. 이은숙 모자가 방문을 열자 그들은 아침 식사 중이었다.

이들 모자가 들어오는 것을 본 두 사람은 밥 수저를 내려놓더니, 그 자리에서 외면하고 뒤로 돌아앉는 것이었다. 일제의 밀정과 내통하는 사람들하고는 아예 상대를 안 하겠다는 태도였다. 이를 본 이은숙이 격앙된 어조로 조목조목 따졌다.

"우리 영감이 김달하 씨 집에 조상 가는 것을 당신들이 보았소이까? 김달하를 맨 처음 우리 영감에게 소개해 준 사람이 도대체 누구란 말이오? 당신들이 먼저 김달하를 상종하고서 밑이 구리니까 이제는 엉뚱한 사람을 물고 들어가려는 게 아니오? 중국 유림의 대표를 만나 우리의 독립운동을 지원해 달라는 부탁을 위해 우리 영감하고 김달하를 만나도록 당신들이 앞장서 주선하지 않았소? 그 후 나와 김애란(김달하의 처) 부인은 자연스럽게 접촉하게 되었고, 당신들 역시 김달하가 애국지사라 믿었기에 그토록 중대한 일을 상의한 게 아니요? 비록 김달하가 왜놈의 밀정으로 밝혀져 암살을 당하기는 했으나, 그전까지는 모두들 이 사실을 모르고 있었고, 우리 역시 같은 입장이었소.

나는 다만 가장을 잃고 슬픔에 잠겨 있는 그 부인의 처지가 불쌍도 하고 또 더러 신세도 졌었기에 그냥 인사차 조문을 갔던 것뿐이오. 그런데 지금 당신들의 하는 양을 보니까 자칫하다가는 우리 영감의 생명까지 위태로울 지경이니, 이 자리에서 모든 것을 명명백백하게 밝히고 사과를 하시오. 만약 내 말을 허투루 듣는다면 지금 당장 당신들을 죽이고 나 또한 자결하겠소."말을 마친 이은숙은 품속에서 칼을 빼 들었다.

이를 본 김창숙과 신채호는 기겁을 했다.

듣고 보니 이은숙의 말이 백번 천번 옳게 생각되었고, 자신들이 경솔했던 것으로 생각되었다. 그 즉시 이은숙을 향해 "이 모든 게 우리가 경솔해서 벌어진 일이니, 부인께서는 오해를 푸시고 그만 노염을 거두시지요."라며 백배사죄했다. 그러니 어쩌겠는가. '비는 장수 목 벨 수 없다'는데야….

하지만 김달하가 처단된 지 3년 후에 벌어지는 박용만의 암살 사건으로 볼 때 만약 이때 이은숙의 결연한 대처가 없었다면 이회영 역시 어떤 변을 당했을지 아무도 모를 일이다.

강원도 철원 태생인 박용만은 1909년 미국 네브래스카주에 국외 최초의 무관학교인 '한인소년병학교'를 세웠던 사람이다. 외교독립론을 주장했던 이승만과는 달리 시종일관 무장투쟁론을 고수했던 박용만은 이때 세운 소년병학교를 통해 장차 국내외에서 벌어질 독립투쟁에 임할 지휘관 양성의 꿈이 있었다. 그러나 일제의 방해로 인하여 그의 꿈은 6년 만에 무너져 버렸다.

이후 상해 임시정부 건설에 참여했던 박용만은 임정의 외무총장을 역임했고, 이승만의 위임통치론에 반발하여 이회영과 함께 북경에서 항일투쟁을 펼쳤다.

　그러나 너무나 안타깝게도 1928년 10월 의열단원 이구연(李龜淵)의 흉탄에 쓰러지고 마는데, 그가 피살당한 이유는 조선 총독을 밀회했다는 의혹 때문이었다. 하지만 이 사건은 그 어떤 증거도 발견되지 않았던 까닭에 지금까지도 논란이 가라앉지 않고 있다.

벽옹과 단재

　이은숙으로 하여금 칼까지 빼 들게 만들었던 김창숙과 신채호는 가을 서리 같은 기개로 그 악독한 일제조차도 굴복시켰던 백절불굴의 투사였다.

　두 사람 중 호를 '심산(心山)'이라 부르는 김창숙(金昌淑, 1879~1962)은 훗날 일경의 고문으로 앉은뱅이가 된 후부터는 호를 '벽옹(躄翁)'이라 바꾸고 여든네 살을 사는 동안 단 한 번도 흐트러진 행동을 한 일이 없던 사람이다. 그의 호 '벽옹'의 '躄' 자는 앉은뱅이 '벽'으로 읽고 '翁' 자는 늙은이 '옹'이라 읽으니, 이는 자신이 '앉은뱅이 늙은이'가 되었음을 자조(自嘲)하는 말이다.

　1926년 초 상해 임시의정원 부의장으로 활동하고 있던 김창숙에게 장남 '환기'가 사망했다는 소식이 날아들었다. 환기는 부친과 함께 상해에서 독립운동을 하다가 병이 들어 국내로 돌아갔는데, 일경에서 그를 잡아다가 혹독한 고문을 가하자 이를 이겨내지 못하고 결국 죽음을 맞았던 것이다.

　아들의 사망 소식을 접한 김창숙은 지병(持病)인 치질이 악화되어 영국인 의사가 경영하는 병원에서 수술을 받았다. 6월 14일 일제의 밀정으로 활동하는 유세백(劉世伯)과 박겸(朴謙)으로부터 정보를 입수한 일인 형사 6명이 영국 경찰을 앞세우고 병상에 누워 있는 김창숙을 체포했다.

그 후 일본 나가사키를 거쳐 대구경찰서로 이송된 김창숙에게 일인 형사들은 혹독한 고문을 가하며 자백을 강요했다.

이때 김창숙은 "너희들이 고문을 해서 정보를 얻고자 하느냐? 나는 비록 고문으로 이 자리에서 죽을지라도 결코 굴하지 않을 것이다."라고 호통을 친 다음, 종이와 붓을 청하여 다음의 한시를 써서 건넸다.

조국 광복을 도모한 지 십 년에	圖謀光復十年間
가정도 목숨도 돌아보지 않았노라	性命身家摠不關
뇌락(磊落)한 나의 일생 백일하에 분명하거늘	磊落平生如白日
야단스레 고문을 벌일 필요 무엇이뇨	何須刑訊苦多端

그 뜻을 이해하지 못한 고등 과장 성부문오(成富文五)란 자가 조선인 형사 최석현(崔錫鉉)에게 풀이시켜 보고 나서 그에게 고개를 숙이며 말했다. "나는 비록 일본 사람이지만 선생의 대의에 경의를 표하지 않을 수 없습니다. 선생은 이미 생명과 가정을 돌보지 않기로 했으니, 실로 고문으로는 선생의 뜻을 꺾을 수 없음을 깨달았습니다."

예심이 끝나 재판을 앞둔 김창숙에게 변호사 김완섭(金完燮)이 세 번이나 찾아와 굳이 변론을 자청했다. 그러자 김창숙은, "나는 대한 사람으로서 일본 법률을 부인해 왔네. 그런 내가 일본 법률론자에게 변론을 의뢰한다면 이는 대의에 맞지 않을뿐더러 이보다 더한 치욕은 없다고 생각하네."라며 거부했다.

변호를 거부한 그에게 14년의 중형이 선고되었다. 주변에서 항소를 권하자, "나는 이미 변호도 거절한 사람인데 하물며 항소를 하겠는가?"라며 거절했다. 이때 김창숙은 그동안 당한 고문으로 인해 혼자서는 대소변도 못 가리는 형편이었다.

그 후 김창숙은 6~7년의 수형생활을 하는 동안 전옥(典獄, 형무소장)에게 단 한 번도 허리 숙여 인사하는 법이 없었다. 이에 전옥은 간수를 향해 "죄수가 전옥을 보고 절을 않는 것은 간수의 책임"이라며 닦달을 멈추지 않았다.

아무리 강압해도 고개를 숙이지 않자, 하루는 간수가 지필묵을 들고 와서 "이것은 전옥이 보낸 것입니다. 최남선의 「일선융화론」에 대해서 감상을 써주어야겠습니다."라고 했다. 김창숙이 쓰기를 거부하자 잠시 물러갔던 간수는 다시 와서 "전옥이 오늘 정오까지 시한을 정해주었으니, 이제는 결단코 써 주어야겠습니다."라고 압박했다.

참다못한 김창숙은 즉석에서 다음의 시 한 수를 써서 건넸다.

지난 기미년 독립을 선언하던 날　　　　　　　在昔宣言獨立辰
의로운 외침이 6대주에 진동터니　　　　　　　義聲雷動六洲隣
굶주린 개 도리어 원식(元植)을 위해 짖는구나　　餓狗還爲元植吠
양의사(梁義士)의 비수를 들 사람 어찌 다시 없겠는가

　　　　　　　　　　　　　　　　　　　　　　梁家匕首豈無人

그러자 간수는 "나는 한문을 배우지 못해 그 뜻을 모르니 선생께서 설명해 주시오."라고 했다. 이에 김창숙이 '양근환(梁槿煥) 의사가 친일파 민원식(閔元植)을 찔러 죽인 일임을 뜻하는 것'이라고 설명하자, 이후로는 그에게 그 누구도 절을 강요하지 않았다.

1934년 김창숙은 병이 위독해져 가출옥으로 출소하여 집에서 조섭을 하게 되었다. 하루는 일경이 그에게 "선생은 창씨(創氏)를 했습니까?"라고 물어왔다. 김창숙이 "안 했다"고 하자, "지금 조선인이 거의 모두 창씨를 하였는데 선생은 아직도 안 했단 말이오?"라고 나무랐다. 이에 김창숙은 "내가 하고 싶지 않은 일을 강요하면 이는 강권이다. 나는 늙고 병들어 죽을 날이 머지않았다. 죽더라도 결코 응하지 않을 것이다."라고 했다.

그 후에도 계속 창씨를 강요하던 그 일경은 어느 날 다시 찾아와서, "기일이 박두했으니, 이제는 더 이상 늦출 수 없소이다. 2천만 조선인이 응한 일을 당신 혼자만 감히 거부하는가."라며 사뭇 협박조로 나왔다. 그의 협박에 김창숙의 답변은 이랬다. "옛사람이 말하기를 '스스로 돌아보아 옳으면 비록 천군만마가 쳐들어올지라도 마땅히 혼자서 대적한다'고 했으니, 이는 뭇사람을 따라서 불의에 빠지지 않음을 밝힌 것이다. 다시는 내게 그런 말로 협박하지 말라." 그러자 그 후로는 두 번 다시 찾아오지 않았다.

신채호(申采浩, 1880~1936)는 호를 '단재(丹齋)'라고 지었다. 이때의 '丹' 자는 붉을 '단'으로 읽고 '齋' 자는 '목욕재계'라는 말을 쓸 때의 그 '재' 자로서 '깨끗하다'는 의미를 지닌 글자이다. 즉 일생을 붉은 충정과 더불어 깨끗하게 살아가겠다는 뜻으로 자신의 호에다 이런 글자를 붙인 것이다.

그는 독립운동을 하는 와중에도 『조선상고사』를 저술하는 등 우리 고대사를 연구하여 큰 업적을 남겼다. 또한 1923년 의열단의 독립운동 이념과 방략을 밝힌 「조선혁명선언」에서 "일본의 통치가 우리 조선 민족 생존의 적(敵)임을 선언하는 동시에 우리 혁명 수단으로 한민족의 적인 강도 일본을 살벌(殺伐, 죽여 없앰)하는 것이 곧 우리의 정당한 수단임을 선언하는 바이며, 양병(養兵) 십만이 한 번 던져 터뜨리는 폭탄만 못하다"고 했다. 그가 발표한 「조선혁명선언」으로 인해 의열단원들의 사기와 자부심은 하늘을 찌를 정도로 충천했다.

신채호는 북경에서 망명생활을 하는 동안 생활의 방편을 위하여 중국 언론에 논설 집필을 자주 했다. 한번은 그의 의견도 들어보지 않은 채 신문사에서 임의대로 어조사(語助辭) 한 글자를 고친 적이 있었다. 이를 불쾌하게 여긴 신채호는 조석 끼니를 거르는 형편에도 두 번 다시 그 신문사에 기고하기를 거부했다.

1928년 4월 신채호는 독립자금 마련을 위해 대만인 아나키스트 임병문과 함께 거금 6만 4천 원에 달하는 외국위체(外國爲替)를 제작하여 일본, 대만, 조선, 만주 등 우편국에 유치위체(留置爲替)로 발송했다. 그 후 자신의 가명 류병택(柳炳澤)의 이름으로 된 위체 1만 2천 원을 찾으러 대만으로 갔다가 기륭(基隆)항에서 일본 형사대에 체포되었다. 체포된 신채호는 1929년 2월 대련 지방법원에서 아즈미(安住) 재판장으로부터 신문을 받게 된다.

"피고는 국제 위체 사기를 도모했나?"

"그렇소."

"사기는 나쁜 행위인데 부끄럽다고 생각하지 않나?"

"나라를 되찾기 위하여 행하는 수단은 비록 도둑질이라 할지라도 모두가 정당한 것이오."

이토록 당당하던 신채호는 이 사건으로 10년 형을 선고받고서 여

순형무소 독방에 수감되었다. 그는 수형생활 7년을 넘기면서 건강이 크게 악화되었다. 이에 형무소 당국은 서울의 가족에게 병보석으로 출감시키겠다고 통보하고, 보증인을 세울 것을 요구했다. 가족들은 친일로 일관하던 친척 중의 한 사람을 보증인으로 선정하고 가출옥 절차에 들어갔다. 가족들이 굳이 친일파를 보증인으로 선정한 까닭은 일본 사법 당국의 방침에 따른 것이었다. 사실을 알게 된 신채호는 이를 거부했다. 보증인이 친일 인사라는 게 이유였다.

'부러질지언정 구부릴 수는 없다'는 신조를 지녔던 그는 죽는 날까지 감옥 문을 못 벗어나는 한이 있더라도 친일 인사의 도움을 받기를 거부했던 것이다. 일제에 잡혀 잔혹한 고문을 당하면서도 결코 그들에게 굴복하지 않았던 신채호는 이것이 아주 몸에 배어 세수할 때마저도 고개를 숙이지 않아 옷을 적셨다고 한다.

이토록 지조가 굳은 신채호는 여순감옥에서 8년의 옥고 끝에 1936년 2월 18일 뇌일혈로 순국했다. 그는 생전에 "내가 죽으면 시체가 왜놈의 발길에 채이지 않도록 화장하여 그 재를 바다에 뿌려달라."는 말을 남겼다.

그러나 유족들은 후손들을 위해 묘소를 쓰기로 결정하고, 그의 유해를 고국으로 모셔 왔다. 이때 일제는 그의 국적이 없다는 이유로 매장을 불허했다. 총독부의 민사령이 공포되기 전에 망명했던 단재에게 호적이 없는 것은 너무도 당연했다. 우여곡절 끝에 고인의 일가 중에 면장으로 있는 이가 있어 매장 허가를 생략한 채 안장을 마칠 수 있었다. 하지만 그 면장은 온갖 곤욕 끝에 결국 파면되고 말았다.

신채호의 유해가 고향인 충북 청원군(현재는 청주시) 낭성면 귀래리 옛 집터에 안장된 데에는 이런 사연이 있었다.

친일주구로 전락한 갑신정변의 주역들

　일제의 밀정 혐의로 다물단원에게 처단된 김달하 외에도 초기에는 항일의 길을 걷다가 후에 변절한 사람들은 무수히 많다. 그중에는 최남선, 이광수, 윤치호, 최린 등이 대표적인 경우로 알려져 있으나, 실은 이들 외에 갑신정변 주역들 대부분이 친일주구로 전락했다는 사실을 아는 사람은 별로 많지 않다.

　갑신정변의 주역 중 홍영식·박영교(박영효의 맏형)·서재창(서재필의 동생으로 당시 19세였다) 등 3명은 현장에서 처형되고, 나머지 10명은 일본으로 망명했는데, 이들 중 서재필과 김옥균을 제외한 그 외 군상들은 하나같이 친일주구로 전락했다.

　갑신정변의 실패는 청군의 개입이 결정적 원인이었으나, 실은 출발 당시부터 실패가 예고되어 있었으니, 거기에는 다음과 같은 문제가 있었다.

　　첫째, 자금, 병력, 무기 등 전반적으로 준비가 부족했다.
　　둘째, 민중의 지지를 받지 못했다.
　　셋째, 외세를 등에 업고 혁명을 시도했다.
　　넷째, 혁명 주역들의 나이가 20대 중반으로 나라를 이끌어 가기에는 너무 어렸다.

네 항목 중 첫째부터 셋째까지는 모두가 알고 있으나, 네 번째 이유에 해당하는 혁명 주역들의 나이가 너무 어렸다는 것은 아직도 모르는 사람이 많다. 이들 중 김옥균(1851~1894)만 유일한 30대로 당시 그의 나이는 34세에 불과했다. 그다음으로 정변에서 좌의정을 맡게 되는 홍영식(洪英植, 1856~1884)이 29세, 외무독판(외교부장관)을 맡는 서광범(徐光範, 1859~1897)이 26세, 전후 영사 겸 좌포장을 맡아 군권과 치안을 담당하는 박영효(1861~1939)가 24세, 병조참판(국방차관)을 맡는 서재필(1864~1951)이 21세였고, 김옥균은 호조참판을 맡아 재정을 총괄하기로 했다.

이들 중 김옥균과 서재필은 자타가 공인하는 뛰어난 두뇌의 개화사상가였고, 그 외 인물들도 모두 신문물을 접한 개화사상가였다. 그러나 문제는 국가를 이끌어 가려면 어느 정도 인생의 경륜이 필요한 법인데, 당시 이들의 평균 연령은 20대 중반에 머물렀다.

결국 이런 제반 문제들로 인해 이들의 혁명은 삼일천하로 끝나고 말았다. 설사 이들의 혁명이 성공했다 하더라도 무력을 지원한 일본에서 그 대가를 요구했을 것임은 불을 보듯 뻔한 일이다. 일본이 남의 나라를 위해 피를 흘려준 대가를 요구했을 때 택할 길은 두 가지가 있었다. 하나는 저들의 요구를 거부하고 항일운동에 뛰어드는 것이고, 나머지 하나는 저들의 뜻에 맞추어 친일의 길을 걷는 것이었는데, 이들은 후자의 길을 택했다.

청군의 개입으로 3일 만에 쫓기는 신세가 된 김옥균을 비롯한 정변의 주역들은 다케조에 신이치로(竹籤進一郞) 일본 공사와 함께 제물포항에 정박해 있던 우편선 치도세마루(千世丸)로 숨어들었다. 뒤이어 추격군이 들이닥치며 배를 수색하려 들자, 다케조에는 김옥균 일행에게 하선을 요구했다. 하선은 바로 죽음을 의미했다. 이때 치도세마루의 선장 쓰지 가쓰자부로(辻勝三郞)가 다케조에를 향해 "내가 이들을 태운 것은 공사의 체면을 생각했기 때문이다. 죽일 것을 뻔히 알면서도 하선을 요구하는 것은 무슨 경우인가. 이 배에 탄 이상 모든 권한은 선장인 내게 있다."라고 강하게 나무라고 추격군을 돌려보냈다.

선창 밑에 숨은 지 3일 만에 나가사키에 도착한 사람은 김옥균, 서재필, 박영효, 서광범, 류혁로, 정난교, 임은명, 이규완, 신응희, 변수까지 모두 10명이었다.

그 후 조선 정부에서 이들의 소환을 요구하자 망명객들은 이곳저곳을 떠도는 방랑객 신세가 되었다. 그 과정에서 임은명은 병사하고, 서재필, 박영효, 서광범, 이규완, 변수 등 5명은 이듬해(1885) 미국으로 건너갔다. 그 외 류혁로, 신응희, 정난교 등 3명은 갈 데가 마땅찮아 그대로 머물러 있다가 청일전쟁 후 일본이 조선 조정을 장악할 무렵 귀국하여 친일주구로 전락한다.

류혁로(柳赫魯, 1855~1940)는 망명지에서 박영효와 김옥균의 신변보호를 담당했고, 1905년 을사늑약이 체결되자 이듬해 2월 귀국했다. 귀국 후 그는 통감 이토의 입김으로 평안북도관찰사에 임명되었으며, 병탄 때에는 일왕이 내리는 은사금 5,000원을 받았다. 1916년 충북지사를 역임하고, 1917년 조선 총독의 자문기구인 중추원 찬의

(贊議)에 임명되어 1921년 4월까지 매년 1,200원의 수당을 받았다. 1921년 4월 조선총독부 중추원 관제가 개정되면서 칙임관 대우의 중추원 참의에 임명되어 19년에 걸쳐 매년 2,500원의 칙임 참의 수당을 받던 중 1940년 86세로 사망했다.

신응희(申應熙, 1859~1928)는 일본에서 3년을 지낸 뒤 미국으로 건너가 7년간 머물렀다. 1895년 7월 김홍집 내각 출범 직후 사면되어 귀국한 그는 중추원 부찬의(副贊議)를 지냈으며, 1908년에는 전라남도 도지사에 임명되었다. 1909년 8월에는 의병 탄압을 위한 남한 대토벌 작전에 참전했을 때 그의 활약을 지켜보던 일제는, "폭도의 절멸에 열중하여 군대 간부와 함께 전후 2회 폭도(의병)가 창궐하는 지방을 순시하면서 군수 이하를 경고·장려하고 민중을 훈유하는 등 백방으로 수단을 강구했다."라고 평했을 정도로 그는 이 일에 적극적이었다.

병탄 후 신응희는 함남지사와 황해지사를 지냈다. 3.1운동이 일어나자 다시 황해도지사에 임명된 그는 도지사 명의로 다음 내용의 경고문을 발표했다. "민족자결은 조선의 독립과 하등 관계가 없는 망설(妄說, 망령된 말)이며 앞으로 시위에 참가하는 자는 가차 없이 탄압하겠다"고 경고했다. 평소 그를 지켜보던 한 일본인은 신응희를 이렇게 평했다. "그의 가정은 순 일본식이다. 의식주 모두 일본인의 생활 상태와 다를 바 없다. 항상 일본옷을 입고 조선옷은 입지 않는다. 때문에 모르는 사람이 방문하면 그가 일본인인 줄 안다."

완전히 뼛속까지 일본인이 된 것이다. 그 후 1921년 황해지사를 물러난 신응희는 칙임 참의를 하던 중 1928년 2월, 70세로 사망했다.

1894년 12월에 사면된 정난교(鄭蘭敎, 1863~1943)는 귀국 후 충청도와 전라도에서 동학군 토벌에 참가했고, 1895년 2월에는 군무아문 참의를, 4월에는 군부대신 관방장을 지냈다. 1896년 2월 아관파천이 일어나자 일본으로 재차 망명한 정난교는 1907년 11월 사면과 동시에 귀국했다. 그 후 1914년부터 1918년까지 충청남도 토지조사위원회에 근무하면서 적극적으로 토지조사에 임했다. 1938년 5월 "내선일체 정신을 일반 국민의 일상생활에서 실천하고, 국민의 3대 의무인 병역, 교육, 선거법을 조선에 시행하여 조선인에게도 진정한 황국신민으로서의 자각을 촉구하여 충성으로써 군국(君國)에 보답해야 한다"고 주장했다. 일제의 완벽한 신임을 얻은 그는 17년에 걸쳐 중추원 참의를 지내다가 1943년 81세로 사망했다.

이규완(李圭完, 1862~1946)의 이력은 남달랐다. 그는 힘이 장사였고 택견의 고수였다. 정변에서 친군전영사(親軍前營使)가 되어 개화당을 탄압하고 박영효가 지휘하던 군병까지 흡수하여 민영익과 더불어 제거 대상 1순위로 떠올랐던 한규직(韓圭稷)을 살해했다.

정변 실패 후 일본을 거쳐 미국으로 건너갔던 이규완은 그곳에 잠시 머물다가 1887년 일본으로 되돌아왔다. 그 후 갑오개혁이 한창 진행 중이던 1894년 7월에 귀국하여 경무청 경무관에 임명되었다. 1895년 7월 박영효와 함께 고종 부처의 암살을 모의하다가 사전에 발각되어 또다시 일본으로 망명했다. 1907년 7월 이토의 도움으로 귀국한 이규완은 1908년 강원도관찰사를 역임했다. 병탄 후 강원지사와 함남지사를 지낸 뒤에 말년에는 춘천에서 농장을 경영하다가 85세로 사망했다.

박영효(朴泳孝, 1861~1939)는 서재필 등과 함께 미국으로 건너갔으나, 현지 적응을 못하고 일본으로 되돌아왔다. 1894년 청일전쟁이 일어나자 그해 7월 일본을 등에 업고 귀국하여 이듬해(1895) 4월 김홍집·박영효 연립내각의 내부대신으로 입각했다. 같은 해 고종 폐위 음모 사건에 연루되어 재차 일본으로 망명했다. 1907년 7월 특별사면된 그는 곧바로 입국하여 이완용 내각에서 궁내부대신에 임명되고, 병탄 후에는 일제로부터 후작(侯爵) 작위를 받았다. 이어서 동아일보 초대 사장, 식산은행 이사, 조선사편찬위원회 고문, 일본 귀족원 의원, 중추원 고문 등을 지내다가 1939년 79세로 사망했다.

서재필과 함께 미국으로 건너갔던 서광범(徐光範, 1859~1897)은 미국 시민권을 획득하고 미국 연방정부 교육국에서 번역관 겸 통역관으로 종사했다. 1894년 청일전쟁이 일어나자 일본 외무성의 도움으로 귀국하여 김홍집을 수반으로 하는 친일 내각에서 법부대신과 학부대신을 역임하고 1897년 39세로 사망했다.

1885년 미국으로 건너갔던 변수(邊樹, 1861~1891)는 미국 메릴랜드대학교를 졸업하고 한국인 최초로 미국 학사학위를 획득했으나, 1891년 열차 사고를 당해 31세로 사망했다.

서재필(徐載弼, 1864~1951)은 조지워싱턴대학교에서 의학을 전공하고 의사가 되었다. 갑오개혁 때 복권되어 1895년 2월에 귀국했다. 1896년 안경수, 김가진 등과 더불어 독립협회를 결성하고 『독립신문』을 발행하며 민족 개화운동에 앞장섰다. 그 후 독립협회가 정치 도구로 전락하고 정부와의 관계가 악화되자, 1898년 5월 추방되다시피 미국으로 다시 건너갔다. 그때부터 일제강점기 내내 조국의 독립을 후원했다. 1951년 88세를 일기로 미국에서 사망했다.

그렇다면 정변을 주도했던 김옥균은 망명 후 어떻게 되었을까?

김옥균의 존재는 일본 정부의 뜨거운 감자였다. 조선의 요구대로 넘겨줄 수도 없고 그냥 내버려두자니 향후 조선 진출에 걸림돌이 될 게 분명했다. 고심하던 일본은 김옥균을 오가사와라 섬과 홋카이도로 3년에 걸쳐 유배를 보내며 냉대로 일관한다.

유배가 풀린 후에도 조선에서 계속 자객을 보내며 암살을 시도하자 김옥균은 '이와타 슈사쿠(岩田秋作)'로 개명하고 자신의 신분을 감춰야 했다. 이후 10여 년에 걸쳐 일본열도를 떠돌며 도피생활을 하던 김옥균은 1893년 프랑스 유학을 마치고 귀국길에 오른 홍종우(洪鍾宇, 1850~1913)를 만나게 된다.

홍종우는 자기 주관이 뚜렷한 지식인으로 김옥균 못지않은 개화사상가였다. 그는 3년에 걸쳐 파리에 머무는 동안 한복을 입고 생활했을 정도로 전통을 중시했으며, 춘향전과 심청전을 프랑스어로 번역하여 조선의 역사와 문화를 유럽에 소개하기도 했다.

김옥균과 홍종우는 나라를 개혁하여 부강국으로 만들어야 한다는 생각은 같았으나, 그 방향은 전혀 달랐다. 홍종우는 군주 체제는 그대로 유지한 채 제도만 뜯어고쳐야 한다고 생각한 데 반해 김옥균은 나라를 근본적으로 뜯어고치는 혁명을 주장했다. 홍종우는 외세를 등에 업고 혁명을 꿈꾸는 김옥균을 극히 위험한 인물로 판단했다.

1893년 파리 유학을 마치고 일본에 들른 홍종우는 조선에서 김옥균 암살의 밀명을 받고 특파된 이일직(李逸植)을 만나게 되는데, 그는 홍종우에게 김옥균의 암살을 주문하여 응낙을 받아낸다. 같은 개화사상을 지니고 프랑스 유학까지 마친 홍종우를 전혀 의심 없이 받아들인 김옥균은 1894년 3월 그와 함께 중국의 실력자 이홍장을 만나기 위해 상해로 떠났다.

이홍장의 힘을 빌려 재기를 도모할 요량이었다. 3월 28일 상해에 도착한 두 사람은 일본인 소유의 동화양행 여관에 여장을 풀었다. 홍종우가 볼일이 있다며 밖으로 나갔을 때 김옥균은 방 안에서 혼자 쉬고 있었다. 잠시 후 밖에서 돌아온 홍종우가 갑자기 권총을 꺼내 김옥균을 향해 발사했다. 전혀 무방비 상태로 방 안에 앉아있던 김옥균은 얼굴과 머리와 가슴에 세 발의 총탄을 맞고 파란으로 가득 찬 44년 생을 접었다.

정변 실패 후 일본으로 망명했던 열 명 중 다섯 명은 완전히 뼛속까지 일본인이 되고, 그중 서광범은 얼치기 친일파가 되었다. 하지만 그도 오래 살았다면 이들 다섯 사람에게 뒤지지 않는 친일주구가 되었을 것이고, 임은명과 변수 또한 같은 길을 갔을 게 분명하다.

정변을 앞에서 이끌었던 김옥균 역시 앞뒤 정황이나 그때까지의 행적으로 볼 때 만약 홍종우에게 살해되지 않았다면 친일파 내지는 청의 꼭두각시가 되는 길 외에는 선택의 여지가 없었을 것이다.

재중국조선무정부주의자연맹

이회영은 그토록 긴 세월에 걸쳐 혁명가의 길을 걸으면서도 단한 번도 어떤 직위에 연연하지 않았을뿐더러 자신의 행적에 대한 기록도 남기지 않았다. 때문에 그의 행적은 그와 접촉했던 수많은 사람들의 증언 내지는 기록에 근거할 수밖에 없다. 따라서 이회영이 아나키즘을 받아들인 시기도 여러 설이 제기되고 있다.

그중 첫 번째가 1921년 류자명을 통하여 받아들였다는 설이고, 두 번째가 1923년 초에 이회영을 찾아온 이을규·이정규 형제와 백정기 등을 통해서 받아들였다는 설이다. 이외에 또 한 가지 설이 있는데, 그것은 이회영과 함께 평생을 독립운동에 몸 바친 이정규가 기록한 『우당 이회영 약전』으로 거기에는 그 시기를 1923년 9월이라 적시하고 있다.

이렇듯 이회영의 아나키즘 접촉 시기가 제각기 다른 것은 본인자신의 증언이 아닌 제삼자의 주장에 근거했기 때문이다. 따라서 그들은 자신과 이회영과의 접촉 경험을 바탕으로 기술했을 것임은 너무도 당연하다. 어쨌든 이회영의 아나키스트 활동은 1923년 이후 본격적으로 시작되는데, 그러던 중 1924년 1월에 의열단원 김지섭이 도쿄 궁성문에 폭탄을 투척하는 사건이 발생했다.

사건 얼마 후 좌익사상에 물든 윤자영(尹滋英)이 의열단을 이탈하여 상해청년동맹이라는 새로운 공산주의 조직을 결성하고, 그 조직의 핵심 간부가 되었다. 그는 이때부터 의열단을 정면으로 비판하기 시작했다. 이에 위기를 느낀 류자명은 이회영과 협의하여 아나키즘 사상이 확고하면서도 공산주의 사상에 물들지 않은 사람들만으로 구성된 새로운 조직을 추진하기에 이른다.

당시 류자명의 이 운동에 적극적으로 협력했던 인사로는 이을규·이정규 형제를 비롯하여 정화암과 백정기가 있었고, 그 외 지도급 인사로는 이회영과 신채호가 있었다.

조직 결성을 위해서는 무엇보다 자금 확보가 급선무인데, 이 무렵 이들에게는 가축 사료나 진배없는 짜도미로 연명해야 할 만큼 곤경에 처해 있었다.

이에 젊은 동지들이 자금 조달 계획을 세우고, 그해 늦가을 행동에 들어갔다. 당시 젊은 동지들은 국내로 잠입하여 갑부로 소문난 고명복 모녀를 데려오게 된다. 이들은 고명복 모녀를 북경의 고급 주택가인 모아호동(帽兒胡同)에 감금시키고, 독립운동자금을 희사할 것을 강요했다. 그러나 온갖 협박에도 불구하고 이들 모녀가 끝내 굴복하지 않자, 김창숙과 백정기는 이들의 재산이 민족을 팔아 부당하게 갈취한 돈이라며 이를 탈취해서 독립운동자금으로 쓰자고 주장했다.

그로부터 며칠 후, 정화암, 이을규, 이정규, 백정기 이렇게 네 사람이 이들 모녀의 집에 침입하여 귀금속을 빼내는 데 성공했다. 이 사건은 다음날 각 신문에 대서특필되었고, 북경 공안 당국은 즉시 범인 색출에 들어갔다. 경찰이 수사망을 좁혀오자 정화암은 즉시 몸을 피했고, 사건은 오리무중으로 빠져들었다. 하지만 그날 정화암과 더불어 행동대로 나섰던 동지들은 상해를 비롯한 각처로 흩어져 후일을 기약해야 했다.

사건이 잠잠해진 이듬해(1924) 3월, 북경 이회영의 집에는 모아호동 사건으로 각처로 흩어졌던 이을규·이정규 형제와 백정기, 정화암, 류자명 그리고 주인 이회영까지 여섯 명이 모여 자유협동주의를 표방하는 새로운 조직 결성에 관해 열띤 토의를 벌였다.

그리고 마침내 1924년 4월 20일 의열단의 참모장인 류자명이 중심이 된 아나키스트들만의 새로운 조직인 '재중국조선무정부주의자연맹'을 결성하기에 이른다.

이름이 너무 길다고 해서 흔히 '무련(無聯)'이라고 줄여 부르는 이 조직의 참가자는 지난 3월 이회영네 집에서 회합을 가졌던 여섯 명이었다. 당시 신채호는 순치문(順治門) 안에 위치하는 석등암에 칩거하면서 역사서 편찬에 몰두하느라 참석하지 못했고, 경북 안동 출신의 류림(柳林)은 중국 사천성에 있는 성도대학에 재학 중인 관계로 불참했다.

이들은 무련을 결성하고 나서 무련의 기관지로 『정의공보(正義公報)』를 발행했다. 『정의공보』는 무련의 기관지인 만큼 연맹의 행동 노선과 선전 그리고 한국 독립운동계의 나아갈 방향을 표명함과 동시에 공산주의 비판에 집중했다.

무련이 발족되고 기관지까지 발간하게 되자 일제는 이 단체가 의열단과 마찬가지로 폭력 행사를 하지 않을까 온 신경을 곤두세운 나머지, 무련을 포함하여 한국인 아나키스트 전체의 감시와 압박에 들어갔다.

자금난에 허덕이던 무련은 일제의 압박으로 인해 자금줄이 끊기면서 기관지 『정의공보』는 9호를 끝으로 휴간에 들어간다. 그 후 자금난과 함께 맹원들의 생활난까지 겹치게 되자, 무련의 맹원들은 전체 회의를 열고 상황이 반전될 때까지 일단 활동을 중단하고, 다른 길을 찾아보기로 결의했다.

　이에 진작부터 복건성의 중국인 동지와 접촉을 꾀해왔던 백정기와 정화암은 복건성으로 향하고, 류자명과 이을규·이정규 형제는 임정이 있는 상해로 떠났다. 그리고 이회영은 그대로 북경에 남아 국내를 비롯한 각처로 흩어진 동지들과의 연락 및 자금 조달에 힘쓰기로 했다.

이승만의 탄핵

1919년 4월 11일 출범한 상해 임시정부는 국무총리로 선출된 이승만으로 인해 계속 삐걱거렸다. 그는 임시정부의 국무총리로 선출된 것을 망각하고 대외적으로 대통령을 참칭하면서 상해로의 부임을 미루고 있었다. 이에 임정 내무총장 안창호는 '하와이국민회'에 전문을 보내 '대한민국 임시정부가 아직 대통령을 선출하지 않았다'는 반박성명까지 내야 했다.

이외에도 임정은 3.1운동 이후 너무 서둘러 수립하는 바람에 조직 체계에도 문제가 많았다. 이를 개선하고자 임시의정원 의원들은 임정이 출발한 지 열흘 남짓한 4월 22일부터 개헌 작업에 들어갔다.

약 5개월에 걸쳐서 진행된 개헌 작업은 9월에 마무리되는데, 이 때는 '대한민국 임시헌장'이 아닌 '대한민국 임시헌법'으로 칭하게 된다. 이것이 바로 '제1차 개정헌법'이다. 이 헌법에는 임정의 수반을 국무총리에서 대통령으로 하고, 대통령 밑에 국무총리를 따로 두기로 했다. 이어서 대통령에는 이승만, 국무총리에는 이동휘를 선출했다.

헌법까지 개정하며 임정은 이승만의 소원대로 대통령제를 채택하였으나, 그는 계속해서 미국에 머문 채 상해에 오기를 미루고 있었다. 대통령에 선출되고 나서도 이승만이 계속해서 미국에 머물자, 임정 요인들의 불만은 극에 달했다. 분위기가 심상치 않음을 간파한 이승만은 임정이 출범하고서도 자그마치 1년 8개월이나 지난 1920년 12월 5일에서야 상해로 왔다.

이때 이동휘는 이승만의 위임통치 문제로 인하여 임정이 극도의 비난을 받고 있다면서 이에 대한 대책과 함께 대통령 부재 시, 그 결재권을 국무총리에게 위임하자는 두 가지 사안을 요청했다. 그러나 이승만은 이 두 가지 요청을 모두 거부했다. 이승만의 태도에 크게 실망한 이동휘는 1921년 1월 총리직을 사직하고 상해를 떠나버렸다.

뒤이어 노동국 총판 안창호와 학무총장 김규식 그리고 교통총장이던 남형우까지 줄줄이 사퇴를 단행하여 임정은 걷잡을 수 없는 사태에 직면하게 된다. 근 2년 만에 나타난 이승만에게 큰 기대를 걸었던 임정 요인들의 실망과 분노는 하늘을 찔렀고, 내부 분열은 이승만이 상해에 오기 전보다도 오히려 더 심각해졌다. 그러자 이승만은 상해 도착 5개월 만인 1921년 5월 대통령직을 그대로 유지한 채 다시 미국으로 떠나고 말았다.

이승만이 난관에 봉착한 임정 사태를 풀어나가기는커녕 오히려 더 가중시키자, 임정 요인들은 그가 임시정부의 대통령으로서는 적격이 아니라고 판단한 나머지, 급기야는 대통령직에서 물러나게 해야 한다는 목소리가 고개를 들기 시작했다.

이런 분위기 속에서 임시의정원은 1923년 4월 '이승만 탄핵안'을 제출하였으나 국민대표회의가 진행 중이었으므로 논의를 보류하게 된다. 이어서 이듬해 9월, 임시의정원은 '임시 대통령의 유고(有故)'

를 결정한 뒤에 이동녕 국무총리에게 대통령 대리를 명했다. 이에 이승만은 크게 반발하여 하와이민단장에게 임시정부로 송금하는 인구세와 애국금 등 각종 독립자금의 차단을 지시했다.

결국 이승만의 탄핵 문제가 정식으로 거론되는데, 그것은 임기가 정해지지 않은 임시 대통령을 물러나게 하려면 탄핵 말고는 해결 방법이 없기 때문이다. 임시헌법에다 그토록 중요한 대통령의 임기를 적시하지 않은 이유는 임정 출범 당시의 상황으로 보아 머지않은 장래에 독립이 이루어질 것으로 전망했기 때문이었다.

이후 의원들은 대통령 탄핵에 앞서 현행 임시헌법이 불합리한 조항이 많다는 이유를 들어 '임시헌법개정안'을 발의했다. 1923년 5월 1일부터 토론에 들어간 의원들은 열띤 토론 끝에 '대통령제를 폐지하고, 대통령에게 집중되어있는 권한 일부를 각 부처의 각료와 의정원으로 분산시킬 것'을 결의했다. 그러나 그해(1923) 1월 상해에서 개최한 국민대표회의에서 반대의사를 표하면서 이것은 흐지부지 끝나고 말았다.

이때 개최되었던 국민대표회의는 사분오열된 독립운동 세력의 통합을 목적으로 독립운동사상 가장 많은 독립운동계 대표 300여 명이 상해로 집결했으며, 이들 중 대표권을 인정받은 인사만도 125명에 달했다. 1923년 1월 3일 교회당인 삼일당(三一堂)에서 시작된 이 회의는 5월 15일까지 4개월여를 끌었으나 각 계파의 이해 다툼으로 인하여 결국 무위로 끝나고 말았다.

국민대표회의에서 개헌을 반대하자 의원들은 대통령을 물러나게 할 편법으로 1924년 6월 16일 '대통령 유고안'을 발의하여, 약 3개월간의 토론 끝에 '대통령이 직소(職所)에 귀환하기 전까지는 유고로 간주한다'는 내용과 '새로운 각료를 임명한다'를 가결했다. 이에 따라 임정에서는 그해 12월 11일 백암(白巖) 박은식(朴殷植, 1859~1925)을 국무총리 겸 임시 대통령 대리로 선출했다.

대통령 대리에 취임한 박은식은 12월 28일부터 그동안 결론을 못 냈던 헌법 개정과 함께 '대통령 탄핵안'에 대한 시동을 걸기 시작했다. 우여곡절 끝에 임시의정원에 정식으로 상정된 '이승만 임시 대통령 탄핵안'은 그로부터 약 3개월 후인 1925년 3월 18일 통과된다. 당시 나창헌 심판위원장의 이름으로 발표된 이승만의 탄핵 사유는 다음과 같다.

이승만은 외교를 구실로 하여 직무지를 마음대로 떠나 있은 지 5년에, 바다 멀리 한쪽에 혼자 떨어져 있으면서, 난국 수습과 대업의 진행에 하등 성의를 다하지 않을 뿐 아니라, 허황된 사실을 임의대로 지어내어 정부의 위신을 손상시키고 민심을 분산시킴은 물론, 정부의 행정을 저해하고 국고 수입을 방해하였고, 의정원의 신성을 모독하고 공결(公決)을 부인하였으며 심지어 정부까지 부인한바, 이는 정무를 총괄하는 국가원수로서 정부의 행정과 재무를 방해하고 자기 지위에 불리한 결의라 하여 의정원의 결의를 부인함은 대한민국의 임시헌법을 근본적으로 부정하는 행위로 간주되거니와 이와 같이 국정을 방해하고 국헌을 부인하는 자를 하루라도 국가 원수직에 두는 것은 대업의 진행을 기하기 불능하고 국법의 신성을 보존키 어려울뿐더러 순국(巡國) 제현(諸賢)을 바라보지 못할 바이므로 대한민국 임시정부 헌법 제14조에 의거하여 임시 대통령 이승만을 그 직에서 면직한다.

이에 따라 임시의정원은 1925년 3월 23일 자로 이승만을 면직시킨 후, 당일로 박은식을 제2대 대통령으로 선출하였다. 이승만 탄핵을 주도한 임시의정원은 1925년 4월 7일, 대통령중심제 헌법에 문제가 많았음을 인식하고, 그 말썽 많던 대통령중심제를 국무령(國務領)을 수반으로 하는 '의원내각제'로의 개헌을 단행했다. 이른바 '2차 개헌'이다.

개정된 신헌법은 1925년 7월 7일부터 발효되었으므로 박은식은 대통령직에서 물러나야 했다. 이제 그는 이 정부에서 더 이상 설자리가 없게 된 것이다. 그러나 대한민국 제2대 임시 대통령에 선출되어 헌법을 개정하여 임시정부의 역량 신장을 위해 노심초사 애쓰던 박은식은 대통령을 사임할 무렵인 1925년 7월에 병을 얻어 그해 11월, 67세를 일기로 서거한다.

개정된 신헌법에 의하여 초대 국무령에 선출된 사람은 경술국치 후, 전 가족을 이끌고 만주로 망명하여 서간도 개척에 앞장섰던 석주(石洲) 이상룡(李相龍)이었다.

1925년 9월 대한민국 임시정부의 첫 국무령이자 제3대 수반으로 추대된 이상룡은 김동삼, 김좌진, 오동진 등 독립운동 최전선에서 직접 일제와 투쟁하는 인사들을 중심으로 내각을 꾸리고자 했다.

그러나 감투에 연연하지 않던 이들은 하나같이 상해로의 부임을 거부했다. 그 이유는 첫째, 자신들이 현지를 떠나게 되면 지금까지 벌여놓은 독립사업의 기반이 흔들릴 것을 염려해서였고, 두 번째는 독립사업은 뒷전이고 감투싸움에만 열을 올리는 임정 인사들에게 염증을 느꼈기 때문이다. 임정의 계속되는 갈등 속에 내각 조직이 난항에 부딪히자, 절망을 느낀 이상룡은 이듬해 2월, 국무령직을 사임하고 다시 만주로 돌아가고 말았다.

이에 의정원은 2월 18일 이상룡의 후임으로 양기탁(梁起鐸)을 선출했으나, 그는 아예 취임조차 하지 않았다. 이어서 미국에 머무르던 안창호를 선출했으나, 그 역시 거부했다. 이렇게 되자 임정은 수반(首班)조차 없는 오합지졸의 집단으로 전락할 위기를 맞는다.

이러다가는 임정 자체가 와해될지도 모른다고 우려한 의정원에서는 1926년 2월 국무령이 취임할 때까지는 의정원 의장에게 '집정(執政)'의 호칭을 주어 임정 수반직을 대행토록 의결하고, 당시 의장이던 최창식에게 잠정적으로 국무령 대리를 수행토록 했다.

이후 계속해서 국무령의 적임자를 물색하던 끝에 마침내 그 물망에 오른 사람은 임정에서 법무총장과 내무총장에 이어 외무총장과 의정원 의장까지 요직을 두루 역임했던 당년 50세의 만오(晩晤) 홍진(洪震)이었다. 당시 강소성 진강(鎭江)에 은거 중이던 홍진은 최창식이 찾아와 "임정의 국무령을 맡아 난국에 직면한 임정을 구해 달라"고 간청하자 선뜻 수락의 뜻을 나타냈다.

최창식과 함께 상해에 도착한 홍진은 국무령제로 개헌한 지 정확히 1년이 되는 1926년 7월 7일 의정원 선거를 거쳐 임정의 국무령으로 선임되었다. 이리하여 선장을 잃고 난파 직전까지 갔던 임정호(臨政號)는 비로소 순항(順航)의 길로 접어들게 된다.

독립지사들의 고초

김달하 사건으로 인하여 이회영 일가에게 몰아닥쳤던 후폭풍은 차차 그 기세를 멈추기 시작했다. 사건 직후 중국 경찰에서 잡아갔던 규숙은 경찰청에서 심판청(審判廳)으로 이관되어 근 1년 가까이 고초를 겪었다. 이를 알게 된 일본 영사관에서 규숙을 빼 가려고 온갖 압력을 가했으나 결국에는 무위로 끝나고 말았는데, 거기에는 규숙의 국적이 조선이 아닌 중국으로 되었기에 가능했다.

또 규숙의 석방에 앞서 뇌막염으로 생사의 문턱을 넘나들던 현숙은 "이제는 다 나았으니 퇴원을 해도 좋다"는 통보와 함께 병원문을 나섰다. 그동안 거세게 불어닥치던 태풍이 물러가고 평온을 되찾았다고는 하나, 이회영은 여전히 가난을 면치 못했다. 이제는 그동안 먹던 짜도미조차도 구할 수 없는 형편에 이르러 먹는 날보다 굶는 날이 더 많게 되었다. 하지만 이회영은 절망하지 않았고, 난관 속에서도 길을 찾아 나섰다.

밤새도록 의논한 부부는 일단 협의를 위해 상해에 있는 이을규를 불렀다. 이을규와 함께 상의한 결과 이 난국을 돌파하기 위해서는 이회영의 아내 이은숙을 국내로 보내 자금을 구해보는 수밖에는 다른 도리가 없다는 결론에 다다랐다. 이회영이 가는 것이 순리이겠으나 그의 처지가 이곳 북경을 잠시도 비울 수 없으므로 그리 결정한 것이다.

문제는 이곳의 안살림과 남아있는 아이들을 누가 건사할 것인가였다. 고심 끝에 그것은 당분간 며느리(규학의 처 조계진)에게 맡기는 것으로 최종 결론을 맺었다. 이렇게 되어 독립자금 구입이라는 막중한 임무를 띤 이은숙이 서울로 향한 것은 1925년 음력 7월이었다.

이은숙이 고국으로 들어갔다고 해서 이회영네 살림이 갑자기 나아질 리는 만무했다. 빈 쌀독을 들여다보는 며느리 조계진의 마음은 한없이 서글펐다. 늙으신 시아버님께 조석을 건너뛰시랄 수도 없고, 그렇다고 흙 파서 밥을 지을 수도 없는 일이었다. 조석 때가 다가오면 시아버님께는 늘 죄송한 생각부터 들었고, 철부지 시누이들과 한창 먹을 나이인 시동생 규창에게도 미안하기 짝이 없었다. 훗날 조계진은 당시의 정황을 이렇게 회고했다.

쌀이 없어 하루종일 밥을 못 짓고 밤이 되었다. 온 식구가 몇 끼를 굶고 누워 있는데, 밖에는 때마침 보름달이 중천에 떠올랐다. 이때 아버님께서는 몹시도 시장하실 텐데 어디서 그런 기력이 나셨는지 퉁소를 부시는 것이었다. 시어머님도 안 계신데, 시아버님 진지를 온종일 못 올리니 이보다 죄송한 일이 어디에 있겠는가! 마음은 한없이 심란해 오는데 밝은 달 아래 퉁소 소리를 들으니 나도 모르게 눈물이 흘렀다.

독립투사들의 가난은 비단 이회영 한 사람에게만 국한된 문제는 아니었다. 당시 우리 독립투사들의 생활고는 길거리를 떠도는 노숙

자와 진배없었고, 그 상황은 누구를 막론하고 오십보백보였다. 하지만 명문가의 자제로 태어나 서울 장안에서도 손꼽히는 부호로 살아왔던 이회영의 처지는 그 누구보다도 딱해 보였다. 한때는 이회영을 일제의 밀정과 내통했을 것이라는 오해로 인해 절교까지 선언했던 김창숙은 당시 이회영의 궁핍했던 형편을 이렇게 회고했다.

> 우당은 생활 형편이 극난한 형편이었지만 조금도 내색하지 않아 나는 매우 존경하였다. 하루는 우당의 집으로 찾아가서 공원에 나가 바람이나 쐬자고 청하였더니 거절하였다. 그의 얼굴을 살펴보니 자못 초췌한 빛이 역력했다. 의아한 생각이 들어 우당의 아들 규학에게 까닭을 묻자, "이틀이나 밥을 짓지 못하였고, 의복도 모두 전당포에 잡혔습니다. 아버지께서 밖에 나서지 않으시려는 것은 입고 나갈 옷이 없기 때문입니다."라는 대답에 나는 깜짝 놀라 주머니를 털어 땔감과 식량을 사오고 전당포에 잡힌 옷도 찾아오게 하였다.

이토록 절박한 이회영에게 걱정거리가 또 하나 늘었다. 내 발등에 떨어진 불 끄기에 바빠 한동안 잊고 지내던 둘째 형님(이석영)네 식구들을 돌볼 사람이 없게 된 것이다. 그동안 천진(톈진)에 살던 이석영은 김달하 사건 이후 사건의 주역을 맡았던 큰아들 규준이 상해로 피신하자 전혀 생활대책이 없게 되었다.

원래 이석영에게는 큰아들 규준(圭駿, 1896~1928)과 둘째 규서(圭瑞, 1912~1933) 이렇게 단지 형제만 있었다. 두 아들 중 장남 규준은 다물단 활동을 하는 등 위험한 일만 골라서 하면서도 노부모와 어린 동생을 보살피는 데 소홀함이 없었다.

그러나 규준은 김달하 사건이 터지면서 경찰의 수사망이 좁혀오자 노부모 곁을 떠나 상해로 피신할 수밖에 없었다. 이렇게 되자 이석영네 집에는 일흔이 넘은 자신과 내일모레면 일흔에 다다를 늙은 아내 밀양 박씨, 그리고 14살짜리 규서 이렇게 세 식구가 남게되어 당장 끼니를 걱정할 지경에 이르렀다.

그도 그럴 것이 그 많던 재산은 서간도 있을 때 이미 바닥을 드러냈고, 큰아들 규준은 늘 일경에 쫓기는 신세로 살아야 했다. 그러다 보니 몇 해 사이에 이석영의 얼굴은 말 그대로 팍삭 늙었다. 서간도에 머물 때만 해도 윤기 도는 얼굴에 위엄이 엿보였으나, 지금은 패인 양 볼에 밭고랑 같은 주름만 깊게 패였다. 이러한 형님의 모습을 바라보는 이회영의 가슴은 쓰리고도 아팠다.

6형제 중 둘째로 태어난 이석영은 양주 가오실(嘉吾室)로 낙향하여 살던 족친(族親)의 집으로 양자를 갔다. 양부의 이름은 이유원(李裕元)으로 양주 사람들은 그를 가리켜 '가곡대신(嘉谷大臣)'이라 불렀다. 이석영은 어려서부터 호강으로 자랐다.

생부였던 이유승은 이조판서에 이어 종일품직인 우찬성(右贊成)을 지냈고, 양부는 '일인지하(一人之下)요, 만인지상(萬人之上)'이라 불리는 영의정까지 올랐다. 거기에 양부의 재산은 가늠조차 못 할만치 많아서, 항간에서는 가곡대신이 양주 가오실에서 80리에 이르는 서울에 갈 때면 남의 땅을 한 평도 안 밟아도 된다고 했다.

이토록 엄청난 재산을 물려받았으니, 그의 호강은 말 안 해도 알만했다. 이석영은 그 많은 땅을 모두 팔고서 경술년 겨울, 환갑이 머지않은 쉰여섯 나이에 서간도로 망명했다. 그곳에서 이석영은 팔아온 재산으로 서간도 합니하에 신흥무관학교를 세우고 독립군을 길러냈다. 서간도에 머물면서 고생도 많았지만 보람도 많았다.

손자 같은 젊은이들이 그 무서운 추위를 무릅쓰고, 아니 그보다 더 무서운 주린 배를 움켜잡고, 빼앗긴 조국을 되찾겠다고 입술을 깨무는 것을 보면 그렇게 뿌듯할 수가 없었다.

"저 젊은이들이 있는 한 빼앗긴 강토를 되찾는 것은 시간문제다."

그런 다짐을 한 것이 불과 엊그제 같은데, 그로부터 장장 15년의 세월이 흘렀건만 조국의 독립은 기미조차 안 보이니, 앞으로 헤쳐나갈 일이 난감하기만 했다.

북경에서 천진으로

이회영은 만사를 제쳐놓고 곤경에 처한 형님 문제부터 해결하기로 하고, 우선 내 식구는 굶더라도 형님네 식구부터 챙기기로 했다. 하지만 수중에 땡전 한 푼 없으니, 이건 공염불에 불과했다. 이때 갑자기 구세주가 나타났다. 하남독판(河南督瓣) 호경익(胡景翼)의 고문으로 있는 이광(李光)이 호 독판으로부터 상당한 자금을 지원받아 그 돈을 들고 온 것이다.

뿐만이 아니었다. 이회영의 제밑동생 시영의 큰아들 규봉도 백부(伯父)의 생활자금에 보태라며 적지 않은 돈을 보내주었고, 마침 국내로 들어갔던 아내에게서도 100원이나 전해져왔다.

갑자기 돈이 생긴 이회영은 또다시 고민에 빠졌다. 금액의 다소를 떠나 그들이 보내준 돈은 하나같이 귀한 돈이었고, 피 같은 돈이었다.

상해에서 아버지(이시영)를 모시고 있는 규봉은 가족의 생계를 책임져야 함은 물론, 고초를 겪고 있는 임정 인사들에게도 도움을 주어야 하는 입장이었기에 자금의 여력이 전혀 없는 형편이었다. 또 이광이 호경익으로부터 받아 온 돈은 개인이 함부로 쓸 수 있는 돈이 아니었다. 그보다는 적은 금액이었으나 아내가 보내준 돈은 쳐다

보기조차 아까운 돈이었다.

　명문가의 외동딸로 태어나 친정아버지보다도 나이가 많은 자신과 혼인해 준 것만 해도 가슴 저릴 일인데, 시집온 이태 후부터 닥친 그토록 모진 고난 속에서도 불평 한마디 없던 아내였다. 어디 그뿐인가! 복중(腹中)에 아이까지 밴 몸으로 그 간악한 왜놈의 소굴로 들어간 것을 생각하면 가슴이 아려왔다. 고심을 거듭하던 이회영은 결자해지(結者解之)의 차원에서 이광과 이을규를 불렀다. 그들과 상의한 끝에 우선 북경을 떠나 천진으로 이사를 가기로 했다. 이유는 두 가지였다.

　첫째 이곳 북경에는 외국인들의 조차지(租借地)가 없는 까닭에 일경의 추적을 피하기에는 한계가 있었다. 이에 비해 북경의 관문이라 불리는 천진은 영국 조계, 프랑스 조계, 이탈리아 조계 등 수많은 외국인들의 조계지가 있으므로, 신변의 안전을 위해서는 이곳 북경에 비해 몇 배나 유리했다. 다음은 석영 형님네를 보살피기 위해서는 형님네가 살고 있는 천진으로 옮기는 게 여러 가지로 편리하겠기 때문이었다.

　결정을 끝낸 이회영은 천진 시내 대길리에 소재하는 프랑스 조계에다 집 두 채를 구했다. 그중 한 채는 회영 자신이 살고, 나머지 한 채는 상해나 국내에서 찾아오는 동지들의 숙소로 사용하기로 했다. 그리고 형님네는 당분간 지금 살던 집에서 그대로 머물게 하되 다만 생활비만큼은 자신이 부담하기로 했다.

　이렇게 되어 이회영이 북경을 떠나 천진으로 옮겨 간 것은 1926년 가을이었다. 북경을 떠나면서 큰딸 규숙은 고등학교를 졸업할 때까지 동지 이광네 집에 머물게 하고, 이곳 천진에는 자신을 비롯해서 규창과 현숙 그리고 송동댁(이회영의 장남 규룡의 소실)까지 이렇게 네 식구만 왔다.

천진으로 옮겨간 지 일주일쯤 되자, 상해에서 활동하던 이을규·정규 형제를 비롯하여 백정기, 정화암, 권기옥, 이영무 등 10여 명에 가까운 동지들이 왔다. 이제 천진의 이회영네 집은 또다시 독립운동 본부로 변한 것이다.

이때 이회영네 집에 머물게 된 사람들 중 이영무(李英武)와 권기옥은 중국 운남항공학교를 졸업한 비행사였다. 특히 권기옥(權基玉)은 국내 최초의 여류 비행사가 된 당찬 여성이었다. 그녀에게는 비행사가 되어 왜놈들을 격멸하고자 하는 야심 찬 포부가 있었고, 그 꿈을 이루기 위해 이렇게 사내들 틈에서 불편한 생활을 감수하고 있었다.

이회영의 천진 생활은 그런대로 견딜 만했다. 함께 생활하는 젊은 동지들은 하나같이 믿음직하여 무슨 일이고 맡기면 못 하는 것이 없었고, 어기는 법도 없었다. 그들은 이회영을 때로는 아버지처럼 대하는가 하면, 때로는 스승처럼 대하기도 했다.

그들이 하는 일은 이회영이 북경에 있을 때와는 많은 차이가 있었다. 똑같은 이회영의 집이었으나 이곳 천진에서는 폭탄과 권총 같은 무기를 많이 취급했다. 독립운동가, 그중에서도 특히 아나키스트 활동을 하려면 밥은 굶더라도 무기 구입은 필연이었다. 하지만 여기에는 적지 않은 돈이 들어갔다.

처음 이곳으로 올 때는 돈의 여유가 어느 정도 있었으나, 불과 몇 달이 안 되어 돈은 바닥을 드러냈다. 식구는 많은 데다 무기 구입 등 북경에서는 안 하던 일을 벌였기 때문이다. 버는 사람은 없고

쓰는 사람만 있는 데다 폭탄이나 권총 같은 무기를 구입하려니 그럴 수밖에 없었다. 돈이 바닥을 드러내자 무엇보다도 양식이 문제가 되었다.

가장 먼저 부엌살림을 도맡은 송동댁이 비명을 질렀고, 그 여파는 당장 밥상으로 닥쳐왔다. 처음 얼마간은 쌀밥과 함께 더러 생선 토막까지 오르던 밥상은 시간이 지나면서 변해가던 끝에 나중에는 북경에서처럼 짜도미로 지은 밥도 없어서 못 먹을 지경에 이르렀다. 결국 다른 식구들은 모두 떠나가고 이을규·이정규 형제와 백정기만 남게 되었다.

고심하던 이회영은 집세가 비싼 이곳 대길리에 비해 월등하게 세가 싼 대홍리에다 방 2칸을 얻어 이사를 단행했다. 새로 이사 간 집에는 꼭 분곽만한 방 두 개가 있었다. 그 방 하나는 이회영 부자와 이을규·이정규 형제 그리고 백정기 이렇게 다섯이 쓰고, 나머지 하나는 송동댁과 현숙 둘이서 쓰기로 했다. 이제 또다시 북경에서 겪던 고난의 세월이 닥쳐온 것이다.

야해자(野孩子)

대흥리로 옮겨가고서 한 해가 지나자 이회영네 형편은 더욱 곤궁해져 천진의 빈민가 금탕교(金湯橋) 부근 소왕장(小王莊)에다 방을 한 칸 얻어 이사했다. 그 방은 말이 좋아 방이지, 실제로는 토방 수준에 불과했다. 이때는 살림을 맡았던 송동댁은 이미 병으로 죽고, 두 딸은 빈민구제원으로 보낸 상태였다. 결국 함께 생활하던 동지들도 모두 떠나가고 집에는 두 부자(父子)만 남게 되었다.

가을도 지나고 초겨울로 접어들면서 이불을 비롯하여 당장 필요한 물건 몇 가지를 사고 나자, 수중에 남은 돈이라곤 없었다. 그사이 달랑거리던 식량마저 떨어지니, 이때부터는 하루 한 끼 먹기도 바빴다. 알량한 토방에서 끼니마저 거르게 되자, 추운 것도 추운 것이지만 도저히 배가 고파 견딜 수가 없었다. 참다못한 두 부자는 처음에는 이불을 저당하고, 끼니를 해결하다가 굶는 날이 계속되자 옷까지 저당하게 되었다.

이를 보다 못한 집주인이 "이 추위에 노인이 어찌 견디겠느냐"며, 홑이불과 옥수숫가루를 조금 주어 그걸로 죽을 쑤어 겨우 굶어 죽기는 면했다.

지금까지 주인 부부는 이회영이 남방 복건성에서 부자(富者)로 살다가 난리를 피해 온 걸로 알고 있었다. 때마침 중국 남방에서는 내란이 발생하여 모든 왕래가 두절되었으므로 이회영의 말은 더욱 씨가 먹혔고, 주인은 이들 부자를 무한히 동정하고 있었다.

이대로 가다가는 무슨 일을 치르게 될지도 모른다고 생각한 규창은 주인 부부를 붙들고 지금의 절박한 사정을 호소했다.

규창의 호소에 주인이 말하기를 "내일 새벽 4시에 일어나 일본이나 프랑스 조계지에 있는 부잣집 대문 앞으로 가면 하인이 밤에 난로에 때다 남은 매탄(煤炭)재가 있는데, 너는 그중에서 미처 타지 못한 것을 주워 오거라. 매탄 난로는 내가 줄 터이니, 그것을 사용하면 우선 급한 불은 끌 수 있을 것이다." 규창은 주인의 말을 몇 번이고 되새겼다.

다음 날 규창은 새벽 4시에 일어났다. 밖은 영하 20도가 넘었으나 어지간한 것은 모두 전당포에 맡기는 바람에 규창은 껴입을 옷조차 없었다. 규창은 지난 저녁에 주인이 내준 다 떨어진 상의를 걸치고 밖으로 나섰다.

주인집에서 주는 매탄을 주워 담을 자루와 쇠갈퀴를 챙겨 들고 금탕교를 건너 가까운 일본 조계지로 들어서자, 규창 또래의 수십 명의 야해자(野孩子, 매탄 줍는 아이들)들이 이미 매탄을 줍고 있었다.

이날 처음으로 발을 들여놓은 규창은 다른 아이들이 하는 것을 보고 열심히 따라 했으나, 자루에 담겨진 매탄재는 그들에 비해 절반에도 못 미쳤다. 매탄재 자루를 둘러멘 규창이 집에 돌아온 것은 10시 무렵이었다. 그 추운 새벽에 거지 차림으로 6시간에 걸쳐 매탄을 줍다가 들어온 규창의 몰골은 탄을 캐다 나온 광부보다도 더 까맸다. 주인이 준 난로에 불을 피우자 냉골이던 방 안은 한참 만에야

운기가 돌기 시작했다.

그제야 배고픈 생각이 난 규창은 남은 옥수숫가루에 시장바닥에서 주워 온 배춧잎을 넣고 죽을 쑤어 아버지와 둘이 먹고 나니, 추위에 얼었던 몸이 풀리면서 스르르 잠이 왔다. 규창은 설거지도 미룬 채 그 자리에 곯아떨어졌다.

그날부터 규창의 일상은 야해자 생활의 반복이었다. 처음 며칠간은 서툴기도 하고 이 눈치 저 눈치 보느라 남한테 뒤졌으나, 며칠이 지나자 규창의 자루는 남보다 항상 무거웠다.

그러던 어느 날이었다. 그날도 매탄 자루를 둘러메고 집에 오니, 아버지의 신색(神色)이 수상했다. 얼굴은 백짓장처럼 하얀 데다 초점을 잃은 듯한 두 눈은 멀거니 천장만 바라보고 있었다. 손발을 만져보니 차기가 얼음장 같았다. 규창은 더럭 겁이 났다. '이러다가 혹시 돌아가시는 건 아닐까' 하는 생각에 갑자기 온몸이 떨려왔다.

규창은 다급한 마음에 아버지와 주인집에는 아무 말도 안 하고 무조건 밖으로 뛰어나왔다. 문 앞에서 잠시 망설이던 규창은 프랑스 조계지를 향해 정신없이 내닫기 시작했다. 그로부터 얼마 후, 프랑스 조계지 내에 있는 김형환의 집 앞에 규창이 나타났다.

이회영의 동지 이광의 외숙인 김형환은 천진에서 '영미연초공사(英美煙草公司)'에 다니고 있었는데, 이광의 소개로 이회영네와는 왕래가 잦았다.

규창의 문 두드리는 소리에 밖으로 나온 하인이 규창의 모습을 보니, 거지인지 광부인지 분간도 안 되는 아이가 서 있는지라, "네가 누구냐?"라고 따지듯 물었다.

규창은 숨이 턱에 닿은 목소리로 "급한 일이 있어서 김 선생님

좀 뵈러 왔는데요."라고 소리쳤다. 문 두드리는 소리에 이어 자신을 찾는다는 소리가 들리자 김형환이 문을 열었다.

한참 만에야 규창임을 알아본 김형환은 "너 규창이가 아니냐? 그런데 지금 네 꼴이 그게 뭐냐? 그나저나 추운데 어서 안으로 들어오려무나." 김형환은 놀란 눈으로 규창을 안으로 잡아끌었다.

방 안으로 들어간 규창은 아버지의 상태를 설명하고 도와 달라고 매달렸다. 평소 누구보다도 존경하던 우당(友堂) 선생이 위급한 상황에 처해 있다는 것을 알게 된 김형환은 "지금 천진에서는 우당 선생이 근 1년 가까이 행방불명되었다는 소문이 자자했는데, 그런 곤경에 처하신 줄은 꿈에도 몰랐구나. 내가 얼마간의 돈을 줄 터이니 어서 아버지께 달려가거라."라며 대양(大洋) 5원을 내 주었다.

이날 이회영이 잠에서 깬 것은 새벽 4시였다. 다른 날은 아들이 나갈 때면 늘 문을 열고 내다보았지만, 오늘은 웬일인지 통 기동을 할 수가 없었다. 항상 이맘때면 어김없이 일어나는 아들은 옷을 챙겨 입고 나가는 것 같았으나, 이회영은 여전히 기운을 차릴 수가 없어서 그대로 누워 있다가 깜빡 덧잠이 들고 말았다.

얼마나 지났을까? 갑자기 어지러운 증세와 함께 속이 메슥거려 다시 잠이 깬 이회영은 온몸이 떨려옴을 느꼈다. 가만히 생각해보니 지난 저녁에 옥수수죽 먹은 게 체한 것 같았다. 냉수를 마셔보았지만 낫기는커녕 온몸에 맥이 쭉 빠지며 계속 어지러워 또다시 잠을 청했다.

덧잠이 들었던 이회영은 밖에서 나는 인기척에 잠이 깼다. 아들이 왔나 보다 하고 눈을 뜨려 했으나, 눈꺼풀이 무거워 도저히 뜰 수가 없었다. 뭐라고 몇 마디 부르던 아들은 어디론가 뛰쳐나가는 모양이었고, 혼자 남은 이회영은 이내 잠 속으로 빠져들었다.

비몽사몽을 헤매던 이회영은 부엌에서 달그락거리는 소리에 정신이 돌아왔다. 몸을 일으키려 했으나 어디까지나 마음뿐이었다. 다만 그토록 메슥거리던 속은 차차 가라앉는 것 같았다. 한참 후, 하얀 쌀밥에 고깃국을 받쳐 든 아들이 방 안으로 들어왔다. 아들은 누워 계신 아버지를 부축해 앉히고, 밥과 고깃국을 그 앞에 놓았다.

이회영은 오랜만에 맡아보는 고깃국 냄새가 제법 구수하게 느껴졌다. 음식 냄새가 싫지 않은 걸로 보아 체했던 게 아니라 기한(飢寒)이 넘쳐 그랬던 것 같았다.

쌀밥과 고깃국의 내력이 몹시도 궁금했으나, 묵묵히 그저 아들이 떠주는 고깃국을 한 숟갈 두 숟갈 받아먹다 보니 밥을 반 그릇이나 비웠다. 그제야 정신을 차린 이회영은 아들에게 "지금 먹은 고깃국이 어디서 난 것이냐?"라고 물었다. 아들의 얘기를 들은 이회영은 "네 용기가 참으로 가상하구나. 그나저나 김 선생의 은공을 어떻게 갚는단 말이냐?" 그 말을 하는 이회영의 눈가에 이슬이 맺힌다.

김종진

이회영과 함께 생활했던 모든 사람이 다 그랬지만 특히 김좌진의 재종제(再從弟) 김종진은 이회영의 이런 모습에 감복하여 자신의 진로까지 바꾸게 된다.

김종진(金宗鎭, 1901~1931)은 10대 시절부터 독립운동에 투신했다. 3.1운동 당시 고향 홍성에서 학생들을 이끌며 시위에 앞장섰던 김종진은 이듬해인 1920년 만주로 망명한 동지들이 구입한 무기를 국내로 반입을 시도했다.

그러나 결국 그 일은 실패했고, 김종진은 일제의 추적을 피해 북경으로 망명했다. 그는 당시 북경에 머물던 이회영을 찾아가 숙식을 함께하면서 앞으로 자신이 독립운동가의 길을 가려면 진로를 어떻게 잡는 게 좋을지 자문을 구했다.

김종진을 만난 이회영은 마치 자신의 아들이나 만난 듯이 대견해했다. 그와 대화를 나눠보니 장차 독립운동계의 큰 재목이 될 게 분명해 보였다. 김종진의 뜻을 파악한 이회영은 독립운동가로서 큰 그릇이 되려면 우선 군관학교에 입학하여 군인으로서의 기본자질을 익힐 것을 권했다.

이에 김종진은 이회영의 뜻에 따르기로 하고 군관학교에 들어갈 것을 결심했다. 김종진의 뜻을 파악한 이회영은 그를 신규식에게 소개했고, 신규식은 손문(孫文)을 통해 운남성의 독군(督軍) 당계요(唐繼堯)에게 추천하여 운남군관학교에 들어가도록 주선했다.

이때 김종진을 운남군관학교에 들어갈 수 있도록 주선해 준 신규식(申圭植, 1879~1922)은 동생 신건식·오건해 부부를 비롯하여 손녀딸 신순호·박영준 부부까지 식구들 전체가 독립운동에 투신하고 있었다. 이러한 신규식은 우리 독립운동계는 물론, 중국의 손문 정부에서도 신뢰하는 인물로서 항일의지가 그 누구보다 투철했다.

대한제국 육군무관학교 출신인 신규식은 1905년 을사늑약이 체결되자 비분강개한 나머지 음독 자결을 시도했으나, 문을 부수고 들어온 집안 식구들에게 발견되어 목숨을 건졌다. 1910년 8월 29일 국권피탈의 소식을 들은 그는 또다시 독을 마셨으나, 때마침 방문한 대종교를 창시한 나철(羅喆)에게 발견되어 살아났다. 하지만 그 후 유증으로 오른쪽 눈의 시신경이 상하게 되어 외견상 흘겨보는 형상이 되었다. 신규식은 이를 자조(自嘲)하는 뜻으로 자신의 호를 '예관(睨觀)'이라 지었다.

그는 경술국치 이듬해인 1911년 중국으로 망명하여 국민당의 전신인 동맹회에 가담한 후 손문이 주도한 무창의거(武昌義擧)에 기여했다. 이후 그는 중국의 국부(國父)로 추앙받는 손문과 호형호제하는 사이가 되었고, 그 밖의 유력 인사들과도 많은 교분을 쌓았다. 그는 이들과의 친분을 이용하여 100여 명에 이르는 한국의 젊은이들을 중국 각지에 흩어져 있는 군관학교에 입교시켰다.

그는 또한 상해임정에서 법무총장과 외무총장에 이어 국무총리

서리를 역임하였을 뿐만 아니라 손문을 통해서 중국 정부가 상해임정을 승인하게 하는 등 한국독립운동사에 큰 획을 그었다. 그러나 안타깝게도 김종진이 운남군관학교에 입교하던 이듬해(1922) 임시정부 안에 내분이 생기자 25일간의 단식 끝에 "여러분들! 임시정부를 잘 지켜주시기 바랍니다."라는 유언을 남기고 그해 9월 25일 44세를 일기로 파란만장했던 생을 마감했다.

이회영이 김종진에게 입교를 권유한 운남군관학교는 원래 청 왕조에 의해 설립된 학교로서 현대적인 군사교육을 받은 중국인 장교 배출을 목적으로 하고 있었다.

그러나 20세기에 들어서면서 일제의 대륙 침략이 노골화되자, 같은 동병상련의 입장에서 한국의 젊은이들을 적극적으로 받아들이기 시작했다. 이 학교를 졸업한 한국인 중에는 청산리대첩 당시 중대장으로 활약했던 이범석과 함께 한국 최초의 여류비행사인 권기옥이 있고, 이 밖에도 50여 명의 젊은이들이 있었다.

1921년 1월 북경 이회영의 집을 떠난 김종진은 상해→홍콩→하노이를 거쳐 그해 4월 군관학교가 소재하는 운남성 곤명(쿤밍)에 도착했다. 그로부터 4년 후인 1925년 군관학교를 졸업하고, 장교 자격을 갖춘 김종진은 먼저 김좌진을 찾아갔다.

이 무렵 김좌진은 자유시참변 이후 거의 와해 직전에 이른 만주 독립군 세력을 한데 모으며 재기를 위해 전력을 다하고 있었다. 이런 상황에서 군관학교까지 마친 김종진이 찾아오자 그에게 거는 기대와 기쁨은 이루 말할 수 없이 컸다.

그러나 거는 기대가 크다고 해서 지금부터 그를 잡아 둘 수는 없는 일이었다. 기왕에 독립운동가의 길을 택했다면 아직 젊을 때 견문도 더 넓히고 독립운동계의 원로들을 만나보게 하는 것이 좋을 것으로 판단했다.

김좌진은 자신을 찾아온 김종진에게 중국의 각 지방을 순회하며 독립지사들을 만나보고 민정도 살펴볼 것을 권했다. 김좌진의 권유를 받아들인 김종진은 자신을 군관학교에 들어갈 수 있도록 인도해 준 이회영을 떠올리고, 가장 먼저 이회영을 찾아갔다.

김종진이 이회영을 찾았을 당시 그는 극도의 빈곤으로 인하여 수없이 거처를 옮기던 끝에 이때는 천진 시내 빈민가의 토방에서 살고 있었다. 이회영의 비참한 생활을 목격한 김종진은 말을 잇지 못했다.

세상에 이럴 수가 있는가! 이것이 정녕 삼한갑족의 후예로 태어나 서울 장안에서도 손꼽히는 부호로 살아가던 우당(友堂) 선생의 현주소란 말인가! 아무리 세상이 창상지변(滄桑之變)으로 바뀌었다지만 이럴 수는 없는 일이었다. 그의 눈에서는 뜨거운 눈물이 흘러내렸다.

김종진의 눈물을 본 이회영은 환하게 웃었다. "여보게! 아무려면 어떤가. 나는 자네가 이렇게 헌헌장부가 되어 돌아온 것만으로도 한없이 기쁘다네. 어서 눈물을 거두고 점심이나 먹세그려."

두 사람 앞에 놓인 밥상을 본 김종진은 다시 한번 놀랐다. 멀건 옥수수죽에 반찬이라곤 달랑 소금 한 접시뿐이었던 것이다.

점심을 마친 두 사람의 대화는 끝없이 이어졌다. 북경을 떠나 운남으로 향하던 이야기, 군관학교 시절의 이야기, 독립운동 이야기 그리고 마침내 '아나키스트' 이야기로 접어들었다.

아나키스트라니! 환갑 노인에게 어디 그게 당키나 한 일인가! 김종진의 눈에 비친 우당의 모습은 가난에 찌들어 얼굴에 주름이 깊게 패인 쇠약한 노인이었다. 그러나 그의 목소리는 여전히 젊은이 못지않은 힘이 넘쳤고, 반드시 조국을 되찾겠다는 신념에 차 있었다. 김종진은 생각했다.

우당 노인의 저토록 끓어 넘치는 힘의 원천은 무엇이란 말인가! 아무리 생각해도 모를 일이었고, 자신으로서는 감히 흉내조차 못 낼 위대한 분으로 생각되었다. 이회영과의 대화를 끝낸 김종진은 남쪽으로 잡으려던 행로를 다시 북으로 돌렸다.

거듭되는 무련의 위기

1924년 일제의 압박으로 활동을 중단했던 무련(재중국조선무정부주의자연맹)이 재기할 수 있는 기회가 왔다. 1927년 9월 중국 천진(톈진)에서 중국, 한국, 일본, 인도, 베트남, 대만, 필리핀 등의 7개국 대표들이 모여 창립대회를 개최하고 '동방무정부주의자연맹'을 결성하게 된 것이다.

이 대회에 한국 측 대표로 참석했던 신채호는 이듬해 4월 천진에서 한인 아나키스트 대회를 별도로 열었다. 이때 무련 인사들은 독일인 기술자를 초빙하여 폭탄과 총기를 제조하여 일본인 고관 암살 및 주요 기관 파괴와 함께 민족반역자를 처단하기로 결의하였다. 또한 중국 노동운동에도 참여하는 한편 상해노동대학 설립을 추진하는 등 활발한 활동을 전개해 나갔다.

그리고 그동안 발간을 중단했던 기관지도 복간하기로 하고, 1928년 6월 1일 새로운 기관지 『탈환(奪還)』을 발행하니, 이는 곧 『정의공보』의 후신이었다. 무련의 기관지가 복간되었다는 소식을 들은 이회영은 축시를 보내 이들을 격려하고 '한국의 독립운동과 무정부주의운동'이라는 제목으로 글을 써서 보냈다. 그는 이 글에서 '한국의 무정부운동이야말로 진정한 독립운동'임을 강조했다.

이처럼 무련이 기관지를 복간하고 국제연대까지 꾀하며 재기에
성공하자, 일제는 무련 인사들의 일거수일투족 촉각을 곤두세우기
시작한다. 그리고 마침내 1928년 11월, 이정규를 체포하기에 이른
다. 이에 무련은 그들의 감시망을 피해 지하로 숨어들어 표면적인
활동을 자제하기로 했다.

재기를 위해 자금 마련에 다방면의 노력을 기울이던 무련에서는
1930년 4월 신현상(申鉉商)과 차고동(車鼓東)을 국내로 잠입시키는
데, 이때 충남 예산 출신이었던 신현상은 친지 최석영(崔錫榮)을 여
기에 끌어들였다.

예산에서 미곡상을 경영하던 최석영은 자신의 신용도를 이용하
여 예산 읍내에 소재하는 호서은행(湖西銀行)의 여러 지점을 옮겨
다니며 수표를 위조해 거금 5만 8천 원을 인출하는 데 성공했다.
작전을 끝낸 이들 3인은 그 즉시 상해로 탈출하여 무련 인사들에게
낭보를 전했다.

기대하지도 못했던 거금이 확보되자 이회영은 간부회의를 소집
하여 전부터 계획했던 사업 시행을 위해 무련의 활동무대를 보다
안전한 북만주로 옮기기로 하고, 그 밖의 상해를 비롯한 각 지방에
는 연락원만 배치하기로 결의했다. 그러나 이렇게 재기의 발판을
다지며 활발하게 움직이던 무련은 아무도 예기치 못한 새로운 사태
에 직면하게 된다.

계속해서 무련 인사들의 뒤를 쫓던 일경은 북경 위수사령부(衛戍
司令部)에 압력을 가해 무련의 핵심 간부 10명을 체포했던 것이다.
이때 이회영은 천진에 머물고 있었기에 천행으로 화를 면했으나,
아들 규창은 이들 10명 속에 포함되었다.

급보를 접한 이회영은 무련의 간부이며 중국 외교가에서 활동하고 있는 류기석(柳基石)과 함께 동지들의 석방을 위해 발 벗고 나섰다. 당시 아나키스트로 활동하던 북경시장 장인우와 류기석은 각별한 사이였다.

장인우에게 달려간 류기석은 이번 사건은 일본의 간계에 의해 저질러진 일이라고 주장했다. 이에 위수사령부에서는 결정적 혐의가 없는 대부분의 맹원들은 석방시키고, 혐의가 뚜렷한 신현상과 최석영만 일경으로 인도했다. 그러나 이들이 목숨을 걸고 마련해 온 5만 8천 원의 자금은 한 푼도 써보지 못하고 전액을 압수당하고 말았다.

설상가상으로 그해(1930) 9월 말경, 푸첸(복건)을 경유하여 북만주로 향하던 이을규가 배 위에서 일경에 체포되는 불행한 사태를 맞았다. 이에 위기를 느낀 이회영은 무련 간부들을 소집하고 대책 마련에 나섰다. 맹원들은 난관에 봉착한 현 사태를 돌파하기 위해서는 은행을 터는 수밖에 없다고 생각하고, 그 대상으로 천진 시내 일본 조계지 중심가에 있는 중·일 합자은행인 '정실은호(正實銀號)'를 찍었다.

행동대로는 많은 지원자 중에서 김성수(金性壽), 장기준(張麒俊), 양여주(楊汝舟, 본명 오면직), 김동우(金東宇), 송순보(宋淳甫) 이렇게 5명을 최종적으로 선발했다. 1930년 12월 초 어느 날 정오를 기해 은행에 침입한 이들 5명의 행동대는 전광석화처럼 일을 끝내 버렸다. 그날 백주 대낮에 벌어진 은행 강탈 작전은 이처럼 성공적으로 끝나기는 했으나, 그 후폭풍은 너무도 거셌다.

이튿날 천진의 각 신문에서는 '희대의 대낮 강도 사건'이라는 제호를 달아 대대적으로 보도했고, 이어서 중·일 양국 경찰은 즉각 수사에 돌입했다. 사태가 전혀 예기치 못했던 방향으로 진행되자, 이회영은 긴급회의를 소집했다. 이 회의에서 맹원들은 일본의 촉수를 피해 천진에서 멀리 떨어진 북만주와 상해로 나누어 피신하기로 결의했다.

이회영은 상해보다는 아무래도 자신에게는 북만주가 나을 것이라 판단하고 북만주를 선택하려 했으나, 이를 본 맹원들이 강하게 반대하고 나섰다. 그들은 이미 노령으로 접어든 이회영이 추운 북만주에서 어찌 견디겠느냐며 그보다는 기후도 따뜻하고 아들과 형제가 있는 상해가 훨씬 나을 것이라며 상해로 갈 것을 적극 권했다.

이회영은 여러 사람의 의견을 받아들여 상해로 가기로 마음을 굳히기는 했으나, 규숙과 현숙 두 딸을 어떻게 해야 좋을지 난감했다. 이때 규숙의 나이는 방년(芳年) 21세로 이미 혼기가 꽉 차 있었고, 현숙은 이제 겨우 12세였다. 그러자 이회영의 심중을 헤아린 정화암이 젊은 맹원 장기준과의 혼담을 제의하고 나섰다.

규숙과 혼담이 오간 장기준(본명 장해평)은 황해도 안악 출신으로 정주 오산학교를 나온 뒤에 김구를 따라 중국으로 망명했다. 그 후 호북성에 소재하는 무한군관학교를 졸업한 그는 중국군 소위로 임관하여 총사령 장발규 부대에서 항일투쟁에 참가했다.

소년 시절부터 독립운동에 뜻을 두었던 장기준은 1926년 5월, 중국군에서 제대하고 상해임정으로 들어갔다. 그는 임정에서 군자금을 모집해 오라는 밀명을 받고 국내로 잠입하여 활동 중 일경에 체포되어 2년간의 옥고를 치른 뒤에 다시 상해로 탈출했다.

그해 11월 임정으로부터 군자금을 모집해 오라는 두 번째 밀명을 받고 천진에 도착한 장기준은 그곳에서 이회영을 만났다. 그때부터 장기준을 눈여겨 봐두었던 이회영은 마음속으로 그를 사윗감으로 점찍고 있다가 이 자리에까지 오게 된 것이다.

규숙의 혼사를 더 이상 미룰 수 없게 된 이회영은 서둘러 규숙의 혼례식부터 치르기로 했다. 두 딸과 여러 동지들을 북만주로 떠나보낸 이회영이 아들 규창과 함께 천진 부두에서 상해로 가는 배에 오른 것은 1930년 12월 말이었다. 망망대해를 달린 지 일주일 만에 두 부자는 상해 양수포 부두에 도착했다.

이회영에게 상해는 낯선 땅이 아니었다. 지난 기미년(1919) 4월, 여러 동지들과 함께 임정 건설에 밤을 낮 삼아 일했던 곳이 바로 상해였다. 덕분에 이회영은 프랑스 조계지 애인리에 사는 규학(이회영의 차남)의 집을 묻지 않고 찾아들었다.

이회영은 근처에 살고 있는 석영 형님의 안부가 무엇보다도 궁금했다. 천진에 있을 당시 워낙 사정이 절박하여 자신이 돌봐드리지 못하고 아들 형제(규준과 규서)가 있는 상해로 떠나보낸 것을 생각하면 지금까지도 마음이 편치 않았다.

며칠 후 임정에서는 상해에 도착한 이회영을 위한 환영연을 베풀어 주었다. 자리에 참석한 임정 인사들은 이회영이 상해에 온 것은 임정의 앞날에 밝은 서광(瑞光)이 비칠 징조라는 말로 그를 위로했다. 그러나 정작 이 자리의 주인공인 이회영의 심정은 말할 수 없이 착잡했다.

이회영이 임정을 떠난 것은 1919년 5월이었다. 당시 이회영은 출발부터 내분을 일으키는 데 실망하여 임정을 떠나기는 했으나, 그동안 임정의 동향을 늘 궁금해했다. 또한 자신은 비록 임정을 떠났지만 마음속으로는 언제나 임정의 발전을 빌고 있었다. 그런데 오늘 자신의 눈으로 직접 확인한 임정의 실태는 너무나 절망적이었다.

수립 당시에는 감투싸움까지 벌이며 그토록 많던 사람들이 독립의 희망이 사라져 가자, 하나둘씩 떠나가던 끝에 지금은 이동녕, 김구, 이시영, 조소앙, 엄항섭, 김의한 등 불과 몇 사람만이 남아서 그 명맥을 유지하고 있었다.

이들 외에 독립운동가 김가진의 며느리이며 김의한의 아내 정정화가 끝까지 남아 임정 인사들을 도우며 온갖 잡일을 도맡다시피 하고 있었다. 이러한 상황에서 임정의 수반은 홍진의 뒤를 이어 김구가 국무령직을 이어받았다가 또다시 국무령제에서 '국무위원제'로의 개헌을 단행, 이 무렵에는 이동녕이 수석 국무위원이 되어 임정을 이끌어 가고 있었다.

사정이 이렇다 보니 임정 인사들의 생활상은 보기에도 딱할 정도로 비참했다. 이규창은 당시 임정 인사들의 어려웠던 참상을 자신의 회고록 『운명의 여진』에서 이렇게 회고했다.

임시정부 요인들은 국내에서마저 원조가 끊어지고 보니, 조석(朝夕)조차 못 끓이는 궁핍한 생활을 하고 있었다. 요인 자제들이 전차나 버스 검표원으로 일하여 번 돈을 보조받아 하루하루를 살아가고 있을 정도였으니 보기가 정말로 딱했다. 규학 형님이 45원의 월급을 받으면서도 그동안 아버지와 나에게 한 푼도 못 보낸 것이 백번 이해가 되었다.

건설 초기부터 내분에 휩싸여 휘청거리던 임정은 수립 5년 만인

1925년 말썽의 근원이던 이승만을 탄핵이라는 극단적인 방법으로 몰아내고, 그 후임에 박은식을 앉혔었다.

그 후 대통령제가 많은 문제점이 있음을 인식한 임정 요인들은 헌법을 개정하여 국무령제로 바꾸고 초대 국무령에 이상룡을 추대했다. 그러나 이상룡은 내각 인선에 실패했고, 그 후 만주로 돌아가 버렸다.

우여곡절 끝에 임정에서 법무총장과 의정원 의장까지 요직을 두루 역임했던 홍진을 국무령으로 선출한 것은 1926년 7월의 일이었다. 새로 선임된 홍진의 노력으로 한동안 안정을 되찾았던 임정은 불과 반년 만에 또다시 휘청거리게 되는데, 문제의 발단은 지극히 좋은 취지에서 시작되었다.

1920년대 중반 들어 사회주의 사상이 유입되면서 독립운동계가 민족주의 계열과 사회주의 계열로 양분되자, 안창호와 조소앙을 중심으로 한민족이 대동단결하여 항일투쟁을 전개하자는 민족유일당 운동이 시작되었다.

1926년 7월 임정 국무령으로 선출된 홍진은 그 취임식 석상에서 수많은 계파로 이루어진 독립운동 단체를 하나로 통합해야 한다고 역설했고, 안창호와 조소앙 또한 각기 다른 장소에서 같은 취지의 발언을 했다. 그 후 이 운동이 중국은 물론, 국내를 비롯한 미주와 노령(露領)까지 확산되자, 홍진은 이 운동의 주역으로 나섰다.

유일당운동을 적극적으로 전개하기 위해서는 자신의 국무령 직책이 걸림돌이 된다고 판단한 홍진은 1926년 12월 9일 국무령직을 주저 없이 내던지고 백의종군의 길로 들어섰다.

이후 홍진은 1929년 4월까지 3년여에 걸쳐 상해와 만주를 넘나들며 여러 계파로 갈라진 독립운동 단체의 통합을 위해 총력을 기울였다. 그러나 그의 이런 노력에도 불구하고 결국 이 운동은 무위로 끝나고 말았다.

　홍진의 사퇴로 후임 국무령을 물색하던 이동녕 의정원 의장은 이 난관을 극복할 인물로는 김구밖에 없다고 판단하고, 그를 새로운 국무령으로 천거하여 난국을 수습했다.

윤봉길 의거

1931년 이동녕과 함께 임정을 이끌던 김구(金九, 1876~1949)는 침체의 늪에 빠진 독립운동의 활로를 개척하기 위한 방편으로 특수공작을 추진한다. 즉 폭탄 내지는 총기를 사용하여 적의 기관을 폭파하거나 요인을 암살하는 방법을 떠올린 것이다.

그러나 이 방법을 정부기관에서 직접 실행하게 되면 외교적 마찰을 빚을 게 자명했다. 이를 피하기 위해서는 정부 조직과는 별도로 특수공작대를 조직해야 한다고 판단한 김구는 1931년 10월 '한인애국단'이라는 비밀단체를 조직했다.

이 한인애국단은 창단 이듬해인 1932년 1월, 이봉창 의사의 일왕 폭살 미수 사건에 이어, 그해 4월에는 윤봉길 의사가 상해 홍구공원에서 경천동지(驚天動地)할 의거를 일으킴으로써 침체의 늪에 빠진 상해임정은 기사회생하게 된다.

그러면 여기에서 잠시 윤봉길의 행적을 따라가 보기로 하자.

윤봉길(尹奉吉)은 1908년 6월 21일 충남 예산군 덕산면 시량리에서 파평 윤씨 윤황(尹璜)과 경주 김씨 김원상(金元祥)의 4형제 중 장남으로 태어났다. 그의 본명은 윤우의(尹禹儀)이고, 아호는 매헌(梅

軒)이며, '봉길'은 별명이다.

윤봉길은 11세가 되던 1918년 덕산보통학교(德山普通學校)에 입학하였으나 다음 해에 3.1운동이 일어나자 부친을 향해 "저는 우리 조선 사람에게 일본인이 되라는 그따위 학교에는 더 이상 가지 않겠습니다."라고 여쭙고 나서 학교를 때려치우고 마니, 그의 학교 경력은 이것으로 종지부를 찍는다.

학교를 자퇴한 윤봉길은 최병대의 문하에서 동생 '성의(聖儀)'와 함께 한학을 공부하였으며, 1921년 유학자 성주록이 운영하는 '오치서숙'에서 사서삼경 등 중국 고전을 두루 섭렵하였다. 이어서 열다섯 살에 이르던 1922년 당시의 조혼 풍습에 따라 한 살 연상인 배용순(裵用順)과 결혼했다.

머리가 뛰어났던 윤봉길은 1923년 불과 열여섯 나이에 오치서숙 춘추 시회(詩會)에서 장원의 영예를 차지하였고, 21세가 되던 1928년에는 시집 『오추(嗚推)』, 『옥수(玉睡)』, 『임추(壬椎)』 등을 발간하며 문학적 재능을 나타낸다.

1929년 오치서숙을 졸업한 윤봉길은 농촌계몽 활동을 시작한다. 그는 이때 세 권의 『농민독본』을 저술하여 이것을 교재로 사용하면서 농촌의 부흥을 비롯하여 문맹퇴치운동을 벌였다.

농촌운동에 매진하던 윤봉길은 23세에 이르던 1930년 3월 "장부가 뜻을 품고 집을 나서면 살아 돌아오지 않는다(丈夫出家生不還)"는 글귀를 남기고 집을 떠난다. 당시 그에게는 4살짜리 아들 '종(宗)'이 있었고. 둘째 아들 '담(淡)'은 아내의 복중에 있었으나, 윤봉길은 이 사실을 모르고 있었다.

집을 떠난 윤봉길은 서울에서 경의선 열차를 타고 신의주에서 압록강을 건너 단둥에서 배를 타고 중국 청도(칭다오)로 망명했다. 청도에 도착한 그는 우선 생활의 방편을 위하여 일거리를 찾던 중 일본인 겐타로가 운영하는 세탁소 점원이 된다. 원래 윤봉길은 고향에서 독학으로 일어를 익혔으나 아직은 미숙했다. 그곳에서 1년을 지내는 동안 그의 일어 실력은 유창한 경지에 이르게 된다. 1년 만에 목표했던 상해까지 가는 여비가 모아지자 미련 없이 그 집에서 나와 상해로 향했다.

1931년 5월 8일 상해에 도착한 윤봉길은 한동안 인삼 장사 등을 하며 생계를 꾸려나갔다. 그러던 중 해가 바뀐 1932년 1월 어느 날 윤봉길은 이봉창의 일왕 폭살 미수 사건 소식을 듣게 된다. 이에 고무된 윤봉길은 4월 20일 임정으로 김구를 찾아가서 "이봉창 의사와 같은 큰일을 하고 싶다"는 뜻을 밝혔다.

윤봉길의 의지를 확인한 김구는 4월 29일 홍구공원에서 천장절(天長節, 일왕의 생일)을 기해 상해 점령을 기념하는 행사가 있음을 알려준다. 천재일우의 기회라고 생각한 윤봉길은 김구에게 행사장을 폭탄으로 공격하겠으니, 기회를 달라고 간청하여 허락을 받아냈다.

윤봉길이 공격 목표로 잡고 있는 이 행사는 상해지역 일본군 총사령부의 주도로 열리게 되어 있었다. 윤봉길은 4월 26일 김구를 다시 찾아 그가 주도하는 한인애국단에 가입하고, 다음 내용의 선서문을 썼다.

나는 적성(赤誠, 뜨거운 마음)으로써 조국의 독립과 자유를 회복하기 위하여 한인애국단의 일원으로 태극기 앞에 침략자를 도륙(屠戮)하기로 맹세합니다.   대한민국 14년 4월 26일 선서인 윤봉길 당시 폭탄은 도시락 모양과 물통 모양으로 제작되는데, 이는 폭탄을 도시락과 물통으로 위장하고자 함이었다. 일제는 4.29기념행사에서 식사가 제공되지 않으므로 이 행사에 참석하는 사람들은 각자 도시락을 지참할 것을 주문했던 것이다.

폭탄은 중국군 상해 병공창(兵工廠) 주임으로 활동하는 평북 용천 출신의 김홍일(金弘壹, 1898~1980)의 주선으로 이루어졌다. 이때 윤봉길 의거에 폭탄을 제작해 준 김홍일은 이봉창 의거 때도 폭탄을 제공했던 인물로 왕웅(王雄)이란 중국 이름을 사용하여 보안은 완벽했다. 사건 후 일경은 폭탄 제공자를 밝히고자 전 수사력을 동원했으나 결국은 실패했다. 일경의 수사망이 좁혀오자 김홍일은 왕일서(王逸曙)로 이름을 바꿈과 동시에 타 부대로 전근하여 일경의 수사망을 따돌렸다. 이 일로 중군 군대 내에서 더욱 신임을 얻게 된 김홍일은 한국인으로는 드물게 소장(小將)으로 진급하여 해방을 맞는다.

모든 준비를 마친 윤봉길은 4월 28일 여성의 몸으로 한인애국단원으로 활동하던 이화림(李華林, 1905~1999)과 부부를 가장하고 다음 날 경축식이 행해질 장소를 돌아보았다. '동해'라는 가명을 사용하는 이화림은 이튿날 거사에까지 동행하려 했으나, 그의 일본어가 서툴다는 이유로 김구가 반대하여 뜻을 이루지 못한다. 사회주의 노선을 걷고 있던 이화림은 사건 후 상해임정을 떠남으로써 그녀의 항일 활동은 사람들 뇌리에서 사라지게 된다.

마침내 4월 29일 아침이 밝았다. 아래는 『백범일지』에 나오는 그 날의 장면이다.

새벽에 윤 군과 같이 김해산(金海山)의 집에 가서 마지막으로 윤 군과 아침밥을 먹었다. 윤 군의 기색을 살펴보니, 마치 농부가 밭일을 나가기 위해 아침밥을 먹는 것처럼 태연자약한 모습이었다. 때마침 7시를 치는 종소리가 울렸다.

윤 군은 자신의 시계를 꺼내어 내 시계와 교환하자고 하였다.

"제 시계는 어제 선서식 후, 선생님의 말씀에 따라 6원을 주고 구입한 것인데, 선생님 시계는 불과 2원짜리입니다. 저는 이제 1시간밖에 더 소용이 없습니다."

나는 기념품으로 그의 시계를 받고, 내 시계를 그에게 주었다.

윤 군은 마지막 길을 떠나기 전 자동차를 타면서 가지고 있던 돈을 내게 건넸다.

"약간의 돈을 지니는 게 무슨 방해가 되겠는가?"

"아닙니다. 자동차 요금을 주고도 5~6원은 남을 것 같습니다."

그러는 사이 자동차는 서서히 움직이기 시작하였다.

나는 목멘 소리로 마지막 작별의 말을 건넸다.

"후일 지하에서 만납시다."

윤 군이 차창으로 나를 향하여 머리를 숙이자, 무심한 자동차는 경적 소리를 울리며 만고 영웅 윤봉길을 싣고 홍구공원으로 질주했다.

윤봉길이 홍구공원에 도착한 것은 29일 아침 7시 50분경이었다. 중국인 문지기가 입장권을 요구하자 윤봉길은 "나는 일본인이다. 입장권이 왜 필요한가?"라고 받아치자 그대로 통과되었다. 11시가 되자 상해 지역 일본군 총사령관 시라카와 대장이 입장했고, 이어서 상해에 주재하는 외교관과 내빈들이 자리를 잡았다. 군악대의 팡파

르가 울려퍼지고 열병식이 이어졌다. 본 행사가 끝나자 외교관과 내빈은 돌아가고, 일본인들만 남아 축하연을 시작했다.

11시 50분, 기미가요(일본 국가)가 울려퍼지는 순간, 윤봉길은 준비했던 도시락 폭탄을 단상을 향해 힘차게 던졌다. 경축대 위에 폭탄이 명중한 것을 확인한 윤봉길은 남은 폭탄으로 자폭을 시도했다. 그러나 폭탄은 터지지 않았다. 그 순간 일군 헌병들이 윤봉길을 덮쳤다. 윤봉길은 구타를 당하면서도 "일본제국주의를 타도하자, 대한만세!"를 연이어 외쳤다.

그날 윤봉길의 폭탄 투척으로 죽거나 다친 사람은 아래와 같다.

상해 주재 일본 거류민 단장 가와바타 사다쓰구(河端貞次)는 배가 터져 즉사하고, 상해지역 일본군 총사령관 시라카와 요시노리(白川義則) 대장은 파편을 맞고 다음 달인 5월 26일에 죽었다. 제3함대 사령관 노무라 기치사부로(野村吉三郎) 중장은 눈알이 튀어나와 실명하고, 제9사단장 요시다 겐키치(吉田謙吉) 중장과 주중 공사 시게미쓰 마모루(重光葵)는 다리가 끊어지는 중상을 당했다.

소식을 접한 중국의 최고 지도자 장개석은 "중국의 100만 대군도 해내지 못한 일을 일개 한국의 젊은이가 해내다니 정말 대단하다!"며 극찬을 아끼지 않았다.

현장에서 체포된 윤봉길은 5월 28일 상해 파견 일본 군법회의에서 사형을 선고받고서 11월 18일 일본 기선 대양환(大洋丸)에 실려 오사카육군형무소에 수감된다. 일제는 그로부터 한 달이 지난 12월 18일 상해사변 당시 주력 부대로 참전했던 제9사단 사령부가 있는 가나자와육군구금소로 윤봉길을 이감시킨다.

윤봉길이 일본 헌병들의 호위하에 처형장이 있는 미쓰고지(三小牛)육군작업장에 도착한 것은 가나자와육군구금소로 이감된 지 하루만인 12월 19일 아침 6시 30분이었다. 이날의 광경을 가나자와에서 발행되는 『북국신문』은 이렇게 보도했다.

오전 6시 30분 사형수 윤봉길은 형장에 도착하여 헌병들에게 둘러싸여 수갑이 채워진 채로 차에서 끌어내려졌다. 윤은 이미 초탈한 듯 침착함을 보이며 유유한 발걸음으로 앞으로 나아갔다. 형장에 도착한 윤은 잠시 후 군검찰관으로부터 "마지막으로 남길 말은 없는가?"라는 질문을 받고 "조국을 위해 내 할 일을 다 했으므로 마음이 후련하다. 사형은 이미 각오했다. 더 이상 무슨 말이 필요한가."라고 대답했다.

이어서 헌병이 윤의 눈을 가리고, 형틀 앞에 깔린 거적 위에 무릎을 꿇린 후에, 십자 형틀에 묶었다. 마침 북국의 맑은 아침 해가 잡목림 사이로 떠오르고 있었고, 견학 중인 각 부대 장교들은 이 광경을 조용하게 지켜보고 있었다.

사격을 준비하고 있는 사수는 나카노 군조(軍曹, 중사)와 요코이 군조로 둘 모두 1등 사수였다. 마침내 07시 27분 검찰관의 "쏴라!"는 명령에 따라 두 사수는 총탄 세례를 퍼부었고, 그중의 한 발이 윤의 미간에 명중했다.

일제는 숨이 끊어진 윤봉길의 유해를 가나자와시립공동묘지 길가에 미리 파 놓은 구덩이에 평장(平葬)으로 묻어 사람들이 밟고 다니게 했다. 저들은 윤봉길을 죽은 후까지도 이처럼 철저하게 모욕하고 짓밟는데, 이러한 행위는 1946년 3월 6일 그의 유해가 발굴될 때까지 자그마치 14년이나 계속된다.

　이날 발굴된 윤봉길의 유해는 그로부터 4개월이 지난 7월 6일 국민장을 거쳐 용산 효창원 내에 이봉창, 백정기와 더불어 안장하니, 이른바 '삼의사 묘소'이다.

남화한인청년연맹과 흑색공포단

윤봉길의 상해 의거로 인해 침체의 늪에 빠졌던 우리 독립운동계는 기사회생하게 된다. 여기에는 중국의 지도자 장개석이 이 의거를 높게 평가하고, 상해임정을 비롯한 한국 독립운동계 전체에 대하여 전폭적인 지원을 아끼지 않았기 때문이다.

그런데 실은 그날 한인애국단의 윤봉길 의거와 서로 경쟁이나 하듯 이 거사를 계획한 단체가 있었으니, 이회영과 류자명 등에 의해서 조직된 '남화한인청년연맹(남화연맹)'이 그것이다.

남화연맹은 1930년 4월 20일 류자명, 백정기, 류기석, 정화암, 엄순봉 등 30여 명의 맹원으로 조직된 단체로서 조직 당시 맹원들은 연맹 의장으로 이회영을 추대하고자 했다. 그러나 이회영은 "이 연맹은 용맹스럽고 활기찬 젊은이들로 이루어진 조직이므로 청장년층에서 의장을 추대해야 한다"면서 류자명을 천거했다.

그날 남화연맹의 의장으로 선출된 류자명은 중국 국민당의 이석증(李石曾), 오치휘(吳致輝), 왕아초(王亞樵), 화균실(華均實) 등 원로급 인사들과의 친분이 두터운 인물로 중국 정계에서도 무시 못 할 위치에 있었다.

류자명은 이 점을 적극 활용하여 왕아초에게 남화연맹의 실체를 알리고 협력을 요청했다. 항일의지가 누구보다 강렬했던 왕아초는 이 소식을 듣고 선뜻 자신이 연맹의 재정과 무기 공급을 책임지겠다고 약속했다. 왕아초는 이어서 한국인들 스스로가 재정을 확보할 수 있는 길을 열어 줄 것을 약속하고 인쇄소와 미곡상을 차려 주었다. 사기가 오른 연맹원들은 항일구국연맹 산하에 일제 기관 및 요인 암살의 전위대(前衛隊) 역할을 담당할 '흑색공포단(黑色恐怖團)'을 조직했다.

흑색공포단의 주장 격인 백정기의 숙소에서 결성된 이 단에는 중국인과 일본인도 포함되었으나, 핵심은 어디까지나 남화연맹의 맹원들이었다. 당시 이 단에 참가한 한국인들은 백정기, 엄순봉(일명 엄형순), 이강훈, 원심창, 류기석, 이용준 등 10여 명이었다.

남화연맹에 이어 그 산하에 흑색공포단까지 결성되자 일제는 바짝 긴장했다. 그것은 이 단의 이름 자체가 그들로 하여금 공포감을 갖게 했을뿐더러, 실제로 이들은 창단 초기부터 그 이름에 걸맞은 맹렬한 활동을 펼쳤기 때문이다.

의열단의 경우도 그랬지만 흑색공포단의 단원들 역시 목숨을 거는 일에 앞을 다툴 만큼 지원자가 많았다. 그럼에도 불구하고 그 효과가 크게 나타나지 않은 데에는 이유가 있었다. 그것은 첫째, 조선인 밀정들의 밀고로 사전에 정보가 누설되는 경우가 많았고, 다음으로는 그 당시 단원들이 사용했던 폭탄의 성능이 미약하거나 아니면 아예 불발되는 경우가 많았기 때문이다.

그런데 위의 사정과는 전혀 엉뚱한 일로 착수 직전에 거사를 포기한 경우가 있었으니, 바로 흑색공포단의 주장 격인 구파(鷗波) 백정기(白貞基)가 그 주인공이다.

1896년 전북 부안에서 태어난 백정기는 일곱 살 무렵 정읍으로 이사하여 그곳에서 성장한다. 어려서부터 남달리 총명했던 그는 일찍이 사서삼경을 통달하고 19세 때 독립운동에 뛰어들었다. 그는 일본제국주의를 격멸하기 위해서는 의열 행동으로 맞서는 것이 최선이라 생각하고, 1919년 인천에서 일제 기관 파괴를 획책하던 중 사전에 발각되어 만주로 망명하여 항일무력투쟁의 선봉에 선다.

그 후 군자금 조달을 위해 국내에 잠입하여 활약하던 중 일경에 체포되었으나, 광부로 변장하고 극적으로 탈출에 성공한다. 탈출 후 북경으로 건너간 백정기는 일제 군사시설 파괴에 앞장선다. 그는 1924년 일본 도쿄에 잠입하여 각급 기관 파괴를 기도했으나 실패하고 다시 북경으로 귀환했다.

여기에서 이회영과 신채호를 만나게 된 백정기는 독립운동의 이론과 방법을 연구하고 아나키스트가 된다. 1928년에는 남경에서 개최된 '동방무정부주의자연맹'에 한국 대표로 참석했고, 1930년 4월에는 남화연맹 조직 건설에 앞장섰다. 이어서 그는 연맹의 산하 단체로 '흑색공포단'을 조직했다.

흑색공포단을 이끌며 일제 기관 파괴와 요인 암살에 주력하던 그에게 어느 날 귀가 번쩍 띄는 소식이 날아든다. 1932년 4월 29일 일왕의 생일인 '천장절'과 일군의 상해사변 승리를 자축하는 기념 행사를 상해 홍구공원에서 대대적으로 벌인다는 기막힌 정보였다.

정보를 입수한 백정기는 류자명과의 협의를 거쳐 자신이 직접 이날 기념식장에 폭탄을 투척하기로 하고, 중국인 왕아초를 통해 당일 기념식장의 입장권을 구하기로 하는 등 만반의 태세를 갖추어 나갔다.

그런데 어쩐 일인지 29일 11시가 넘도록 입장권을 구해 준다던 왕아초에게서는 아무런 소식이 없었다. 이렇게 되어 그의 의도는 무위로 끝나고 말았다.

죽기 위해 제비까지 뽑은 육삼정 사건

1933년 2월 초, 백정기가 거주하는 상해 시내 프랑스 조계지 복리이로(福履理路) 정원방 아파트 2층에는 정화암(본명 정현섭), 엄순봉, 이강훈, 양여주 등 '흑색공포단원' 11명이 모여 뭔가 새로운 일을 찾기 위한 협의를 하고 있었다.

이때 뒤늦게 나타난 원심창은 아나키스트라면 누구라도 흥분할 만한 정보를 가져왔다. 일본인 아나키스트들과 많은 친분을 쌓고 있던 그는 일본인 아나키스트 '오키'로부터 입수한 정보를 여러 동지들에게 공개했다.

이날 원심창이 입수한 정보의 내용은 '일본 육군대신 아라키 사다오(荒本貞夫)가 주중 공사 아리요시 아키라(有吉明)에게 거금 4천만 원(2천만 달러)을 주어 중국의 패잔 군벌을 포섭하고 한국 독립군은 물론, 항일 중국인까지 일제 소탕하라'는 지령을 내렸다는 것이다. 또한 이 일의 협의를 위해 유길명 공사를 포함해서 일본 군부의 장성과 관료들이 상해에 소재하는 일본인 소유의 고급 요정 '육삼정(六三亭)'에서 회합을 갖는다는 것이었다.

원심창의 말이 끝나기가 무섭게 좌중에 있던 이강훈이 나서서 "이 음모의 주역 유길명을 내 손으로 직접 폭살할 것이오. 내게는 마침

작년 상해 의거 때 윤 의사가 사용한 것과 똑같은 폭탄이 있으니 이 폭탄으로 내 단독으로 처단하겠소."라며 결연한 의지를 보였다.

이강훈의 말이 끝나자 곁에 있던 백정기가 벌떡 일어서며, "거 무슨 소리요? 이 일은 무슨 일이 있어도 내가 맡겠소. 내 폐병이 이미 3기에 이르러 죽을 자리를 물색하던 차에 이렇게 좋은 기회는 두 번 다시 없을 것이오. 건강한 이 동지는 다음에도 기회가 생기지 않겠소? 그러니 이번에는 내게 양보하시오." 백정기의 말이 끝나자 좌중은 물을 끼얹은 듯 한동안 침묵이 흘렀다.

그가 폐 질환을 앓고 있다는 것은 이미 모두가 알고 있었으나, 이렇게 3기에 이를 정도로 심각한 줄은 아무도 몰랐다. 그럴 수밖에 없는 것이 그는 자신이 환자임에도 불구하고 아무리 힘든 일이라도 남에게 미루는 법이라곤 없었다. 뿐만 아니라 자신의 질환이 타인에게 전염될 것을 우려하여 가능하면 단독 생활을 고집했고, 어쩔 수 없이 다른 동지와 동거를 하게 되더라도 식기는 물론, 모든 생활용품을 따로 사용하면서 타인에게 피해가 가지 않도록 각별히 조심하기를 마지않았다.

그가 폐병에 걸린 것 또한 사연이 있다고 하는데, 그 일을 정화암은 자신의 회고록 『이조국 어디로 갈 것인가』에서 이렇게 털어놓았다.

북경에서 의열단원으로 활동하던 김모가 폐병에 걸려 상해로 돌아왔다. 당시 의열단의 형편은 말이 아닌 데다 전염을 우려하여 받아들이지 않았다. 이때 백정기가 나섰다. 그는 김모를 자신의 숙소로 데려다 숙식을 함께하며 지극정성으로 간호를 해주면서 시간이 나면 그를 데리고 시내로 나가 밥도 사 먹었다. 정성을 다해 돌봤으나, 그의 병이 악화되자 여비를 마련하여 고향으로 돌려보냈다.

그 후 숙식을 함께 했던 백정기에게 폐병이 전염되었다. 자신이 폐병에 걸렸다는 사실을 알게 된 백정기는 그때부터 타인에게 피해가 가지 않도록 모든 것을 조심했다. 그러나 그의 몸은 나날이 쇠약해졌다. 이런 형편에도 백정기는 자신의 일을 남에게 미루지 않았다.

당시 상해에는 국제적 규모의 결핵환자 요양소가 있었다. 이곳은 각국의 영사관 내지는 대사관에서 공동으로 경영하므로 외국인의 천거가 있어야 입원이 가능했다. 백방으로 노력하여 외국인 목사의 소개를 받아 그곳에 입원을 시켰다.

이 요양소는 유료와 무료 두 방법의 치료가 있었는데, 백정기는 무료를 택할 수밖에 없었다. 하지만 무료라 해서 유료와 차별을 두지는 않았다. 또한 투약에서부터 음식, 취침, 휴식과 오락에 이르기까지 모든 것을 의학적인 근거에 의해서 실시되었다.

이때 이곳에 일본의 대부호의 딸이 입원해 있었다. 어느 날 오락시간에 둘은 한 짝이 되었다. 그 후 둘은 자주 어울렸고, 시간이 지나면서 사랑의 싹이 텄다. 준수한 용모, 명석한 두뇌, 열정적인 성격을 지녔던 백정기에게 소녀는 깊게 빠져들었다. 백정기 또한 소녀에게 마음을 빼앗기고 있었다. 비록 그녀의 조국이 자신이 증오하는 일본이었지만 24시간 내내 긴장 속에서 보내는 아나키스트 활동을 하느라 몸과 마음이 지쳐 있던 그로선 당연한 결과였다.

얼마 후 백정기는 의사로부터 완치 판정을 받았다. 퇴원하는 날 그 일본 소녀는 눈물을 글썽이며 "어디든지 따라가 당신과 함께 살다가 죽으면 여한이 없겠다"고 매달렸다. 그러나 백정기는 이를 뿌리쳤다.

그가 택한 것은 사랑이 아닌 조국이었다.

백정기의 말을 들은 연맹원들은 이구동성으로, "이 일은 건강한 다른 동지에게 맡기고, 백 동지는 치료에나 전념하시오."라고 했다.

이어서 방 안에 있던 사람들 모두가 자신이 하겠다고 나서자 방 안은 갑자기 소란스러워졌다. 어둡도록 결말이 나지 않자, 옆에서 계속 침묵을 지키고 있던 정화암이 나서서, "그나저나 오늘은 시간도 늦고 했으니, 이 일은 내일 다시 의논하기로 하고 오늘은 이만 각자 자신의 처소로 돌아가 쉬는 게 좋을 것 같소."라는 말로 가까스로 수습했다.

훗날 정화암은 그날의 일을 이렇게 회고했다.

나는 백정기를 보내고 싶지 않았다. 그는 그때 우리 동지들의 일체 생활문제를 다 해결해 나가고 있었기 때문이다. 그가 없으면 당장 우리의 생활대책을 꾸려갈 수가 없다고 생각했다. 그러나 그는 끝까지 고집했다. 그날은 이것을 결정짓지 못하고 다음 날로 미루었다. 다음 날에는 내가 앞질러 제비를 뽑아서 결정짓자고 제의했다. 모두 이 제의를 받아들였다. 다만 이 일을 해내는 데는 한 사람으로는 안 되므로 그 결정된 사람이 또 한 사람을 지명하기로 했다. 나는 백정기를 보내지 않으려고 이런 제의를 했다.

나는 제비 11개를 만들고 그중 하나에만 '유(有)' 자를 써 모두 심지를 꼬아서 모자에 담아 놓고 뽑도록 했다. 그런데 웬일일까? 운명이란 인력으로는 어떻게 할 수 없는 것일까? 다른 사람은 모두 빈 종이를 집었는데, 공교롭게도 마지막에 집어 든 백정기가 '有' 자 심지를 집은 것이었다. 그 순간 그는 쾌재를 부르짖더니 옆에 있던 이강훈의 손을 덥석 잡으면서 "이 동지 나하고 같이 갑시다. 꼭 그렇게 합시다!"라고 외쳤다.

이날 죽음의 자리에 뛰어들겠다고 자청했던 백정기는 우리 독립운동가 중 책임감은 물론, 모든 면에서 타의 추종을 불허할 만치 훌륭한 인품을 지닌 것으로 정평이 나 있다. 백정기와 함께 의열 활동을 하고 오래도록 함께 생활했던 이규창(이회영의 3남)은 그를 이렇게 평했다.

그 많은 사람 가운데 백정기·엄형순(엄순봉) 같은 분은 이 세상에 둘도 없는 분으로 생각되었다. 그 두 분은 참으로 인간의 훌륭한 점은 다 갖추었다고 생각한다. 의리, 관용, 협조, 솔선수행 그리고 궂은일은 모두 두 분이 하고 시비 한 번 한 적이 없었다.

백정기를 누구보다도 신뢰하고 아꼈던 정화암은 그를 사지(死地)에 보내지 않으려고 제비를 뽑도록 유도했으나, 자신의 말대로 운명이란 인간의 힘으로는 어쩔 수 없었다. 백정기를 사지로 보내게 된 정화암은 그를 이렇게 기억했다. "백정기는 3.1운동을 전후하여 항일의 기치를 들고 만주로, 북경으로, 일본으로, 다시 중국으로 전전하면서 특히 나하고는 10여 년 동안 생사를 같이한 동지다. 그는 천성이 휴식을 모르는 정열적인 혁명가였다. 그에게는 가식이 없다. 모든 일에 솔선해서 앞장을 섰고, 죽음이 닥치는 일일지라도 책임진 일은 반드시 해내고야 마는 의지의 인간이었다."

백정기가 뽑히고, 뽑힌 그가 다시 이강훈을 지명하여 두 사람이 총대를 메게 되었으나, 일의 성공을 위해 이들 외에 원심창이 현장 안내를 맡도록 하여 '유길명'을 척살할 행동대는 3명으로 꾸려지게 된다.

드디어 거사 당일인 3월 17일 오후 6시, 막내 이규창이 불러온 차에 동승한 세 사람은 "죽어 저승에서 만납시다."라는 말로 마지막 작별 인사를 하고 육삼정으로 향했다.

현장에 도착한 백정기는 육삼정 건너편에 있는 중국 요리점인 '송강춘' 2층에서 기회를 엿보기 시작했다. 그리고 이강훈은 절름발이로 가장하여 주변의 동태를 살피고 있었다.

이때 원심창은 자세한 상황 파악을 위해 이번 정보를 물고 온 일본인 아나키스트 '오키'를 만나려고 기다리고 있었다. 그러나 오키는 약속한 8시가 다가와도 현장에 나타나지 않았다. 마침내 오후 8시, 식당에 걸린 시계만 연신 쳐다보고 있던 이들에게 인력거꾼과 식당 종업원으로 변장한 일인 형사들이 갑자기 권총을 들이댔다.

후에 밝혀진 바에 의하면, 이날 일본인 아나키스트로 알려졌던 '오키'는 아나키스트가 아닌 단순한 전과자였다. 일경은 오키에게 백정기 등을 유인하면 전과기록을 삭제해 주고 보상금까지 주겠다고 약속했고 오키는 거기에 넘어갔던 것이다.

이날 체포된 3인 중 백정기와 원심창은 일본 나가사키재판소에서 무기징역을, 이강훈은 동 재판소에서 징역 15년을 선고받았다. 이들 중 백정기는 복역 중 폐결핵의 악화와 일제의 고문으로 인해 이듬해(1934) 6월 5일 감옥에서 옥사했다.

백정기와 함께 옥고를 치르던 원심창(1906~1973)과 이강훈은 1945년 해방과 더불어 석방되었다. 두 사람 중 이강훈(李康勳, 1903~2003)은 독립운동가로서는 가히 기록이라 할 만한 101세까지 살면서 우리의 독립운동사 및 독립운동가들의 삶을 기록하고 2003년 생을 마감했다.

대갓집 마님에서 삯바느질꾼으로

　이은숙이 북경을 떠나 서울에 온 것은 1925년 초가을이었다. 이은숙이 서울에 왔다는 소식을 듣고 남편 이회영의 동지들이 찾아오자, 이은숙은 북경의 사정을 설파하고 협조를 요청했다. 그러나 은숙의 말을 들은 그들은 모두 한숨만 내쉴 뿐 이렇다 할 대책을 내놓는 사람은 없었다.

　은숙의 딱한 사정을 보다 못한 종조(從祖, 할아버지의 형제) 되는 이관직과 이회영의 동지 이득년 등 몇 사람이 얼마간의 돈을 마련해주어 은숙은 그 돈을 남편(이회영)에게 보낼 수 있었다. 그러나 그후로는 더 이상 돈을 마련할 방도가 없었다.

　날이 갈수록 배는 불러오고 대책이 없어 겨우내 답답한 심사를 달래며 세월을 보내다 보니 어느덧 새해(1926)가 밝았다. 이해 정월은 은숙의 해산달이었다.

　이때까지 서울 대고모네서 머물던 은숙은 장단 큰집(이건영네 집)으로 가서 아들(규동)을 낳았다. 그날부터 아이로 인해 은숙은 아무런 활동도 할 수가 없었다. 와중에 경찰에서는 요시찰 인물이라 하여 한 달에 3~4번씩 찾아와서 이것저것 물으며 동향을 살피고 돌아갔다.

이런 상황에서도 은숙은 갓난쟁이를 데리고 단돈 몇 푼이라도 마련하고자 갖은 애를 썼으나, 모두가 허사였다. 돈푼이나 있는 사람들은 하나 같이 왜놈의 편으로 돌아섰거나 아니면 몸을 사렸고, 항일의지가 굳센 사람은 제 입 건사하기에도 바빴다.

고심 끝에 은숙은 남편의 동지였던 이득년을 찾아가서 지금의 형편을 털어놓고 공장이라도 다니게 해 달라고 부탁했다. 은숙의 처지를 딱하게 여긴 이득년은 김연수(인촌 김성수의 아우)가 운영하는 고무신공장에 다닐 수 있도록 알선해 주었다. 그날부터 아이는 일흔이 넘은 시누에게 맡기고 공장을 다니기 시작했다. 공장 일은 별로 힘들지는 않았으나, 아이 문제로 인해 몇 달 만에 그만두어야 했다.

공장 일을 그만둔 은숙은 아이를 데리고 할 수 있는 일을 찾아 나섰다. 은숙이 살고 있는 서사헌정(西四軒町, 지금의 장충동)에는 유곽(遊廓, 성매매 업소)이 많았다. 발등에 불이 떨어진 은숙은 그 집 포주에게 부탁하여 그곳에서 일하는 아가씨들의 침선(針線, 바느질)과 빨래를 전담키로 했다.

예전에는 기생조차도 천하다 해서 팔천(八賤, 여덟 가지 천한 직업에 종사하는 사람으로, 사노비, 승려, 백정, 무당, 광대, 상여꾼, 기생, 공장(工匠)을 말한다)의 하나로 쳤었다. 그런데 명문가의 아낙으로 기생보다도 못한 유곽에서 몸이나 파는 여인들의 빨래며 바느질을 해준다는 게 도저히 생각조차 할 수 없는 일이었으나, 지금 은숙의 형편으로선 가문이나 체면 따위를 생각할 겨를이 없었다.

그날부터 그 집에서 옷을 받아다 빨래부터 시작해서 바느질까지 전 과정을 맡아서 하는데, 저고리는 하나에 30전, 치마는 10전, 두루마기는 3원이었다. 그러나 한 달 내내 애를 써도 수입은 겨우 20원

안팎에 불과했다.

은숙은 그 돈을 10원이고 20원이고 모아지는 대로 천진으로 보냈다. 이러다 보니 마음먹은 목돈은 될 리가 없고, 일 년 열두 달 그날이 그 턱으로 허덕이며 살아야 했다. 이렇게 한 이태 지내다 보니 그동안 신용도 얻고, 고정 수입이 생겨 천진에 머무는 남편의 활동비를 정기적으로 보낼 수 있게 되었다.

그러던 어느 날 바느질감을 받으러 갔더니 유곽의 문이 닫혀 있었다. 당국에서 이 일대의 유곽을 모두 폐쇄시켰던 것이다. 이날부터 은숙의 형편은 더욱 곤궁해졌고, 천진으로 보내던 그 알량한 돈이나마 끊기게 되었다.

유랑하는 임시정부

호시탐탐 대륙 진출의 기회를 엿보던 일제는 1931년 7월 2일, 이른바 만보산 사건(萬寶山事件)을 일으켜 한중 양국의 반일공동전선을 분열시키고 만주 침략의 발판을 다져나갔다. 이어서 일제는 또 한 번의 자작극을 꾀하니, 이른바 '류조구 사건(柳条溝事件)'이다.

이 사건의 주역은 일본 관동군사령관 혼조 시게루(本莊繁)와 관동군 작전참모였던 이시와라 간지(石原莞爾) 그리고 관동군 고급 참모 이타가키 세이지로(板垣征四郎), 이렇게 3인이었다. 드디어 9월 18일 밤 10시, 류조구에서 스스로 만철 선로를 폭파한 관동군은 이것을 만주 방어를 담당하던 장학량(張學良)의 동북군 소행으로 덮어씌우고 전격적으로 동북군을 기습했다.

한밤중에 기습공격을 당한 장학량의 동북군은 거의 무방비 상태였다. 이때 확전을 우려한 장학량은 휘하 부대에 일체 대응사격을 말고 철수할 것을 지시했다. 대부분의 부대는 상부의 명령대로 즉시 철수에 들어갔으나, 미처 철수 명령을 받지 못한 620연대만 반격을 개시하다가 전세가 불리해지자 이 부대마저 철수를 단행했다.

결과는 참담했다. 20만에 달하는 동북군은 3만에도 못 미치는 관동군(일본군)에게 추풍낙엽으로 무너져 내렸고, 공격 개시 24시간도 못 되어 봉천, 장춘, 안동(안동)을 지나는 남만주 일대의 철로와 18개 도시를 점령당하는 믿지 못할 사태가 벌어졌다.

그러나 일제는 여기에서 멈추지 않았다. 만주에 이어 중원 대륙까지 넘보던 일제는 이번에는 대륙의 관문이라 불리는 상해에서 작전을 개시했다. 일본군은 만주사변 이듬해인 1932년 1월 23일 일인 승려가 살해된 것을 기화로 그들이 자랑하는 육전대(陸戰隊, 해병대)를 상해 부두에 상륙시켰다.

2월 초 제9사단과 혼성 1개 여단의 지원을 받은 일본군은 상해 항일군의 주력군인 제19로군과 격돌하게 된다. 일본군의 공격을 받은 19로군은 상해 시민들과 학생들의 지원 아래 완강하게 저항했다. 병력의 열세를 느낀 일군은 추가로 3개 사단의 병력을 출동시켰다. 양군은 약 1개월에 걸쳐 일진일퇴를 거듭했으나, 최후의 승리는 결국 우수한 장비를 갖추고 사기가 충천했던 일군에게 돌아갔다.

상해까지 손아귀에 넣은 일본군은 승리의 축하연을 위해 일왕의 생일인 천장절을 맞아 그해 4월 29일 상해 홍구공원에서 대대적인 기념행사를 계획했다.

이에 윤봉길과 백정기 두 사람은 각기 다른 방법으로 이 행사장에 폭탄 투척을 기도했으나, 백정기는 입장권을 구하지 못해 천추의 한을 남기고 돌아서야 했다. 그러나 천만다행히도 식장 잠입에 성공한 윤봉길은 폭탄을 투척하여 기고만장했던 상해 파견군사령관 시라카와 대장을 비롯하여 무수한 일제 요인들을 박살내어 2천만 한인들과 4억 중국인들의 막힌 가슴을 시원하게 뚫어주었다.

윤봉길의 상해 의거로 인해 침체의 늪에 빠졌던 우리 독립운동계는 기사회생하게 되고, 이 일을 기획하고 실행한 김구는 그날 이후 임정의 실세로 부상한다. 또한 김구를 신뢰한 중국 국민당 정부에서는 임정에서 요청하는 일이라면 전폭적인 지원을 아끼지 않았다.

그러나 이번 사건의 배후가 김구라는 사실을 알게 된 일제는 그의 체포에 총력을 기울인다. 사태가 심각하다고 판단한 김구는 미국인 '피치(George. A. Fitch)'에게 신변보호를 요청하여 그의 집으로 피신했으나, 불행히도 안창호는 동지 이유필의 집에서 체포된다.

일경의 추적이 계속되자 다른 동지가 애꿎게 피해를 보아서는 안 된다고 생각한 김구는 피치 부인의 도움을 받아 '도쿄 사건과 상해 사건의 배후는 김구'라는 성명서를 로이터 통신사로 보내 만천하에 공개했다.

사건의 내막을 정확히 알게 된 일제는 김구의 목에 60만 원(현재 화폐가치로 약 180억 원)의 현상금을 걸고 수사망을 좁혀왔다. 그러던 어느 날 일본 헌병과 경찰은 김구 일행을 체포하고자 피치의 집을 포위한다. 위기를 벗어날 묘책을 찾던 김구는 피치 부인과 부부로 가장하고 그녀의 남편 피치를 운전수로 꾸며 그 집을 탈출하여 가흥 (嘉興, 자싱) 수륜사창(秀綸沙廠)으로 피신한다.

이때부터 김구는 광동인 장진구(張震球)로 이름을 바꾸고, 신해혁명의 원로이자 전에 절강성장을 지낸 저보성(褚輔成)의 집에 은신한다. 한동안 저보성의 집에 머물던 김구는 일경의 수사망이 이곳까지 뻗쳐오자 다시 저보성의 아들 저한추의 별장으로 옮겨 간다.

가흥은 절강성의 북부 경항(京杭) 대운하 연안에 위치한 수향(水鄕) 즉, 물의 도시였다. 김구는 수양제가 만든, 진강(鎭江)에서 가흥을 지나 항주에 이르는 이 운하에 배를 띄워 놓고 물 위에서의 생활을 시작한다.

당시 그가 탄 배의 사공은 갓 스물의 처녀로 이름을 주애보(朱愛寶)라 했다. 이때부터 김구는 주애보에게 자신을 광동인 '장진구'라 소개하고 낮에는 땅 위에 머물고, 밤에는 그녀와 함께 선상(船上)에 머무르니, 배 안이 곧 그들의 신혼집(?)이었다. 비록 선상에서의 생활이었지만 20세의 처녀 뱃사공 주애보의 사랑을 흠뻑 받으면서 살던 이때가 그의 삶의 여정에서 가장 행복했던 시기였을 듯싶다.

마흔아홉 나이에 아내(최준례)를 잃고 8년에 걸쳐 홀아비 생활을 하던 김구가 처녀 뱃사공 주애보에게 빠져든 것은 어쩌면 운명인지도 모를 일이다. 날이면 날마다 강상을 오르내리며 선상에서 지내다 보니, 그들은 부부 아닌 부부가 되었다. 말하자면 내연의 관계였던 셈이다.

윤봉길 의거 이후 임정의 실질적인 지도자였던 김구가 상해를 떠나 피신생활을 계속하자 임정은 위기를 맞는다. 일제의 촉수가 임정 요인 전체를 겨냥하자, 김구 외에도 임정 인사 모두가 활동을 멈추고 각자 안전한 장소를 찾아 지하로 숨어들었다.

이후 구심체가 없어진 임정은 논의할 일이 있으면 김구를 찾아 그가 머무는 선상에서 회합을 가져야 했다. 다시 말해 김구가 머무는 장소가 임정의 본부였던 것이다.

김구는 주애보와 함께 가흥을 떠나 남경까지 동행했고, 이후 중일전쟁으로 인해 남경을 떠나게 된 김구는 주애보를 고향 집으로 보내면서 그녀와의 근 5년에 걸친 사랑의 행각은 여기에서 멈추게 된다.

김구는 훗날 『백범일지』에 "남경에서 출발할 때 주애보는 본향인 가흥으로 돌려보냈다. 그 후 종종 후회되는 것은 이별할 때 여비를

100원밖에 주지 못한 것이다. 근 5년 동안 한갓 광동인으로만 알고 나를 위하였고, 모르는 사이 우리는 부부같이(類似夫婦) 되었다. 나에 대한 공로가 적지 않은데 뒷날을 기약할 수 있을 줄 알고 넉넉히 돕지 못한 것이 천만유감이다."라고 했다.

상해를 떠나던 이듬해(1933) 5월, 김구는 안공근과 엄항섭을 대동하고 장개석 주석과 회담을 벌여 다음 두 가지 사항의 합의를 이끌어냈다.

　　첫째, 중국 정부는 중국 내에 있는 한국 독립운동가들을 적극적으로
　　　　지원한다.
　　둘째, 낙양군관학교에서 한인 사관의 양성을 허용한다.

협약을 맺은 이듬해(1934) 2월부터, 92명의 한인 청년들이 '중국 군관학교 낙양분교 한인 특별반'에 입교가 허용되었다. 이 학교의 학제는 원래 3년이었으나 우리 한인에게는 1년의 학제가 허용되었다. 이때 한국 측에서는 지청천, 이범석, 오광선 등 독립군 출신 장교들을 교관으로 초빙하여 한인 사관 양성에 주력했다.

입교생들의 뿌리는 다양하여 상해 계열과 만주 계열 등 여러 분파가 있었으나, 별다른 마찰 없이 입교 1년 후인 1935년 4월 9일 62명의 장교가 탄생하여, 훗날 광복군 탄생의 밑거름이 된다. 그러나 이 원대한 계획은 일제가 중국 측을 집요하게 압박하여, 제1기생 62명의 졸업을 끝으로 끝나고 말았다.

1937년 7월에 발발한 중일전쟁 이후 전황은 계속 중국 측에 불리

하게 전개되던 끝에 마침내 일 공군 폭격기가 난징(남경) 하늘까지 날게 되었다.

남경까지 위험에 처하게 되자 중국은 대륙 남서부에 위치한 충칭(重慶, 중경)으로 정부를 옮겨갔다. 이에 우리 임정 역시 1937년 8월 창사(長沙, 장사)로 옮겨가게 되는데, 김구는 임정을 장사로 옮기게 된 이유를 『백범일지』에 이렇게 적고 있다.

100여 명의 많은 식구를 이끌고 생소하기 짝이 없는 호남성 장사로 간 것은 이곳이 곡식값이 극히 싼 데다가 장차 홍콩을 통하여 해외와 통신을 하기 위함이었다.

임정을 장사로 옮긴 후에는 진작부터 친밀했던 장치중이 호남성 주석이 되어 여러 가지 편의와 더불어 신변보호도 잘 되었다. 임정은 이때 중국 정부의 보조와 미주 교포들의 원조 덕분에 경제적으로도 안정을 찾기 시작했다. 그러나 호사다마(好事多魔)라 했던가. 이때 김구는 뜻밖의 액운을 만난다.

당시 우리 독립운동계에는 한국독립당과 조선혁명당 그리고 한국국민당이 있었다. 이 무렵 김구를 비롯한 몇몇 지도자들은 이 3개 정당의 합당운동을 벌이고 있었다.

3당을 합당하기 위한 노력은 오래전부터 있었으나, 실제로 그 회합이 이루어진 것은 임정을 장사로 옮긴 이듬해(1938)였다. 그해 5월 7일 조선혁명당 당부(黨部)가 있는 남목청(楠木廳)에서 김구를 비롯하여 지청천, 류동열, 현익철이 회합을 개최했다. 이때 회의 석상에 갑자기 네 발의 총성이 울렸다. 첫 번째 총탄은 김구의 가슴에 명중하고, 두 번째 총탄에 현익철, 3탄에 류동열, 4탄에 지청천이 맞았다.

이들 중 지청천은 경상을 입었으나, 나머지 세 사람은 모두 중상이었는데, 현익철은 병원에 도착하자마자 절명했고, 김구와 류동열은 겨우 숨만 붙어 있었다. 가슴 한복판에 총탄을 맞은 김구는 총성이 울림과 동시에 의식을 잃어 병원으로 옮겼으나, 가망이 없다고 판단한 의사는 김구를 병원 문간방에 방치했다.

그러나 세 시간이 넘도록 숨이 끊어지지 않는 것을 본 의사는 그제야 치료에 임한 끝에 거의 저승 문턱까지 갔던 김구는 기적처럼 살아나게 된다. 소식을 들은 장개석은 3천 원이나 되는 큰돈을 들고 위문을 왔고, 호남성 주석 장치중도 찾아와서 치료비 전액을 부담하겠다며 위로했다. 이날 김구를 저격한 범인은 조선혁명당의 이운환이었다.

사건이 나던 날 혼란한 틈을 타서 현장을 벗어난 이운환은 수십 리 떨어진 기차역에서 체포되었으나, 전쟁으로 정신이 없던 중국 사법 당국은 흐지부지 종결짓고 말았다.

장사로 옮긴 뒤 장치중의 호의로 한동안 안정을 찾아가던 임정은 장사의 하늘에도 적기가 날기 시작하자, 이번에는 대륙의 막바지 땅 광동성의 수도 광주(廣州, 광저우)로의 이사를 결정한다. 그러나 짐과 식구는 많은 데다 몰려드는 피난민들로 인해 난감한 상황이 되었다. 생각다 못한 김구는 장치중에게 도움을 요청했고, 그의 도움으로 임정 요인들은 1938년 7월 19일 새벽 광주행 열차에 오르게 된다.

그러나 광주로 옮겨간 지 약 두 달 후부터 이곳 역시 적기의 공습이 심각한 지경에 이르자, 또다시 짐을 싸야 했다. 전쟁이 오래갈 것으로 판단한 김구는 장기적인 안목으로 중국 정부의 전시수도가 소재하는 중경으로 옮기는 게 좋겠다고 생각하고 장개석에게 도움을 요청하여 승낙을 받아냈다.

그리하여 100여 명이나 되는 임정 식구들은 중국 측에서 제공한 특별열차를 타고 중경으로 가기 위해 광주를 출발했다. 이들은 일본기의 공습으로 가다 서다를 반복했고, 이러다 보니 도중에 한곳에서 수십 일씩 머무는 경우도 허다했다. 결국 중경으로 직행을 못하고 우선 유주(柳州, 류저우)에 머물러 상황을 보기로 했는데, 일행이 유주에 도착한 날은 광주를 떠난 지 약 두 달 만인 11월 30일이었다.

그러나 이곳 유주마저 일본기의 폭격은 집요하여 1939년 4월 6일 1진 40여 명은 중경으로 출발하고, 2진 20여 명은 버스를 타고 그달 22일에서야 출발하게 된다. 임정의 최종 목적지는 중경이었으나 상황이 여의치 않자, 4월 30일 중경의 관문에 해당하는 기강(綦江, 치장)에 짐을 풀었다. 기강현의 태자상(台子上) 건물에 머물던 임정은 그 후 고남진 상승가 27호로 옮겨 1940년 중경으로 떠날 때까지 머물게 된다.

그러나 그해 3월 13일, 당시 임정 주석이었던 석오(石吾) 이동녕(李東寧, 1869~1940)은 급성폐렴에 걸려 파란으로 점철된 72년의 삶을 이곳에서 마감한다. 이때 그의 마지막을 지켜본 정정화(鄭靖和)는 회고록『장강일기』에서 이동녕을 이렇게 기억했다.

석오장은 영욕과 회한의 마지막 숨을 거둘 때까지도 깨끗하고 꼿꼿

한 자세를 전혀 흐트러뜨리지 않았다. 선생이 병석에 눕기 전부터 내가 계속해서 뒷바라지를 해온 터라, 선생이 거동을 못한 채 누워 있던 열흘 동안 나는 꼭 그분 곁에 붙어 있었고, 그분의 마지막을 지킬 수 있었다. 그분은 나 개인에게뿐만 아니라 우리 임정의 큰 인물이었고, 지도자다운 지도자였다. 깔끔한 용모답게 공적인 일이든 사적인 일이든 너저분한 것을 용납하지 못했고, 무슨 일을 처리하든지 공정했다. 주의나 주장이 확고하면서도 언제나 말수가 적고 청렴했던 탓에 그와 정치적으로 대립했던 이들도 선생을 존경하고 흠모하기를 마지않았다.

이동녕의 장례는 임시정부 최초로 국장(國葬)의 형식을 갖추어 5일장으로 모셔졌다. 그 후 조국이 광복되자 1948년 9월 22일 김구의 주선으로 유해를 봉환하여 사회장으로 효창원에 안장하니, 두 사람은 저세상에 가서도 이웃해서 살게 된다.

이동녕이 서거하자 그 후임으로 김구가 주석으로 선출되었다. 임정은 자그마치 4회에 걸쳐 개헌을 단행했는데, 그때마다 임정 수반의 명칭과 권한을 바꾸었다. 당시 국무위원제의 수반은 주석이었으나, 강력한 권한이 부여된 주석이 아닌 국무위원들끼리 돌아가면서 맡는 윤번제 주석이었다.

그 후 중일전쟁 및 태평양 전쟁으로 인하여 주변 정세가 급변하고, 전시하의 임정을 이끌어 가기 위해서는 수반의 권한이 훨씬 더 강력해야 할 필요성을 느낀 임정 요인들은 피난 중임에도 불구하고, 1940년 10월 8일 기강에서 주석의 권한을 강화하기 위한 4차 개헌을 단행했다.

개정된 헌법에 따라 주석으로 선출된 김구는 당권(한국독립당)과

군권까지 보유하게 된다. 임정은 1919년 4월 창설 이후, 1945년 해방될 때까지 총 16기로 나눌 수가 있는데, 이 기간의 역대 임정 수반을 역임했던 인사들의 명단을 도표로 나타내면 다음과 같다.

대한민국 임시정부 역대 수반 명단

기수(期數)	제도	수반	부수반	재임기간
제1기	국무총리제	이승만	국무총리, 이동녕	1919.04~1919.09
제2기	대통령제	이승만	국무총리, 이동휘	1919.09~1922.08
제3기	대통령제	이승만	국무총리, 노백린	1922.09~1924.04
제4기	대통령제	대리, 이승만	총리 대리, 김 구	1924.05~1924.12
제5기	대통령제	이승만	국무총리, 박은식	1924.12~1925.03
제6기	대통령제	박은식	국무총리, 노백린	1925.03~1925.07
제7기	국무령제	이상룡	국무원, 총 9명	1925.07~1926.02
제8기	국무령제	홍 진	국무원, 총 7명	1926.07~1926.12
제9기	국무령제	김 구	국무원, 총 6명	1926.12~1927.04
제10기	국무위원제	이동녕(주석)	이동녕 외 5명	1927.11~1932.11
제11기	국무위원제	송병조	송병조 외 7명	1932.11~1933.03
제12기	국무위원제	양기탁	양기탁 외 10명	1933.10~1935.10
제13기	국무위원제	이동녕	이동녕 외 6명	1935.10~1939.10
제14기	국무위원제	이동녕	이동녕 외 10명	1939.11~1940.10
제15기	주 석 제	김 구	국무위원 총 6명	1940.10~1942. ?
제16기	주 석 제	김 구	부주석, 김규식	1944.03~1945.11

중경 임시정부와 광복군 창설

  기강에서 1년 반을 머물며 새롭게 진용을 정비한 임정은 그해 11월 9일 드디어 이곳에서 30리가량 떨어진 중경(重慶)으로 옮겨간다. 이때 임정의 위치는 중경 근교의 한인 마을 '토교(土橋)'였는데, 이곳에서는 더 이상 옮겨가지를 않고 1945년 해방을 맞는다.

  1919년 4월, 상해에서 출범한 임시정부는 상해시기 → 이동시기 → 중경시기로 나누어진다. 그중 상해시기가 13년, 이동시기(장정시기)가 8년 7개월, 중경시기가 5년으로 이를 모두 합치면 총 26년 7개월에 이른다.

  길고도 험난한 여정 끝에 도착한 중경은 중국 사천성(四川省) 동남부에 위치한 도시로서 일 년 중 약 절반가량은 구름과 안개로 인하여 해를 보기가 힘들다. 까닭에 주민들 대부분은 1년 내내 호흡기질환을 달고 산다. 백범일지에 의하면 이곳에서 6~7년 머무는 동안에 폐결핵으로 사망한 한인 동포가 70~80명이나 된다고 했다. 따라서 김구의 장남 '인'의 죽음 역시 폐결핵이었다.

  아버지 김구를 따라 중국으로 망명한 '김인(金仁, 1918~1945)'은 중국 낙양군관학교에서 군사훈련을 받고 독립군 특무대 요원으로 일본의 주요 기관 폭파와 정보 수집을 하는 등 특수 활동을 했다.

또한 그의 처 안미생(안중근의 조카딸) 역시 임시정부에서 활동했다.

김인은 지병인 폐결핵이 악화되어 해방을 불과 5개월 남겨 둔 1945년 3월 29일 이곳 중경에서 28세의 나이로 삶을 마감한다. 이렇게 되어 김구는 아내와 모친(곽낙원)에 이어 아들까지 가족을 세 명이나 이역의 땅에 묻었다.

중국 정부의 전시 수도로 자리한 중경은 짙은 안개와 구름으로 인해 사람에게 치명적인 해를 끼치기도 했으나, 반면에 전시에는 유리한 측면도 많았다. 즉 수시로 끼는 안개 때문에 출격했던 일 공군 폭격기가 위력을 발휘하지 못했던 것이다.

중경으로 자리를 옮겨온 임정은 어려운 상황임에도 불구하고, 오래전부터 꿈꾸어왔던 군대 창설을 기획했다. 독립 후에 새로운 국가를 건설하려면 무엇보다도 시급한 것이 군대였다. 이 문제를 임정 출범 초기부터 절감한 임정 인사들은 1919년 12월 '대한민국 육군임시군제'의 법령을 제정하고, 군단 규모의 군대편성을 계획했다.

그러나 군대를 조직하려면 무엇보다도 그에 상당하는 재정과 더불어 부지(敷地)의 확보가 필연이다. 더군다나 당시는 남의 땅에서 살아가고 있는 처지여서 그들의 허락은 물론, 자금까지 지원받아야 하는 실정이었다.

임정 인사들은 오래전부터 중일전쟁 발발을 기다려 왔다. 이유는 군사 대국인 일본을 한국 혼자서 감당하기에는 너무나 버겁기 때문이다. 설사 중일전쟁에서 결판이 안 나고 더욱 확전되어 세계대전으로 비화된다면 그때야말로 일본의 패망은 시간문제라고 보았다.

중경 시내에 새롭게 둥지를 튼 임정은 그 즉시 중국 당국에 군대

창설 자금을 요청했으나, 내 발등에 불이 떨어진 그들이 망명정부의 요구를 들어줄 여가는 없었다. 그러자 김구는 중앙당부의 실세 서은증(徐恩曾)과의 담판을 시도했다.

서은증을 만난 김구는, "대일항전으로 곤란을 겪고 있는 귀 정부에다 거듭 원조를 요청함이 도리가 아닌 줄은 잘 알고 있소이다. 그러나 지금 미국에 있는 우리 동포들이 나에게 미국과 교섭을 하라고 성화를 부리고 있소. 미국은 세계 최강국인 데다 미·일 개전을 준비 중이므로, 우리는 이참에 대미외교를 개시하려고 하오. 현재 여비까지 준비되었으니, 귀 정부에서는 여권만 내주면 내일이라도 떠날 참이오."라고 했다.

김구의 이 말속에는 "너희들이 계속 냉대하면 우리는 미국과 손을 잡을 수밖에 없다"는 뜻이 내포되어 있었다. 김구의 요청에 서은증은, "내가 책임지고 상부에 보고할 것이니, 주석께서는 필요한 사항을 구체적으로 명시한 계획서를 작성해서 우리 정부에 보내주시오."라고 했다. 서은증과의 담판을 끝낸 김구는 그 즉시 중국 정부의 장개석 장군 앞으로 '한국광복군창설계획서'를 제출했고, 장개석은 흔쾌히 허락한다는 회신을 보내왔다.

이에 김구는 1939년 1월 창립된 한국독립당 당군(黨軍)과 지청천과 이범석이 이끌고 온 만주 독립군 세력을 규합하여 광복군 창설의 준비 작업을 마친다. 이리하여 1940년 9월 17일 중경 가릉빈관(嘉陵賓館)에서 중국과 해외 인사들 그리고 우리 한인들을 총동원하여 한국광복군 성립 전례식(典禮式)을 거행하니, 이것이 바로 광복군의 창설식이었다.

중경에 총사령부를 설치한 한국광복군은 총사령관에 독립운동 3

대 대첩의 하나로 불리는 대전자령(大甸子嶺)전투에서 용명을 떨친 지청천(池靑天)을 추대했다. 이어서 지휘관은 신흥무관학교와 중국 군관학교 그리고 일본 육군사관학교의 경력을 지닌 장교 출신 30여 명으로 구성을 마쳤다.

창설 당시 한국광복군에는 지휘부만 결성하고 병력은 아예 없다시피 했다. 그러나 이렇게 미약한 창설 광복군에는 여군 4명이 있었다. 여기에 그 이름을 소개한다.

총사령관 지청천(일명 이청천)의 차녀 지복영(池復榮), 광복군 참모장 김학규의 아내 오광심(吳光心), 지청천 사령관의 부관 출신인 조시원(조소앙의 아우)의 딸 조순옥(趙順玉), 그리고 상해임정의 국무위원을 역임한 김붕준(金朋濬)의 딸 김정숙(金貞淑) 등이었다.

우여곡절 끝에 탄생된 광복군은 미약한 병력 확보를 위해 대원을 각처로 보내 국내에 있는 젊은이와 일본군 탈출병을 모집하여 대원 확보에 나서는 한편 총사령부를 서안(西安)으로 옮긴다. 그 이유는 이곳이 독립군이 활동하던 만주 지역도 가까울뿐더러 한인이 별로 없는 중경보다는 모병(募兵) 여건이 훨씬 유리하기 때문이었다.

그러자 중국 정부에서 이를 금지하라는 압력을 가함과 동시에 모든 지원을 중단해 버렸다. 사태가 심상치 않음을 깨달은 김구와 지청천은 중국 측과 교섭을 시도했으나, 그들은 묵묵부답으로 일관하다가 1941년 11월 '한국광복군판법'을 제정하여 임정으로 보내왔다. 총 9개 항으로 이루어진 이 법의 핵심 내용은 아래 3개 조항이다.

1. 한국광복군은 중국군 참모총장의 명령에 따라야 하며, 임시정부 는 단지 명목상의 통수권만 갖는다.

2. 한국광복군은 한국이나 한국변경에 인접한 지역에서만 활동하는 것을 목적으로 하되, 반드시 중국군과 연합해서 행동하여야 하며, 광복군이 중국 영토 내에서 군사훈련을 할 경우에는 해당 지역의 중국군 사령관의 통제에 따라야 한다.
3. 중일전쟁이 종결되기 전에는 한국광복군이 한국 영토 내로 진격하여 들어가더라도 별도의 협정이 체결되기 전까지는 중국 군사위원회의 명령에 따라야 한다.

중국 측의 통보를 받은 임정에서는 갑론을박 끝에 그들의 요구를 따르기로 했다. 이처럼 굴욕적인 요구를 받아들이기로 한 이유는 겨울은 닥쳐오는데, 그들의 지원 없이는 당장에 광복군을 해체하거나 아니면 대원 모두가 굶어 죽거나 얼어 죽어야 할 상황이었기 때문이다. 그 후 이 법이 제정된 지 20일 만인 1941년 12월 8일 일군이 하와이의 진주만을 공격함으로써 미국이 대일전에 뛰어들었다. 이를 계기로 중국은 대일선전포고를 했고, 우리 임정에서도 12월 10일 대일선전포고를 했다. 그러던 중 태평양 전쟁 발발 이듬해인 1942년 4월 20일 김원봉의 조선의용군이 광복군으로 흡수 통합되면서 광복군은 조직을 일신하게 된다.

그러나 이때 5지대 내에서 지대장 나월환이 암살당하는 불상사가 일어났다. 이로 인해 광복군의 주력 부대인 5지대가 동요를 보이자, 이를 수습하기 위한 조치로서 기존의 1지대, 2지대, 5지대의 3개 지대를 하나로 통합했다.

창설 초기부터 대원 확보에 어려움을 겪던 광복군은 지휘부의 부단한 노력에도 불구하고, 출발한 지 반년이 넘도록 모병 작업이 지

지부진하여, 창설 1년 만에야 겨우 300여 명 남짓 되는 병력을 확보
하게 된다.

이후 광복군은 전투부대의 편성을 비롯하여 한국 내에서의 지하
군 조직과 파괴공작을 펴나가기로 했다. 이때 일부 인사들은 중국과
만주에 거주하는 수백만 동포와 국내 동포들까지 소집대상으로 할
경우 2~30만 명의 병력 확보는 그다지 어려운 일이 아닐 것으로
전망하기도 했으나, 재정 조달이 안 되는 상황에서 이것은 한낱 망
상에 불과했다.

이때 임정에서 절대적으로 의존하고 있는 중국 측의 재정원조는
1941년에는 겨우 6만 원에 머물렀고, 1944년 100만 원까지 증액되
었으나 전시의 인플레이션으로 인해 사실상 무의미한 증액이 되고
말았다. 이처럼 미미하기 짝이 없는 군사원조를 구실로 중국 측에서
광복군을 계속 예속하려 들자, 임정은 중국 정부에다 '한국광복군행
동준승 9개 항'을 폐기할 것을 요구하면서, 만약 중국 측에서 우리
의 요구에 불응할 경우 임시정부를 미국 워싱턴 D.C.로 옮기는 방안
을 고려하겠다고 통보했다.

임정의 강력한 요구에 중국 측은 새로운 군사협정 체결에 동의했
다. 이 협정에 따르면 한국광복군에 대한 군 통수권은 한국 임시정
부로 이양하며, 차후로는 군사원조를 차관으로 하는 것으로 변경했
다. 이 협정에 의하여 광복군은 창설 당시부터 약 4년간 중국 정부의
통제를 받아오다가 1944년 8월에서야 임시정부에서 통수권을 인수
했으나, 이때는 이미 대일전이 종전으로 치닫는 상황이어서 별다른
의미가 없었다.

이렇게 되어 미주에 있는 동포들의 후원까지 받으며 큰 기대를

안고 출발했던 광복군은 초기의 3개 사단 규모의 병력을 편성한다
는 야심 찼던 계획과는 달리 겨우 700여 명의 병력을 보유하는 선에
서 해방을 맞는다.

김좌진의 암살

　간도참변과 흑하사변(자유시참변)으로 인해 만주의 독립군은 거의 와해 직전에 이르렀다. 이에 독립군 지휘부는 다시 한번 재기를 위해 총력을 기울이는데, 여기에 앞장선 사람은 청산리대첩의 주역 백야(白冶) 김좌진(金佐鎭)이었다.

　흑하사변 당시 김좌진은 러시아의 이만(Iman, 달네레첸스크)까지 갔다가 사건 직전에 중국 흑룡강성에 소재하는 밀산(密山)으로 돌아왔던 까닭에 참화를 면할 수 있었다.

　이후 김좌진은 흩어진 부대원을 한데 모으는 한편 북로군정서에서 총재를 역임했던 서일(徐一, 1881~1921)과 함께 '대한독립군단'을 창단하고, 서일을 총재로 추대하고, 자신과 홍범도는 부총재를 맡는다.

　이때 대한독립군단의 총재가 된 서일은 그해(1921) 8월, 흑하사변 당시 수많은 청년 장병들이 희생된 데 대하여 책임을 느끼고 자결을 택해 버린다. 서일의 자결로 인해 김좌진은 다시 한번 좌절을 겪지만, 곧 마음을 추스르고 독립군 군자금 확보에 주력하며 재기를 위해 총력을 기울인다.

　독립군 재건과 이주민들의 경제자립을 위해 노심초사하던 김좌진은 1925년 3월, 영안현에서 신민부를 조직하고 총사령관에 추대되었다. 이때부터 그는 군자금 확보 외에 한인 동포들의 교육을 위해 학교 건설에 나선다. 김좌진은 원래 국외로 망명하기 전 고향 홍성에 있을 당시 자신의 사재를 들여 '호명학교(湖明學校)'를 설립하는 등 신문화 교육을 위해 앞장섰었다.

3형제 중 차남으로 태어났던 그는 형 경진이 어려서 족숙(族叔) 김덕규에게 양자를 가면서 사실상의 장자로 성장했다. 게다가 그가 네 살에 이르던 1892년 부친 김형규가 28세의 젊은 나이로 세상을 뜨자, 어려서부터 가장의 역할까지 겸하게 된다. 그가 20세도 되기 전에 집안의 노비들을 해방시키고, 3천석지기에 달하는 전답을 매각하여 교육사업과 민족운동에 뛰어들 수 있었던 것도 이러한 환경 때문에 가능했다.

독립군의 재건과 한인들의 경제력 향상을 위해 혼신의 힘을 쏟고 있던 그에게 1925년 7월, 임정의 국무령으로 추대된 이상룡으로부터 임정의 국무위원을 맡아 함께 일하자는 연락이 왔다. 그러나 김좌진은 자신이 만주를 떠나게 되면 지금까지 이룩해 놓은 독립사업이 중단될 것을 우려하여 이상룡의 청을 정중히 거절했다. 그에게는 오직 독립군을 양성하여 언젠가는 국내로 진공하고야 말겠다는 원대한 꿈 외에는 벼슬도 명예도 다 필요 없었다.

김좌진은 그로부터 2년 뒤인 1927년 10월, 해림에 6년제의 신창학교를 세우고 한인 자제들의 교육에 매진한다. 이어서 해림의 산시참(山市站)에다 한인들을 위한 금성정미소를 세우고 직접 운영에 들어갔다. 그가 이곳에 정미소를 세운 이유는 당시 북만주에 사는 한인들은 비싼 도정료를 지불하고 중국인들이 운영하는 정미소를 이용하고 있었기 때문이다.

이 무렵 독립군의 재건과 한인 동포들을 위해 온 정열을 불태우던 김좌진을 괴롭히는 세력이 등장하니, 바로 공산주의 세력이었다. 독립군의 진로와 공산주의 문제 등으로 고심에 찬 나날을 보내고 있던 김좌진에게 1927년 10월 그의 재종제(再從弟, 6촌 동생)로 운남군관학교를 나온 김종진이 찾아왔다.

이때 이미 아나키즘에 매료되었던 김종진은 재종형 앞에서 일제와 공산주의에 대항하기 위해서는 오직 아나키즘 사상을 수용하는 것만이 방법이 될 수 있다고 설파했다. 이에 김좌진은 아나키즘을 받아들이기로 결심하고, 그로부터 2년이 지난 1929년 7월, 김종진·이을규 등과 함께 '재만조선무정부주의자연맹(재만무련)'을 결성한다.

이렇게 되자 자신들의 세력 기반이 약화될 것을 우려한 조선공산당 만주총국에서는 김좌진이 조직한 재만무련을 와해시키고자 호시탐탐 기회를 엿보기 시작한다. 반면에 김좌진 진영에서는 재만무련 결성에 이어 각 마을 단위로 조직되었던 농무회와 대종교 신도들 그리고 '재만무련'을 연합하여 '한족총연합회'까지 결성하기에 이른다.

전열을 재정비한 김좌진은 새로운 희망에 부풀었다. 그동안 연이어 불어닥치던 각종 난관으로 인해 고심에 찬 나날을 보내야만 했던 그에게 김종진의 등장 하나만으로도 천군만마를 얻은 격인데, 여기에 한족연합회까지 결성하게 되니, 이제는 모든 장애가 사라지고 희망의 등불이 켜진 듯했다.

그러나 그의 이러한 희망은 뜻하지 않은 횡액 앞에 한순간에 물거

품이 되고 만다.

1920년대 초반부터 만주 일대를 파고들던 공산주의 세력은 1925년 '조선공산당 만주총국'을 결성하고 김좌진의 민족주의 세력을 위협하고 나왔다. 그 뒤 김좌진 제거 작전에 돌입한 만주총국에서는 김좌진 제거의 총대를 멜 사람을 찾아 나섰다.

그 무렵 만주총국의 김봉환은 여성 문인 강경애와 동거하면서 일본제국주의를 비판하는 글을 종종 발표하여 일제의 심기를 건드리고 있었다. 그러던 중 김봉환은 1929년 겨울, 하얼빈으로 갔다가 일경에 체포된다.

그러자 일경의 경부(警部)로 있던 '마쓰시마(松島)'라는 자가 해림에 있는 강경애로 하여금 수감된 김봉환을 만나 회유할 것을 주문했다. 자신의 죄질이 결코 가볍지 않다고 판단한 김봉환은 일경의 회유에 넘어갔고, 결국에는 그들이 요구하는 자료를 넘겨주는 조건으로 석방되어 애인 강경애와 함께 해림으로 돌아왔다.

당시 일본 형법에 의하면 김봉환의 죄질은 6~7년의 형을 받아야 할 중죄였다. 일제는 오래전부터 노려온 김좌진 제거에 김봉환의 약점을 활용하기로 하고, 그의 석방을 단행하면서 김좌진 제거를 주문했다.

결국 일경의 이이제이(以夷制夷) 수법에 말려든 김봉환은 일본이 가장 두려워하는 김좌진을 제거하는 데 적극 협조하기로 했다. 만약 김좌진을 제거할 수만 있다면 중죄를 범한 자신을 풀어준 일경에 대한 보답도 될뿐더러 일경보다 먼저 김좌진 제거 계획을 세웠던 만주총국 내에서도 영웅 대접을 받게 될 게 분명했다. 뿐만 아니라 애인 강경애와도 일생을 함께 보낼 수 있을 것으로 계산한 김봉환은 그 하수인으로 만주총국에서 활동하고 있는 박상실(朴尙實)을 사주하여 응낙을 받아냈다.

그날부터 두 사람은 김좌진 제거를 위한 각종 정보 수집에 들어갔다. 그런데 거기에는 뜻하지 않은 장애물이 가로막고 있었다. 공산당이 자신을 노리고 있다는 것을 감지한 김좌진은 자신의 경호를 담당할 별동대를 만들고, 그 대장에 김종진 못지않게 신임하는 고강산(高崗山)을 임명했기 때문이다.

이런 사실을 알게 된 김봉환은 하수인 박상실에게 권총 한 자루를 내주고 김좌진이 거주하는 산시참 마을로 거처를 옮기게 하고, 이 마을에 흔한 족제비를 잡는다는 구실을 만들어 마을 사람들과 교분을 쌓게 했다. 그 당시 산시참에는 족제비가 흔했고, 마을 사람들은 은근히 값이 비싼 족제비를 잡아 부수입을 올리고 있었다.

족제비 덫을 여러 개 준비한 박상실은 그 즉시 산시참으로 거처를 옮겼다. 그날부터 박상실은 족제비를 잡는다는 구실로 마을 구석구석을 헤매고 다니기 시작했다. 그러다 보니 박상실은 자연스레 마을 사람들과 얼굴을 익히게 되었고, 마침내는 김좌진과도 익숙한 사이가 되었다. 하지만 고강산이 거느리는 별동대로 인하여 김좌진을 제거할 수 있는 기회는 좀처럼 오지 않았다. 박상실의 마음은 차차 초조해지기 시작했으나, 그는 끈질기게 기다리면서 기회를 노리고 있었다.

그러던 중 마침내 기회가 찾아왔다. 1930년 1월 24일은 음력으로 전(前)해의 섣달 스무닷새였다. 그날 오후 5시 무렵, '설'이라는 큰 명절을 앞두고 고장 난 원동기의 수리를 위해 온 정신을 쏟고 있던 김좌진은 연이어 들리는 총소리와 함께 그 자리에 나뒹굴었다. 근 1년여에 걸쳐 김좌진의 주위를 맴돌며 기회를 노리던 박상실의 흉탄을 맞은 것이다.

이날 별동대장 고강산은 설을 앞두고 향수도 달랠 겸 해서 대원들과 함께 중국인 술집으로 술 마시러 가고, 김좌진은 혼자서 원동기를 수리하고 있다가 평소에 믿고 지내던 박상실에게 당한 것이다.

총격을 받은 김좌진(1889~1930)은 총소리를 듣고 달려온 주변 사람들에게 "아직도 할 일이 많은데…"란 한마디를 남기고 숨을 거두었다. 이때 그의 나이 아직도 연부역강(年富力强)한 마흔둘이었다.

연이어 들려오는 총소리에 놀란 별동대장 고강산이 대원들을 이끌고 사건 현장으로 달려왔을 때는 겨울의 짧은 해는 이미 서산으로 넘어가고 주위엔 땅거미가 내려앉고 있었다. 고강산과 대원들은 출동한 중국 경찰과 함께 즉시 범인을 추격했으나, 박상실은 이들이 현장에 도착하기 직전 황혼을 틈타 산으로 달아나 버렸다.

그 뒤 탐문 끝에 사건의 내막을 알게 된 고강산은 대원들과 함께 사건의 배후로 밝혀진 김봉환을 잡아 처단했다.

한편 행동대원이었던 박상실(朴尙實, 그의 본명은 공도진, 이복림, 최영석 등이 있으나 그 어느 것도 확실치 않다고 한다) 역시 체포되어 경찰에 넘겨졌다. 결국 법의 심판을 면치 못하게 된 박상실은 사형을 선고받은 것으로 전해지는데, 그 내용이 『동아일보』 1931년 9월 11일 자에 이렇게 실려 있다.

故 金佐鎭氏 下手人 朴尙實에 死刑判決
(고 김좌진씨 하수인 박상실에 사형 판결)

阿城縣 護路軍에게 逮捕되어 執行次로 奉天에 押送
(아성현 호로군에게 체포되어 집행차로 봉천에 압송)

모처에 도착한 정보에 의하면 작년 一月 二十四日 중국 中東線(중동선) 山市驛(산시역) 부근에서 前 新民府首領(전 신민부 수령) 白冶(백야) 金佐鎭氏를 총살한 朴尙實(일명 최영석)이 이번에 아성현 호로군 총사령부(阿城縣 護路軍 總司令部) 손에 체포되어 그곳 會審處(회심처)에서 死刑 판결을 밧고 수일 전에 형을 집행코저 奉天으로 押送되엇다 한다.

박상실은 원래 주중한인청년연맹(駐中韓人靑總)의 간부로 잇섯고 김좌진씨의 부하로 수년 동안 지나다가 주의상 충돌로 김씨를 총살한 청년인바, 지난번에 아성현 중국 관헌의 손에 조선인 공산당원 十一명이 잡히는 통에 박상실도 체포되엇섯는데 ○○군모험대장(軍冒險隊長, 군모험대장) 高崗山(고강산)도 그때 잡히엇다가 박상실의 얼굴을 알아보고 곳 동지에게 알리어 법정에 고발하야 사형을 밧게 되엇다 한다.

김종진의 실종

    김좌진 제거에 성공한 조선공산당 만주총국에서는 다음 계획에 착수하고, 이듬해(1931) 7월 초 한족연합회 핵심 간부 김야운(金野雲)과 이준근(李俊根)마저 살해했다. 한번 먹이를 물면 상대방의 숨통이 끊어질 때까지 물고 놓지 않는 공산주의자의 특성대로 이들은 한족연합회를 완전히 재기 불능상태로 만들고자, 다음 제거 대상으로 시야(是也) 김종진(金宗鎭, 1901~1931)을 찍었다.

    당시 김종진은 김좌진의 뒤를 이어 한족연합회를 이끌고 있었기 때문에 원래는 김야운과 이준근에 앞서 그들의 1차 제거 대상이었으나, 김종진의 철저한 경계로 인하여 순서가 바뀐 것이다. 만주총국의 지령을 받은 이백호(李白虎)와 그의 동료이며 같은 공산주의자인 이익화(李益和)는 1931년 7월 11일 해림역 근처에 있는 조영원(趙永元)의 집에서 김종진을 납치하는 데 성공했다.

    조영원은 원래 김좌진과 더불어 신민부에서 활동했던 자이다. 그후 한족연합회가 창설되고 나서 조직 내에서 소외되자, 이에 반감을 갖기 시작한 조영원은 공산주의자들에게도 끈을 대고 있었다. 양다리를 걸친 조영원은 이백호 일당과 손을 잡고 김종진을 자신의 집으로 유인했다. 그날 김종진을 납치한 이백호 일당은 어디론가 자취를 감추었고, 이후 김종진은 영원히 돌아오지 않았다. 1931년 9월 11일 자 『동아일보』는 그날의 일을 다음과 같이 보도했다.

海林 附近에서 金宗鎭 被殺 韓族聯合會 軍事部長
(해림부근에서 김종진 피살 한족연합회 군사부장)

일즉이 중국 운남사관학교(雲南士官學校)를 마치고 신민부(新民府)의 간부로 오랫동안 활동하다가 최근에는 한족총련합회군사부위원장(韓族聯合會軍事部委員長)으로 활동중이든 시야 김종진(是也 金宗鎭) 씨는 지난 八月 二十六日 중국 중동선해림역(中東線海林驛) 부근에서 총살을 당하얏다 한다. 가해자는 박래춘(朴來春) 리백호(李白湖) 리익화(李益和) 등 3명이라고 한다.

김종진 씨는 고 백야 김좌진(白冶 金佐鎭) 씨의 재종제(再從弟, 6촌 동생)로 그의 본가는 경성(서울) 필운동으로 부친 김영규(金泳圭)와 백씨(伯氏, 남의 맏형을 높여 부르는 말) 김연진(金淵鎭) 등 가족이 잇고 그의 처자는 중동선 석두하자역(中東線 石頭河子驛) 부근 팔리지(八里地)에 남아잇다 한다.

이때 납치 살해된 김종진은 한국 무장독립운동계의 희망의 태양이었다. 김좌진이 한낮의 이글거리는 태양이라면 김종진은 동녘에 떠오르는 아침 해라고 할 정도로 장차 한국 무장독립운동계를 이끌어 나갈 기대주였다. 김종진은 망명 당시부터 평생을 조국 독립을 위해 몸 바칠 것을 다짐했었다. 그러나 자신들의 세력 확장에 혈안이 된 공산주의자들로 인하여 그 꿈은 이처럼 허무하게 무너지고 말았다.

전형적인 무골형이었던 김좌진에 비해 옥골선풍의 귀공자의 풍모를 지녔던 김종진은 강한 책임감과 명석한 두뇌로 인하여 주변 사람들 모두에게 깊은 신뢰를 받았다. 또한 김좌진과 같은 충남 홍성 출신인 그는 재종형인 김좌진을 어려서부터 존경해 왔고, 귀공자풍의 용모와는 달리 과감하고 사내다운 성격을 지녔다.

그는 불과 열아홉의 어린 나이로 3.1만세운동에 앞장섰다가 일경에 체포되었다. 악독하기로 소문난 일경이었으나 그의 나이를 확인한 뒤 곧 석방을 단행했다.

김종진은 1920년 북만주로 망명한 동지들의 무기를 국내로의 반입을 시도하다가 실패하자. 그해 가을 약관 20세의 나이로 북경으로 망명하여 이회영을 만났다. 이회영의 집에서 숙식을 함께하면서 많은 대화를 나누고 이회영의 불타는 애국심에 감화되어 그의 권유에 따라 운남군관학교에 들어가 군 장교의 자격을 갖추었다.

그 후 천진에서 이회영을 다시 만나 아나키즘까지 받아들인 그는 만주로 가서 김좌진을 도와 죽는 날까지 조국독립을 위해 몸 바칠 것을 다짐했었다. 그러나 그토록 존경하던 김좌진에 이어 그 자신까지 비명에 가고 마니, 이때 그의 나이 불과 서른한 살이었다.

이상룡의 최후

　1926년 2월 18일 임정의 국무령직을 사임한 이상룡(李相龍)은 조카 광민(李光民, 이상룡의 막냇동생 이봉희의 장남)을 데리고 자신의 거처가 있는 길림성 서란현(舒蘭縣)으로 향했다. 자신을 뒤쫓고 있다는 신문보도를 접한 이상룡은 내내 불안감에 시달려야 했다.

　가뜩이나 불안한 중에 천진 부두에 내리자마자 웬 낯선 자들이 말없이 사진을 찍고 사라지는 것이었다. 이상룡은 이때 자신의 신분을 감추기 위하여 중국인 복색을 하고 있었으나, 목숨처럼 아끼는 수염은 그대로였다. 사진 찍힌 것이 마음에 걸렸던 이상룡은 부두에서 가까운 이발소를 찾아 그토록 아끼던 수염부터 밀어버렸다. 어쩔수 없는 선택이었으나 깎인 수염이 바닥으로 떨어질 때 그의 눈물도 함께 떨어졌다.

　안동현으로 가는 배는 이튿날에나 있다고 했다. 해도 지기 전에 큰아버지를 여관으로 모시고 들어간 광민은 백부에게 이불을 머리 끝까지 뒤집어쓰게 한 뒤에 "이분은 몸살 때문에 땀을 내야 하니 말을 건네지 말라"고 주인 측에 일러놓았다. 그리고 나서도 내내 불안했던 광민은 2층 난간에 나가 망을 보고 있었다.

　아니나 다를까, 어둡기가 무섭게 일인 형사들이 들이닥쳤다. 형사들은 광민을 향해 "고려인이 이곳에 안 왔느냐?"고 물었다.

이에 광민은 "고려인이건 중국인이건 간에 사람의 그림자도 못 보았다"고 시침을 뗐다. 복장도 중국인 복장인 데다 광민의 유창한 중국말에 형사들은 더 이상 묻지 않고 물러갔다.

뜬눈으로 밤을 지새운 두 사람은 이튿날 아침 안동현으로 가는 배를 탄 후에도 내내 불안했다. 안동에서 봉천행 열차를 타고서도 불안은 이어졌으나, 봉천에서 길림행 열차에 오르고 나서야 마음이 놓였다.

서란현으로 돌아온 이상룡은 급격히 기력이 떨어지기 시작했다. 고희를 코앞에 둔 이상룡의 나이로 보아 그럴 때도 되기는 했으나, 이렇게 갑자기 쇠약해진 데에는 그 이유가 따로 있었다. 그가 상해로 가기 직전인 1925년 6월 조선총독부 경무국장 미쓰야와 만주 군벌의 거두 장작림 사이에 맺어진 '미쓰야협정(삼시협정, 三矢協定)' 이후, 만주에서 활동하는 독립운동가들은 설 자리를 잃었다.

한인 독립운동가들을 사면초가로 몰아넣은 그 협정에는 다음과 같은 조항이 들어있었다.

○ 중국은 재만 한인단체를 해산시키고 무장을 해제하며 무기와 탄약을 몰수할 것.

○ 중국은 일본이 지명하는 한국 독립운동가를 체포하여 일본 경찰에 인도할 것.

○ 일본은 한국 독립운동가를 인계받은 대가로 중국인에게 포상금을 지불할 것.

장작림을 움직여 삼시협정을 맺은 일제는 그로부터 정확히 3년이 지난 1928년 6월, 이번에는 장작림이 타고 가는 열차에 폭약을 설치하여 그를 폭사시키는 만행을 저지른다. 전형적인 토사구팽(兎死狗烹)이었다.

　　일제는 장작림이 죽고 또다시 3년이 흐른 1931년 9월, 만주를 중국 본토 침략을 위한 후방 기지를 만들고자 이른바 '류조구 사건'을 조작하고 전격적으로 장학량 군대를 공격했다. 이때 일본군의 공격을 막아내기가 버거웠던 중국인들은 애꿎게도 우리 한국인들에게 화살을 돌렸다. 그들은 "일본이 우리 중국을 침략하는 이유는 너희 조선 놈들 때문"이라고 몰아붙이며 무자비한 보복에 나섰다. 일군에게 패한 중국 패잔병들은 수십 명씩 떼로 몰려다니면서 한인들을 닥치는 대로 죽이거나 아니면 약탈을 자행했다.

　　그들은 이상룡의 집이라 해서 예외를 두지 않았다. 하루는 수십 명의 패잔병들이 이상룡의 집에 들이닥치더니, 다짜고짜 이상룡의 손자 병화(李炳華)를 대들보에 매달았다. 이때 26세의 청년이었던 병화는 이상룡의 외아들 '준형(李濬衡)'이 낳은 하나밖에 없는 귀한 손자였다.

　　병화를 들보에 매단 침입자들은 "너희 조선 놈들 때문에 우리가 일본에 나라를 빼앗기게 생겼으니, 네놈들은 죽어 마땅하다"고 을러댔고, 이를 본 식구들은 사색이 되었다. 위기의 순간, 뒤이어 들이닥친 장교로 보이는 자가 "이 집은 일제에 맞서 싸우는 집이다. 당장 풀어주어라."라며 큰소리로 나무랐다. 그자의 출현으로 거의 저승 문턱까지 갔던 병화는 겨우 목숨을 건졌다.

　　병화가 곤욕을 당한 충격에서 채 벗어나기도 전에 이번에는 평생의 동지로 믿고 의지하던 여준과 이장녕이 살해당했다는 날벼락 같은 소식이 날아드는데, 이상룡의 손자며느리 '허은'은 그 일을 이렇게 회고했다.

남편(이병화)이 중국군에게 봉변을 당하고 며칠 후, 오상현에서 시당(時堂) 여준(呂準) 선생과 백우(白于) 이장녕(李章寧) 씨가 군벌한테 총살당했다는 소식을 듣게 되었다. 그 소식을 듣고 우리 어른들(이상룡·이준형 부자)께서 상심하시던 것은 이루 말할 수 없었다. 결국 그 소식이 석주 어른의 운명을 재촉하게 된 셈이었다.

이처럼 여준과 이장녕 두 사람의 비보는 이상룡의 운명을 재촉할 정도로 충격이 컸다. 그러면 여기에서 잠시 이상룡과 그들과의 인연을 잠시 살펴보기로 하자.

두 사람 중 여준은 경기도 용인 출신으로 평북 정주에 있는 오산학교에서 교사로 활동했었다. 을사늑약 이듬해인 1906년 만주로 건너간 여준은 이상설, 이동녕 등과 함께 서전서숙을 세우는 데 참여했다. 이어서 이회영, 이상룡 등과 더불어 경학사와 신흥강습소를 설립하고서 그 학교의 교장이 되어 독립군 양성에 매진했다. 그 후, 서로군정서를 설립하여 이상룡을 독판직에 그리고 자신은 부독판이 되어 서간도 지역 독립운동 세력을 이끌었다.

1931년 여준은 후퇴하는 중국군 패잔병에게 무차별 폭행을 당한 뒤에 장백산 기슭에서 요양하던 중 이듬해인 1932년 1월, 71세를 일기로 삶을 마감했다.

충남 천안 출신인 이장녕은 대한제국 육군무관학교를 졸업하고, 구 한국군에서 장교로 복무하던 중, 1907년 일제가 군대를 해산하자 가족을 이끌고 만주로 망명했다. 이어서 이상룡, 이회영 등과 더불어 신흥강습소를 설립하여 교관으로 근무하면서 무장독립운동가들을 양성했다. 그는 3.1운동 이후에는 북로군정서에서 참모장으로 활동했다. 북로군정서는 1920년 청산리대첩 이후 대한독립군 등 다른 독립군과 연합하고 대한독립군단으로 거듭나는데, 여기에서 이장녕은 참모총장에 추대되었다.

대한독립군단은 러시아 영내로 이동했으나 1921년 6월 자유시참변으로 수많은 독립군이 참변을 당하자, 이장녕은 다시 만주로 돌아와 여러 개로 분산되어 있던 독립운동 단체들의 통합을 위해 신민부를 조직하는 데 참여했다. 그 후 1932년 1월 24일 일제의 사주를 받은 중국인 마적단에게 가족과 함께 피살되니, 이때 그의 나이 52세였다.

이처럼 두 사람은 그 어렵던 서간도 개척 시절을 이상룡과 함께 겪었을 뿐만 아니라 능력과 의지력 또한 대단해서 이상룡이 그 누구보다 믿고 의지했던 동지였다.

여준과 이장녕의 피살 소식은 이상룡을 절망의 늪으로 몰아넣었다. 그날 이후 이상룡은 아예 곡기를 끊어버렸다. 당황한 식구들이 지성으로 권했으나, 그는 말없이 고개만 저었다. 그리고 해만 뜨면 낚싯대를 들고 말없이 나갔다. 이런 와중에도 중국군의 횡포는 여전해서 낮에는 일할 엄두도 못 냈다.

그 때문에 애써 지은 농작물은 밤에만 떨어야 했다. 그들은 그

알량한 수확물을 현(縣)에 바치라며 압박했고, 나중에는 치안유지 비용을 구실로 아예 집집마다 배당을 매겼다. 기일을 정해서 독촉을 해댔으므로 식구들은 굶어도 현에서 배당한 곡식은 정해진 날짜에 꼬박꼬박 바쳐야 했다.

그곳에서는 곡식을 찧으려면 연자방아를 이용해야 했는데, 중국인들은 힘 좋은 말을 이용했으나 한인들에게는 당나귀밖에 없었다. 가뜩이나 힘 약한 당나귀는 제대로 먹이지를 못해 밤이 늦도록 연자방아를 돌리다 보면 비척비척 애를 썼다.

그렇다고 멈추기도 어려웠다. 만약 하루라도 기일을 어기게 되면 중국군이 몽둥이를 들고 몰려와 노소를 가리지 않고 행패를 부려댔다. 중국군의 횡포는 여기에서 멈추지 않았다. 지나다니다가 젊은이들이 눈에 띄면 무조건 잡아다 군대에 집어넣었다. 길에는 행인이 끊기게 되었고, 중국 군인이 나타났다는 소문이 들려오면 모두가 산으로 달아나기에 바빴다.

이상룡의 기력은 하루가 다르게 쇠약해져 갔다. 오래도록 곡기를 끊다 보니 나중에는 먹고자 해도 먹을 기력조차 없었다. 게다가 곡식으로 생긴 것은 중국 군인들이 남김없이 뒤져가는 바람에 쌀독은 바닥 안 긁히는 날이 드물었다.

가뜩이나 쇠약한 몸에 이대로 가다가는 무슨 변을 당할지 불안했던 가족들은 평소에 친분이 두터웠던 이웃 사람에게 피신할 곳을 부탁했다.

한 이틀 지나서 나타난 그 사람은 "이곳에서 머지않은 산속에 숯 움막이 하나 있는데, 난리 속에 그 집 식구들은 다른 데로 가 버리고

지금은 비어있으니, 살펴보고 나서 마음에 어지간하면 쓰시오."라
고 알려 주었다. 가서 보니 그의 말대로 움막일망정 당분간은 견딜
수 있을 것 같았다.

그날로 이고 지고 짐을 옮겼다. 그곳에 가서도 이상룡은 날만 새
면 근처에 있는 못에서 해넘이까지 낚시질을 하다가 돌아왔다. 밤이
되어 들어온 이상룡에게 식구들은 지극정성으로 음식을 권했다. 권
에 못 이겨 억지로 수저를 집어 든 이상룡은 입맛이 없다며 몇 수저
뜨다 말고 이내 밥상에서 물러났다.

식구들은 불안했다. 이러다가는 머지않아 세상을 뜨실지도 모른
다는 생각이 부쩍 일었다. 만약 이 산중에서 일을 당하게 되면 사람
들이 찾아올 수도 없겠다는 불안감에 다시 먼저 살던 집으로 모시고
내려왔다. 마을로 내려와 보니 사람들은 한 명도 안 보이고, 주인
잃은 당나귀만 온 마을이 떠나가라고 울부짖고 있었다.

밤이 되자 산속에 숨었던 사람들이 하나둘씩 나타나기 시작했다.
그러나 날이 밝으면서 사람들은 또다시 산속으로 사라지고, 텅 빈
마을에는 이상룡네 식구만 남았다.

산에서 내려온 이후 이상룡의 상태는 하루가 다르게 나빠져 갔다.
결국 기름 떨어진 등잔불 마냥 깜박거리던 이상룡은 산에서 내려온
지 닷새 후인 6월 15일(음력 5월 12일) 그만 세상을 하직하고 말았다.
경술국치 후 자신의 전 가족은 물론, 문중과 이웃 사람들까지 이끌
고 고향 안동을 떠나 만주로 망명했던 이상룡은 이름도 낯선 길림성
'서란현(舒蘭縣)'에서 파란중첩한 75년 생애를 이렇게 접었다.

그는 죽음을 앞두고 온 가족이 지켜보는 가운데 "조국이 광복될
때까지는 결코 나의 유골을 봉환하지 말라"는 유언을 남겼다. 유족

들은 고인의 유언을 두고 찬반이 엇갈렸다. 의논 끝에 그 유언을 따르지 않기로 했다. 회한으로 가득 찬 고인의 생애를 너무나 한스럽게 여겼기 때문이다.

장례는 고향에 가서 치르더라도 염습(殮襲)과 입관은 해야 했는데, 돈이 있을 리 만무했다. 이웃 가게에서 외상으로 베를 끊고 관을 사다가 '염'이라고 이름을 짓고, 입관을 마쳤다.

운명한 지 이레째가 되는 6월 21일 마차에 관을 싣고 길림을 향해 길을 나섰다. 길림에서부터는 기차를 이용하여 고인의 고향인 경상도 안동으로 갈 심산이었다. 하지만 그 길은 처음부터 순탄치 않았다. 경술국치 후 고향을 떠나 서간도로 향할 때는 왜놈들의 눈치만 살피면 되었으나, 이번 길은 중국군의 눈치까지 살펴야 했다. 행렬 10여 리 앞에 사람을 보내 상황을 파악하고 나서 그 사람이 다시 돌아와 이상이 없다는 것을 알려준 다음에야 앞으로 나아갔다. 그것도 낮에는 숲속에 숨어 있다가 밤에만 떠나야 했다.

이상룡 일가가 떠나자 이웃들까지 함께 따라나서는 바람에 일행은 70여 명이나 되었고, 일행 중에는 노약자도 많았다. 이러다 보니 기껏해야 하루에 30~40리 걸으면 해가 저물었다.

가뜩이나 걸음이 늦은데 하루는 길에서 일군에게 쫓기는 중국군 대부대를 만났다. 이들은 패전의 분풀이라도 하겠다는 듯 일행에게 총칼을 들이대며 돈을 요구했다.

아무리 위협을 해도 나오는 게 없자 "왜 일본인을 끌어들여 우리를 못살게 구느냐?"라는 등의 생트집을 잡았다. 준형이 유창한 중국말로 "우리는 조선인으로서 왜적에게 빼앗긴 나라를 되찾고자 그들과 싸우다가 아버님이 돌아가셔서 고국으로 돌아가는 길이라 수중에 돈이 한 푼도 없다"고 알아듣도록 설명을 했다. 그러나 준형의 말을 들었는지 말았는지 이들의 위협은 계속되었다.

그때 장교인 듯한 자가 나서더니 손가락으로 동그라미를 그리며 눈을 꿈적하는 것이었다. 요는 돈이 필요하다는 수작이었다. '관'조차 외상으로 사서 쓴 처지에 무슨 돈이 있겠는가. 일행에게 지닌 돈이라고는 노자 몇 푼에 도중에 끓여 먹으려고 가지고 나온 쌀 서너 자루가 전부였다. 실망한 이들은 관을 뜯겠다고 나섰다. 관은 허울이고, 그 속에는 돈이 들었을 거라는 얘기였다.

기겁을 한 준형이 일행이 지닌 돈으로 생긴 것은 하다못해 귀 떨어진 동전 한 닢까지 몽땅 긁어모아 그들에게 바치며 제발 관만은 손대지 말아 달라고 매달렸다.

준형의 애원하는 모습을 본 그들은 차마 더 이상 어쩌지 못하고 마지못해 일행을 놓아주었다. 맘 변하기 전에 떠나고자 길림으로 방향을 잡으려는데, 왔던 길을 가리키며 눈을 부라렸다. 돈을 안 내놨으니 되돌아가라는 얘기였다.

그렇지 않아도 돈도 쌀도 다 뺏기고 그 많은 식구가 굶을 일이 난감했는데, 이들은 막무가내로 서란현으로 되돌아갈 것을 강요했다. 그야말로 '뙤놈의 경우'였다. 어쩔 것인가? 일행은 눈물을 머금고 돌아설 수밖에 없었다. 이렇게 되어 그의 유족들은 '억지춘향이'로 고인의 유언을 따르게 되었고, 이상룡의 묘는 길림성 서란현에 쓰게 되었다.

독립운동 사료가 빈약하게 된 사연

    일제는 1932년 4월 29일 상해 점령을 기념하기 위한 잔치를 벌이던 중 윤봉길의 도시락 폭탄 한 방에 잔치마당은 초상집으로 변해 버렸다. 이에 일경은 사건의 배후로 지목되는 김구를 비롯한 임정 요인들을 체포하기 위해 그날 오후 임정사무실을 급습했다. 그러나 사전 연락을 받은 요인들은 이미 다 빠져나가고 사무실은 텅 비어 있었다.

    맥이 빠진 일경은 '꿩 대신 닭'이라도 잡자는 심정에서 주인 없는 사무실을 뒤져 창설 이래 13년에 걸쳐 기록되었던 임정 서류를 남김없이 강탈해 갔다. 임정 요인들은 이때의 뼈아픈 경험을 교훈 삼아, 해방을 맞아 중경에서 철수할 때는 기록물부터 챙겼으나 이 역시 보존에는 실패하게 되는데, 사연은 이랬다.

    1945년 11월 중경에서 철수를 준비하던 임정 요인들은 그때까지의 기록물을 빠짐없이 챙겨 13개의 가방에 담아 환국할 때 국내로 들어왔다. 해방은 되었으나 아직 정부가 수립되기 전인지라, 이 서류는 김구가 머물던 경교장에 보관하게 되었다.

    그 후 사람들이 자주 들락거리는 게 신경 쓰였던 김구는 이 서류를 중경 임정 시절 총무과장을 역임했던 조 모의 집으로 옮겼다. 그러다가 6.25가 발발하자 혼란의 와중에 이 귀중한 서류 가방을 그만 깜박한 채 피난길을 떠나고 말았다. 피난길에서 돌아와 보니 가방의 행방은 묘연했다. 인민군이 가져갔을 개연성은 충분했으나, 그것은 어디까지나 추정일뿐이었다.

임정의 기록물 외에도 이상룡이 개인적으로 기록한 서류가 커다란 가방으로 두 개나 되었다고 하는데, 이 역시 보존에는 실패하게 된다. 조석을 거르면서도 독립운동의 역사만큼은 빠짐없이 기록했던 이상룡은 그 어려운 상황에서도 이 서류만큼은 철저하게 챙겼다. 그의 사후 고인의 유언조차 거부하고 시신을 모시고 귀국길에 올랐던 유족들은 중국 패잔병의 방해로 도중에 돌아서야 했다. 이때까지도 소중하게 모셔졌던 서류 가방은 그들이 머물던 서란현을 떠나 재차 귀국길에 오를 때 그만 깜박 잊고 그 가방을 챙기지 못했다.

또한 아버지(김가진)를 따라 1919년 상해로 망명하여 해방을 맞을 때까지 임정에서 활동했던 김의한(金毅漢, 1900~납북)은 해방 2년이 지난 1947년 3월 '독립운동사자료수집위원회'를 구성하고 임시정부 건설에서부터 해방 당시까지의 사건을 자료를 모으고 기록해서 가보처럼 보관했다. 그 후 김의한이 6.25 와중에 납북되자, 이 자료는 그의 아내 정정화(鄭靖和)가 보관하게 되었다. 정정화는 시아버지 김가진과 남편을 따라 상해로 망명한 이후 해방 때까지 26년을 임정에서 활동했었다. 정정화는 20대 초반의 나이에 독립자금을 구하기 위해 6회에 걸쳐 단독으로 국내로 잠입했을 정도로 열렬한 독립투사였다. 정정화는 이 자료를 6.25가 끝날 때까지 목숨처럼 보관했으나, 언젠가 분실하고 말았다. 오늘날 우리 독립운동사 사료가 빈약하게 된 데에는 이런 사연이 있었다.

카자흐스탄으로 끌려간 홍범도

봉오동전투와 청산리대첩을 승리로 이끈 홍범도(洪範圖)는 수많은 무장독립투쟁가 중 신기에 가까운 사격술과 더불어 일본군과의 전투에서 백전백승을 거둔 뛰어난 무장이다. 그러나 이러한 홍범도에게는 가슴에 쌓인 '한(恨)'이 태산보다도 많았으니, 그 아픔의 역사는 그의 출생과 더불어 시작된다.

1868년 10월 12일(음력 8월 27일) 평양에서 가난한 농부의 아들로 출생한 홍범도는 난 지 7일 만에 어머니를 여의었다. 그로 인해 아버지 홍윤식(洪允植)은 아들을 안고 이웃집으로 다니며 동냥젖으로 키워야 했다. 아홉 살이 되었을 때 아버지마저 여의게 된 그는 이때부터 남의 집 꼴머슴으로 들어가서 온갖 설움을 당하며 모진 삶을 이어가야 했다.

열다섯에 이르자 나이를 두 살 올려 평양 별기군에 들어가는데, 이유는 군에 들어가면 의식주가 자동으로 해결되기 때문이었다. 그러나 군에 들어간 지 4년이 되던 어느 날, 상관의 횡포와 비리에 격분한 그는 상관을 때려눕히고 부대를 탈출한다.

범법자가 된 그는 신분을 숨기고 이번에는 제지공장에 들어가게 된다. 허나 그 공장의 주인은 천하의 악덕배였다. 결국 3년에 걸친 급여를 떼이게 되자, 홍범도는 주인을 폭행하고 그 집을 뛰쳐나온다. 오갈 데가 없게 된 홍범도는 금강산 신계사에 들어가 지담(止潭) 스님의 상좌가 된다. 지담 스님으로부터 글을 배우고, 이순신 장군 등 구국 영웅들의 이야기를 접한 그는 이때부터 민족의식에 눈뜨기 시작한다.

그리고 마침내 불문에 입문한 지 3년째에 이르던 1892년 어느 날 산문을 박차고 나온다. 그 후 처가가 있는 함경도 북청으로 가서 산포수 생활을 시작한다. 군 생활 4년의 경력과 더불어 뛰어난 사격술을 지닌 그는 이내 그들에게 신망을 얻게 된다.

이후 홍범도는 '포계(砲契)'라는 산포수 권익 보호 단체를 만들어 함경도 산악지대에서 맹수 사냥으로 생계를 유지해 나간다. 그가 훗날 대일 유격전에서 백전백승을 거둘 수 있었던 데에는 이때의 사냥 경험이 절대적이었다.

1895년에 시작된 을미의병의 거센 바람은 그가 사는 함경도 땅에도 불어왔다. 주변에서 일어나는 의병 활동에 고무된 홍범도는 산포수들을 이끌고 친일배들을 처단하는 등 항일 활동을 시작했다. 그리고 마침내 그해 11월 강원도 철령에서 일본군 10여 명을 사살하는 전과를 올리니, 이것은 홍범도가 이룬 최초의 승전이었다.

그의 이런 활동으로 인해 그가 사는 지역에서는 친일을 행하는 무리들이 자취를 감추게 되고, 그의 이름은 차차 사람들의 입에 오르내리기 시작한다. 일제의 강경 진압으로 인해 을미의병이 소강상태를 보이자, 그 역시 잠시 의병 활동을 멈추고 산포수 생활로 되돌아간다.

1907년 고종의 강제 퇴위와 더불어 한일신협약이 체결될 때 일제는 총포 및 화약류에 대한 금지령을 내리고, 각종 총기와 화약류 압수를 시도했다. 산포수들은 총기 압수로 인해 생계마저 위협받게 되자, 총기 반납을 거부하고 의병으로 돌아섰다.

이때 홍범도는 차도선(車道善), 태양욱(太陽郁) 등 동료 산포수들과 함께 본격적으로 의병투쟁에 뛰어들었다. 그 험한 함경도 지역의 산들을 평지처럼 뛰어다니던 홍범도의 산포수 부대는 일본군이 가장 두려워하는 부대로 각인되기 시작한다.

1907년 11월, 홍범도의 산포수 부대는 북청과 풍산 사이에 위치하는 후치령(厚峙嶺)에서 일본군 70여 명을 맞아 그중 30여 명을 살상시키는 전과를 올린다. 이 싸움 이후 홍범도 부대는 일본군과의 교전에서 연전연승을 거두며 함경도 일대를 휩쓴다.

홍범도에게 연패를 당하던 일제는 정면 승부로는 승산이 없다고 판단하고, 그의 가족을 납치하여 회유하기로 전략을 바꾼다. 기회를 노리던 일제는 1908년 5월, 홍범도의 아내 이옥구를 납치하여 남편 홍범도의 귀순을 유도하는 편지를 쓰라며 회유와 협박을 가한다. 그들의 요구를 완강하게 거부하던 이옥구는 가혹한 고문에 의하여 비참한 죽음을 맞는다.

엎친 데 덮친 격으로 이옥구가 고문사하고, 약 한 달이 지난 그해 6월 16일, 의병 중대장으로 일군에 맞서 싸우던 장남 '양순'은 일본군과 교전 중 적의 유탄에 맞아 전사한다. 이때 양순의 나이 불과 열일곱이었다. 잇단 비보에 홍범도는 왜놈이라면 이를 갈았고, 본격적으로 항일투쟁을 펼치고자 1908년 11월 만주로 건너간다.

만주로 근거지를 옮긴 홍범도는 총 60여 차례가 넘는 국내 진공

작전에서 백전백승을 거두며 홍범도의 신화를 이룩한다. 그러자 일제는 그를 가리켜 '날으는 홍범도'라 부르며 홍범도 부대와의 조우를 피하기 시작한다.

그리고 마침내 '날으는 홍범도'의 진가를 발휘하는 기회가 왔다. 1920년 6월 대한독립군사령관에 오른 홍범도는 봉오동전투에서 대승을 거두었고, 그로부터 불과 4개월 후에 벌어지는 청산리대첩에서는 김좌진이 거느리는 북로군정서 부대와의 연합작전으로 수천 명에 달하는 일본군을 때려잡았다.

두 번에 걸친 전투에서 대승을 거둔 홍범도는 일본군의 보복전을 피해 700여 명의 부대원을 이끌고 러시아의 이만(Iman) 지역으로 이동하여 후일을 도모한다. 그러나 이듬해 6월, 그곳에서는 그 끔찍한 흑하사변이 일어나는데, 이때 홍범도는 천행으로 화를 모면했다.

가까스로 흑하사변의 화를 피하기는 했으나, 그에게는 또 다른 비극이 기다리고 있었으니, 그것은 둘째 아들 용환의 죽음이었다. 이때 죽음을 맞은 용환은 아버지 홍범도를 따라 항일무장투쟁에 전념하던 중 그만 허무하게도 20대 젊은 나이에 병마에 쓰러지고 말았던 것이다.

혈혈단신 혼자가 된 홍범도는 연해주 지역 '사인발'에 들어가 수백 헥타르에 달하는 처녀지를 개발하여 옛 전우들과 더불어 농사를 지으며 재기의 꿈을 키운다. 그러나 이미 50대 중반에 들어선 홍범도는 오랜 홀아비 생활로 인해 건강이 눈에 띄게 나빠져 갔다. 그의 이런 모습을 보다 못한 주변의 권유로 59세 때인 1926년 홀아비 생활 18년 만에 동포 여인 이인복을 만나 새로운 가정을 이룬다.

가정을 갖게 된 홍범도는 이내 건강을 회복하게 되면서 또다시 항일의지가 되살아난다. 하지만 이미 60대에 다다른 홍범도는 무력투쟁 대신 농업협동조합을 만들어 한인들의 경제력 향상과 동포 자녀들의 교육에 주력한다. 그는 재혼 후 10여 년을 이렇게 보내게 되는데, 아마도 그의 전 생애 중 가장 평화로운 시기였을 것이다.

그러나 그 평화는 오래지 않아 산산조각이 나고 만다. 1937년 9월 스탈린 정권에서 극동 지역에 거주하는 모든 한인(韓人)을 중앙아시아로 이주시키기로 결정했다는 이주명령서를 보내온 것이다. 그 끔찍했던 흑하사변 때도 털끝 하나 다치지 않았던 홍범도였으나, 이번에는 한인이면 남녀노유를 불문하고 비로 쓸 듯이 끌어가는 데야 그 역시 용뺴는 재주가 없었다.

당시 소련 정부는 한인들을 강제로 이주시키면서 다음과 같은 이유를 내세웠다.

○ 한인들은 외형상 일본인과 구분이 안 되므로 일본의 간첩 활동을 할 가능성이 높다.
○ 한인들이 많게 되면 일본군이 그 독립군을 토벌할 때 자신들이 피해를 보게 된다.
○ 계속 한인들이 늘어나게 되면 자신들의 삶의 터전을 위협받게 된다.

강제 이주 소식을 접한 한인 지식인층에서 거세게 반발하자, 스탈린은 이주에 앞서 반발하는 한인은 남김없이 검거하라고 명했다. 그리하여 약 2,500명의 한인들을 검거하고 그중에서 일부는 간첩 혐의를 씌워 재판도 없이 처형했다.

이렇게 강제 이주에 반발하는 한인 지식인들을 남김없이 정리한 스탈린은 전격적으로 강제 이주 작전에 들어갔다. 한인들을 실어 나르기 위해 자그마치 124개의 열차를 동원하고서도 모자라 화물차는 말할 것도 없고, 심지어는 가축 운반차까지 동원하여 총 3만 8천여 가구의 18만여 명에 달하는 한인을 짐승 싣고 가듯 열차에 태웠다.

이주 대상자는 한인이면 남녀노유를 불문하고 몽땅 해당되었으며, 노약자와 임산부 그리고 심지어는 병원에 입원한 환자까지 예외를 두지 않았다. 이외에 소련 각종 기관에 근무하는 사람과 소련군에 복무하는 사람은 강제 해임 또는 제대시켜 열차에 태웠다.

한인들을 태운 열차는 이미 겨울로 접어든 11월 추운 날씨에 시베리아 횡단 철도를 따라 한 달여를 달렸다. 열차 안은 가축의 똥 냄새가 진동하는 말 그대로 생지옥이었다. 도중에 열차끼리 충돌하여 70여 명의 사상자가 발생하기도 했고, 때로는 한 정거장에서 며칠씩 정차할 때도 다반사였다.

그러다가 출발하면 며칠씩 정차 없이 달리기도 했는데, 그럴 때는 도리 없이 똥오줌을 바지에 쌀 수밖에 없었다. 많은 사람들이 좁은 공간에서 부대끼다 보니, 부스럼과 피부병은 물론, 이질과 홍역 등 각종 전염병까지 난무했다.

사망자가 발생하면 열차 안에 방치했다가 정차할 때면 옷이나 허름한 천에 둘둘 말아서 아무 데나 묻었다. 때로는 가족의 시체를 길바닥에 놓아둔 채 열차에 오르기도 했고, 더 심한 경우에는 달리는 열차에서 창문을 열고 밖으로 내던지기도 했다.

이렇게 강제로 열차에 실려 한인들이 추방된 곳은 연해주에서 자그마치 만 5천 리(6,000km)나 떨어진 중앙아시아의 카자흐스탄과 우즈베키스탄의 황무지였다. 그 땅에는 아무런 작물도 자라지 않았고,

오로지 갈대와 잡초만 무성했다. 또한 강제로 이주당한 한인들에게 숙소가 있을 리 만무했다. 삭풍이 몰아치는 반사막 지대에 내팽개쳐진 한인들은 토굴을 파거나 갈대와 나뭇가지로 지은 움막에서 그 겨울을 나야 했다.

이듬해 봄이 되자 열악한 환경 속에서 황무지를 일구느라 많은 사람들이 쓰러져 갔다. 당시 숙청, 기근, 질병 등으로 인해 적게는 9,500명에서 많게는 2만 5천 명에 이르는 한인들이 죽었다고 전해지는데, 9,500명만 잡더라도 3.1운동 희생자를 훨씬 웃도는 숫자였다.

홍범도가 끌려간 곳은 카자흐스탄의 '크즐오르다' 마을이었다. 젊은 시절에는 '날으는 홍범도'라 불리며 호랑이 같은 용맹을 떨치던 홍범도였으나, 이제는 모든 희망을 다 잃고 머나먼 고국 땅을 그리며 시름에 찬 나날을 보내게 되었다.

이때 그에게 구세주가 나타났으니, 28세의 조선 청년 '태장춘'이었다. 홍범도의 이력을 알게 된 태장춘은 어떻게 해서든 도움을 주려 애썼다. 고려극장의 총연출가였던 태장춘은 홍범도를 극장 수위로 취업을 시켜 생계에 도움을 주고, 또한 그를 설득한 끝에 홍범도의 일생을 그린 연극 「날으는 홍범도」를 제작하여 공연을 시작했다.

원래 자신의 이야기를 연극으로 제작한다는 말에 홍범도는 극구 반대했었다. 그가 반대한 이유는, '그동안 항일투쟁으로 수많은 동지들이 죽어간 마당에 지금까지 살아있는 것만 해도 그들에게 죄스러운 일인데, 자신의 지나간 역사를 연극으로 제작하여 공연한다는 것은 너무도 몰염치한 처사'라는 것이었다.

이에 태장춘은 "장군님의 지나간 역사를 알림으로써 이곳에 강제로 끌려와 힘든 나날을 보내고 있는 한인들에게 희망을 주고, 현지인들에게도 우리 한인들의 위상을 높일 수 있는 기회가 될 것"이라고 설득하여 마침내 공연이 가능하게 되었다. 연극은 스탈린의 강제이주 정책에 의해 이곳으로 쫓겨 온 한인은 물론, 현지인들에게도 더할 수 없는 위로와 감명을 주었다.

　이렇듯 홍범도에게 큰 힘이 되어 주던 태장춘은 고려극장이 크즐오르다를 떠나 우슈토베로 옮겨가게 되자, 그도 하는 수 없이 크즐오르다를 떠나야 했다. 홍범도에게 있어서 태장춘과의 이별은 한쪽 팔이 떨어져 나가는 것보다 더한 아픔이었다. 태장춘이 떠나고 나자, 홍범도의 기력은 급속히 떨어지고 시름시름 앓는 날이 많아졌다.

　여생이 얼마 남지 않았음을 직감한 홍범도는 1943년 가을의 어느 날 동지와 벗들을 불러 돼지를 잡고 막걸리를 빚어 마을 잔치를 벌였다. 이것이 홍범도가 행한 세상에서의 마지막 봉사였다. 그리고 마침내 크즐오르다 자신의 집에서 아내와 동지들이 지켜보는 가운데 풍운으로 가득 찬 76년의 삶을 접으니, 그날은 1943년 10월 25일이었다.

이회영의 꿈

상해마저 일본의 수중으로 떨어지고 동지들이 사방으로 흩어지자, 이회영은 이 난관을 극복하기 위한 방법으로 만주에다 새로운 거점 확보와 지하조직편성을 결심한다. 1932년 9월의 어느 날 자신의 계획을 정화암에게 털어놓은 이회영은 그와 함께 중국 국민당의 거물이며 아나키스트 지도자인 오치휘를 찾아 자신의 계획을 밝히고 이에 대한 지원을 요청했다. 이회영의 계획을 듣고 난 오치휘는 이렇게 대답한다.

"만주는 중국 못지않게 한국과도 이해관계가 깊을뿐더러 백만에 달하는 한국 교민이 살고 있으므로 한국인들이 조금만 힘을 보태준다면 만주 문제 해결에 많은 도움이 될 것이오. 만일 만주에서도 윤봉길의 상해 의거 같은 거사를 일으켜 중한 공동으로 항일전선을 펴게 된다면 장래 우리 중국 정부에서 만주를 한국인들의 자치구로 인정할지도 모릅니다."

오치휘의 대답에 이회영은, "한중 공동전선을 펴려면 무엇보다도 필요한 것이 자금 아니겠소? 지금 우리는 20년이 넘는 대일투쟁에 자금이 고갈된 지 이미 오래되었소이다. 그러니 이 계획을 실행에 옮기자면 중국 정부에서 자금부터 해결해 주어야 할 것이오."그러자 오치휘는, "선생들처럼 물욕과 영예를 초월한 담백한 무정부주의자들이 이미 결심이 섰다면 우리가 만주의 장학량에게 연락하여 자금과 무기를 제공하도록 알선해 주리다."라고 했다.

오치휘를 만나 본 이회영은 가까운 동지들 앞에서 자신의 결심을 밝히고 이에 대한 동의를 구했다. 이회영의 말이 끝나자 동지들은 하나같이 반대하고 나섰다.

"지금 만주는 망명 초기 선생님께서 활동하실 때와는 전혀 사정이 다릅니다. 작년 3월 일제가 이곳에 만주국을 세웠을뿐더러 지난 4월 윤 의사 의거 이후, 관동군(關東軍)으로 하여금 만주 전역에서 우리 독립군 사냥에 혈안이 되고 있습니다. 이토록 위험한 시기에 그곳으로 가신다는 것은 섶을 지고 불 속으로 뛰어드는 것과 진배없습니다." 그러나 이회영은 물러서지 않았다.

"사람은 누구나 자기가 바라는 목적이 있는 게 아닌가. 이 목적을 달성하고 죽는다면 그보다 더한 행복은 없을 것일세. 설사 그 목적을 달성하지 못할지라도 자신의 목적을 위해 최선을 다하다가 죽는다면 이 또한 행복이라 생각하네. 앞길이 구만리 같은 젊은이들은 나라를 위해 사선을 넘나드는데, 머지않아 70을 바라보는 내가 이를 옆에서 바라만 보고 있다면 젊은 동지들에게 공연히 짐만 될 뿐이네. 나는 이것을 가장 부끄러운 일이라 여기네."

이회영이 만주행을 계속 고집하자 동지들은 이회영의 노령(老齡)을 들고 나왔다. "이제 머지않아 겨울은 닥쳐오는데 그 추운 만주에서 어떻게 견디시려고 그러십니까? 이번 길은 북만주까지 가셔야 되는데 선생님 연세에 그것은 가당치도 않습니다. 북만주의 겨울은 저희 같은 젊은이들도 견디기 어렵습니다."

그러자 이회영은, "자네들이 나의 북행을 막는 뜻은 내 잘 알고 있네. 그러나 내 늙은 사람으로서 중국인 복색을 하고 텁수룩한 차림으로 만주에 있는 가족을 찾아간다고 하면 누가 날 의심하겠나. 게다가 만주에는 사위 장기준이 있으니 의탁하기도 좋지 않겠나. 모든 면으로 보아 이번 북행에는 나보다 적격자가 없다고 생각하네. 그러니 자네들은 아무 걱정 말고 이곳에 남아 있다가 내가 먼저 가서 준비공작을 해 놓거든 뒤따라오도록 하게나."라고 했다.

이회영의 결심을 확인한 젊은 동지들은 그만 할 말을 잊었다. 이회영은 한번 결심하면 타는 불 속이라도 마다하지 않는다는 것을 너무도 잘 알기 때문이다. 동지들의 동의를 구한 이회영은 만주에 가서 자신이 행할 일을 구체적으로 밝혔다.

첫째, 조속한 시일 내에 만주에 연락 거점 확보.
둘째, 주변 정세를 세밀히 관찰하고, 각종 정보 수집.
셋째, 장기준을 앞세워 지하조직 결성.
넷째, 관동군사령관 무토 노부요시(武藤信義) 암살.

망명 초기 서간도 개척에 앞장섰던 이회영은 만주에 새로운 거점을 구축할 자신이 있었다. 아무리 만주의 상황이 변했다 하더라도 그곳에는 아직도 믿고 의지할 수 있는 동지들이 남아 있을뿐더러 예전에 친분을 쌓았던 현지인 또한 많았기 때문이다.

더군다나 오치휘가 무기와 자금까지 대 준다고 하지 않던가!

이때 상해에는 요녕성(遼寧城)의 대표적 항일운동가이며 동북민중항일구국회(東北民衆抗日救國會)에서 총무조장을 맡고 있는 노광적(盧廣績)이 왔다는 소식이 전해졌다. 천성적으로 치밀한 성격을 타고났던 이회영은 '만사 불여튼튼'의 차원에서 상해를 떠나기 전 노광적도 만나는 게 좋겠다고 여기고 그를 찾았다.

"나는 이미 20여 년 전에 통화현에서 활동한 적이 있는 사람이오. 일본은 한국과 중국 공동의 적이니, 당연히 두 나라는 연합해서 공동전선을 구축해야 할 것이외다. 일본은 지금 한중 두 나라를 이간시키려는 책동을 꾀하고 있는데, 우리는 절대로 거기에 넘어가서는 안 될 것이오. 그러므로 중국에서 조금만 지원해 준다면 무토를 암살하고, 나아가서는 일왕도 암살할 계획이오. 나의 이 뜻을 이해하고 만주의 장학량을 만나게 해 주시오."

이회영의 진지한 태도에 노광적은 선선히 응낙했다.

일경의 고문으로 생을 마감하는 이회영

　이회영은 상해를 떠나기 전에 필히 만나고 갈 사람이 있었다. 그는 다른 사람이 아닌 자신의 둘째 형 석영이었다.

　아무리 나라를 위한 일이었다고는 하지만 자신으로 인해 만석 재산을 팔고, 만리타국에서 끼니 걱정까지 하며 고초를 겪는 형님을 생각하면 너무나 죄송했다. 더군다나 '다물단' 등 목숨 거는 일에만 앞장섰던 장남 규준(李圭駿, 1896~1928)을 독립 제단에 바치고 쓸쓸히 노후를 보내고 있는 형님을 생각하면 가슴이 저려왔다.

　이회영에게는 '진정한 혁명가는 자취를 남기지 않는다'는 신념이 있었다. 따라서 그는 평생을 독립운동의 외길을 걸으면서도 그 어떤 기록도 남기지 않았다. 또한 보안을 요하는 일에 임할 때는 그 일에 반드시 필요한 사람 외에는 그 누구에게 알리는 법도 없었다. 그랬으나 형님은 안 만날 수가 없었다. 만약 형님을 뵙지 않고 그대로 떠났다가 그 어떤 불상사라도 생기게 된다면 서로에게 '철천지한'으로 남을 것 같았기 때문이다.

　이회영이 방문했을 때 이석영은 두 젊은이와 담소를 나누고 있었다. 그의 아들 규서와 김구의 오른팔로 꼽히는 엄항섭의 처조카 연충열이었다. 그런데 여기에서 이회영은 돌이킬 수 없는 실수를 범하고 만다.

'상해에서 배를 타고 대련항을 거쳐 만주로 갈 것'이라는 자신의
행로를 숨김없이 밝히고 말았던 것이다. 아마도 이회영의 입장에선
석영 형님의 하나밖에 없는 아들을 의심하기도 어렵고, 그렇다고
김구의 오른팔 격인 엄항섭의 처조카이며, 아들 규창의 동지로 활동
하고 있는 연충열도 의심할 수가 없었기에 마음 놓고 털어놓았던
모양이다.

80을 겨우 이태 남겨 둔 석영은 그토록 믿고 의지하던 아우가 멀
고도 험한 사지(死地)로 간다고 하자, 비통한 마음을 금할 수 없었다.
막는다고 자신의 뜻을 꺾을 아우가 아니었기에 석영은 그저 하염없
이 눈물만 흘렸다. 형님의 눈물을 본 아우 역시 참았던 눈물을 쏟아
냈고, 결국 두 형제는 눈물 속에서 작별을 하고 말았다. 이들 형제의
마지막 이별이었다.

1932년 11월 8일 저녁, 규창은 아버지를 모시고 상해 황포강 부
두로 향했다. 하늘에는 음력 시월 열하루 달이 떠 있었다. 달빛을
받으며, 두 부자는 말없이 걸었다. 언제나 그렇듯이 그날도 대련으
로 향하는 영국 선적의 '남창호(南昌號)'는 붐비고 있었다.

부두에서 돌아서고자 했던 규창은 붐비는 배를 본 순간 이건 아니
다 싶은 생각에 아버지를 모시고 배에 올랐다. 아버지의 자리까지
잡아드리고 내릴 심산에서였다.

그런데 선실로 들어서는 순간 아버지가 한없이 가엾다는 생각이
들면서 갑자기 슬픔이 북받쳐 올랐다. 큰일을 앞두신 아버지 앞에서
이러면 안 된다는 것은 알았지만 규창의 마음은 무어라 표현할 수

없을 만치 서글프고도 불안했다.

경술국치 이래 온갖 풍상을 겪으신 아버지께서 이제 일흔이 머지 않은 연세에 왜적이 득실거리는 사지로 가신다고 생각하니, 규창의 눈에서는 그동안 참았던 눈물이 주르르 흘러내렸다. 규창은 큰일을 위해 먼 길을 떠나시는 부친께 눈물을 보일 수 없다는 생각에 얼른 돌아서서 눈물을 훔치고는 배 바닥에 엎드려 큰절을 올렸다.

"아버지! 부디 몸조심하세요." 규창의 말소리는 그대로 울음이 었다. "그래! 너도 아무쪼록 몸조심하거라." 이회영의 음성도 떨려 왔다.

그날 이후 규창은 부친이 무사히 도착하셨다는 소식이 오기만을 일각이 여삼추로 기다리고 있었다. 그러나 규창의 이런 바람은 여지 없이 무너지고 마는데, 그것은 만주로 향하시던 부친께서 일경에 체포되어 고문사했다는 믿을 수 없는 소식을 접했기 때문이다.

그러면 당시의 상황을 규창의 『운명의 여진』을 통해서 직접 들어 보기로 하자.

부친이 떠나신 후 나는 만주 목적지에 평안히 도착하셨다는 편지를 고대하며 하루하루를 지내는데, 10여 일이 지나서 돌연 국내에서 규학 형님네로 모친의 전보가 왔다. '11월 17일 부친이 대련 수상경찰서에서 별세하셨다'는 간단한 전문이었다.

이 무슨 청천벽력인가! 규학 형님과 나는 꿈인지 생시인지 분간조차 안 되었다. 백정기 선생에게 전문을 보이고 사후 대책을 논의했으나, 그 어떤 대책도 마련할 수 없었다. 우선 국내에 계신 어머님께 좀 더 자세한 사정을 알려달라는 편지를 띄웠다. 그리고 항주에 계신 시영

숙부님과 각처에 계신 아버님의 동지들에게 이 끔찍하고도 슬픈 소식을 전했다.

이회영의 죽음은 국내외의 비상한 관심을 모았다. 특히 상해에 있던 그의 동지들은 이회영이 상해를 떠나 대련항에 내리기도 전에 체포되었다는 사실에 경악했다. 그토록 보안에 철저했던 이회영의 행방을 일경에서 도대체 어떻게 알았단 말인가? 도대체 알 수 없는 일이었다.

그러나 여기에는 다음과 같은 비밀이 숨어 있었다. 이회영이 상해를 떠나기 전 둘째 형님네를 찾았을 때 그 자리에 있던 연충열과 이규서는 사실 일제의 밀정이었다.

이석영에게는 아들만 둘이 있었는데, 큰아들 규준은 부친의 뜻을 이어받아 약관인 20세도 되기 전부터 독립운동에 투신했다. 그 후 신흥무관학교를 졸업한 그는 의열단에 버금가는 '다물단'을 조직하여 일제 요인들과 친일파 처단에 앞장섰다.

1925년 3월 김달하 처단을 주도했던 규준은 일경의 수사망이 좁혀오자 일단 상해로 피신했다. 상해에서 다시 호북성 한구(漢口, 한커우)로 활동 근거지를 옮긴 규준은 그곳에서도 다물단을 이끌며 일제와 투쟁하던 중 1928년 서른셋의 나이로 병사했다.

속담에 '형만 한 아우 없다'고 했듯이 그의 아우 규서는 어려서부터 형의 발뒤꿈치도 못 따랐다. 이석영은 환갑이 다 된 쉰아홉 늦은 나이에 얻은 그를 '불면 날까 쥐면 꺼질까' 애지중지하며 금지옥엽으로 키웠다. 따라서 서간도 시절 모두가 강냉이밥으로 끼니를 이어갈 때에도 규서에게 만큼은 특별히 이밥(예전에는 쌀밥을 '이밥'이라 불렀다)을 먹었다.

이때 규서보다 한 살 어렸던 4촌 동생 규창은 규서가 먹는 이밥이 먹고 싶었으나 형편이 닿지 않았다. 이에 한이 맺힌 규창은 어느 날 규서를 땅에 묻고자 삽으로 땅을 파다가 연유를 알게 된 백부(이석영)로부터 종아리까지 맞은 적이 있었다.

그러던 규서였으나 독립운동 기간이 길어지면서 그의 형편도 다른 사람과 다름없이 되어갔고, 이때부터 그의 마음속엔 독립운동에 대한 불만이 쌓이기 시작했다. 그러던 어느 날 누군가 그에게 귀띔하기를, "너의 부친은 원래 만석을 굴리던 거부였으나 숙부의 꼬임(?)에 빠져 그 많은 재산을 모두 독립운동에 바치고 빈털터리가 되었다"고 전했다.

그 얘기를 들은 이후, 규서의 불만은 숙부 이회영에게로 향했다. 그러던 차에 윤봉길 의거가 터졌다. 일제는 사건의 배후로 한인애국단을 이끄는 김구를 지목했으나, 남화한인청년연맹을 이끌던 이회영 역시 그 파도를 비켜 갈 수는 없었다. 당연히 이회영의 목에도 현상금과 함께 수배령이 내렸다.

이를 알게 된 규서는 이때부터 자신과 뜻이 맞는 연충열과 함께 숙부를 노리게 되었다. 그가 특히 이회영을 표적으로 삼은 이유는 숙부에게 많은 불만이 쌓이기도 했지만, 그의 입장에서는 이회영을 접하기가 너무나 수월했기 때문이다.

지난 11월 초 이들은 여느 때처럼 부친과 이런저런 얘기를 나누고 있던 차에 숙부 이회영이 규창과 함께 나타났다. 그때까지 이회영은 단 한 번도 규서를 의심해 본 적이 없었고 함께 있던 연충열 또한 의심해야 할 만한 이유가 없었기에 이들 앞에서 아무 거리낌

없이 자신의 계획을 털어놓았다. 생각지도 못했던 고급 정보를 얻게 된 이들은 속으로 쾌재를 불렀다. 하늘이 준 기회라고 여긴 둘은 이튿날 아침 이 엄청난 정보를 일경에 밀고해 버렸다.

그날 이후 이회영의 뒤를 추적하던 일경은 이회영이 11월 8일 저녁에 대련으로 가는 남창호에 승선했다는 사실을 알아냈다. 일단 배를 탄 이상 독 안에 든 쥐라고 판단한 일경은 느긋하게 기다리고 있다가 남창호의 대련항 도착 시간에 맞추어 형사대를 부두에 대기시켰다.

그리고 마침내 11월 13일 이회영이 탄 남창호가 대련항에 도착하자 다른 승선객이 내리기도 전에 선실로 뛰어들었다. 이회영의 사진은 물론, 중국인 복색까지 갖췄다는 것을 미리 탐지했던 형사들은 너무도 쉽게 이회영을 찾아냈다.

대련 수상경찰서로 끌려간 이회영은 모든 것을 체념하고, 이곳이 내가 죽을 자리라고 생각했다. 잔혹하기로 이름난 일경이었으나, 처음에는 이회영을 회유하고 나왔다. 그러나 이회영은 입을 굳게 다문 채 묵묵부답으로 일관했다.

수많은 항일투사를 다뤄보았던 일경은 일단은 기다려 보기로 했다. 하지만 저들의 속셈을 알아차린 이회영은 이틀이 지나고 사흘이 지나도 꿈쩍도 안 했다. 참다못한 이들은 마침내 고문을 가하기 시작했다. 그들이 보기에 이회영은 노쇠하고 초라한 그저 평범한 늙은이에 불과했다. 그러나 잔혹한 그들의 고문에도 굳게 닫힌 이회영의 입은 열릴 줄을 몰랐다. 고문의 강도는 높아졌고, 그 종류도 늘어갔다. 하지만 그들이 고문의 강도를 높이면 높일수록 이회영의 입은 더욱 굳게 닫혔다.

이회영이 혼절하자 찬물을 끼얹어 가며 고문을 계속했고, 이 짓을 몇 번 반복하자 이회영은 냉수를 끼얹어도 안 깨어났다. 아침이면 깨어날 것이라고 생각했던 이들은 기절한 이회영을 유치장에 방치한 채 당직 형사 후쿠다(福田) 고등계 주임 한 명만 남기고 모두가 나가버렸다.

졸음에 지쳐 잠들었던 후쿠다가 눈을 뜬 것은 새벽 5시 무렵이었다. 어젯밤 기절했던 이회영이 궁금해진 후쿠다는 유치장을 열고 이회영을 살펴보았으나, 바닥에 쓰러진 이회영은 미동도 안 하는 것이었다. 이상한 생각이 든 후쿠다는 이회영의 어깨를 잡고 흔들어 보았으나 전혀 반응이 없었다. 섬뜩한 느낌이 들어 코에 손을 대 보니, 이미 숨이 멎어 있었다. 놀란 후쿠다는 형사과장에게 달려갔다. 형사과장이 달려오고, 이어서 서장이 달려왔다.

그제야 손발을 만져보니 이미 차디차게 식어 있었다. 당황한 이들은 즉시 대책 마련에 분주했다. 만약 이회영이 고문으로 인해 사망한 사실이 외부로 누출되었을 경우에 몰고 올 파장을 의식한 이들은 이 사건을 다음과 같이 서둘러 발표해 버렸다. "1932년 11월 16일 21시경부터 대련 수상경찰서에서 거동수상자로 취조를 받던 70세 전후의 신원 미상의 노인이 익일(翌日, 이튿날) 새벽 5시 20분경 삼노끈으로 목을 매 자살했다."

이회영 순국 장소의 진실

지금까지 이회영의 순국 장소를 두고 '대련 수상경찰서'라는 설과 '여순감옥'이라는 두 가지 설이 있는데, 이에 대하여 이회영의 부인 이은숙의 『서간도 시종기』에는 다음과 같이 나와 있다.

(⋯) 여식 규숙(당시 23세)이가 대련에 도착하여 바로 수상경찰서를 찾아가 저의 부친 함자(銜字, 이름)를 대니, 형사들이 꼼짝을 못 하게 지키고는 여러 신문 기자들이 여식을 면회하고자 청했으나, 형사들이 허락을 안 해주니 어찌하리오. 여식은 저의 부친께서 고문에 못 이겨 최후를 마치셨을 거라는 의심을 품고, 부친 시신을 다른 곳으로 모시고 가서 수의(壽衣)라도 입혀 화장을 모시려 했다.

그러나 원수 같은 왜놈들이 면회조차 못하게 하니, 혼자 어찌할 바를 모르다가 형사가 시키는 대로 시체실에 가서 부친의 시신을 뵈었다. 옷은 입으신 채로 이불에 싸서 관(棺)에 모셨으나 눈은 차마 감지를 못하시고 뜨신 걸 뵙고 슬픔이 북받쳐 기가 막히는 중에 형사들은 재촉을 해대어 저 혼자서는 도리가 없는지라 하는 수 없이 시키는 대로 화장장으로 가서 화장을 하고 유해를 모시고 신경(장춘)으로 왔다. (⋯) 임신년(1932) 10월 25일(양력 11월 22일)에 여식 규숙이가 저의 부친 유해를 모시고 신경으로 왔다는 전보를 받았다. 26일 오후 10시에 급행열차로 가아(家兒, 남에게 자기 아들을 이르는 말) 규룡이가 신경으로 가서 저희 남매 실성통곡 후에, 유해를 모시고 11월 초하루 오전 5시 5분에 장단역에 도착할 것이라는 전보를 받았다.

서울에서는 10월 29일에 이득년 씨와 유진태 씨 두 분이 장단역으로 가서 유해가 도착되는 대로 임시 모실 곳을 정하고자 하니, 악질 같은 왜놈들도 동정심이 났던지 역전 창고를 빌려주어 영결식장을 배설했다. 29일 오후에 서울서는 우리 모녀(현숙 포함), 조카 규봉 내외와 그 딸 셋, 생질, 시외4촌 부자분과 그 손녀 내외, 그리고 가군 동지들과 옛날 친구 50~60명 선생들이 장단역으로 내려갔다.

그날 오후부터 눈발이 날리면서 밤 초경(오후 8시)이 되자 풍세(風勢)가 어찌나 심한지 영결식장에 배설해 놓은 병풍과 차일이 다 날아가 버리니, 오호라! 가군의 영혼이 원통하여 이같이 하신다고 여러분들이 더욱 슬퍼하더라.

한편 변영태 씨, 장덕수 씨, 여운형 씨, 동아일보 편집국장 김철중 씨, 그리고 조선일보사에서는 서승효 씨가 여러 사진기자를 대동하고 내려왔다. 박돈서 씨, 홍증식 씨, 신석우 씨 세 분이 평양까지 마중 가서 유해를 모시고 11월 1일 오전 5시 5분 기차로 역전에 도착했다.

슬프도다! 가군의 유해를 아들 규룡이 모시고 오는 걸 보고 있는 이영구(혼인 후 이회영이 지어준 이은숙의 이름)의 심사이리오!

한편 시간이 바쁘신 분은 조전 참례 후, 상경하시고 여유가 있으신 분은 반우(返虞) 행렬을 따라 큰댁으로 오시니, 슬프도다! 가군의 자취는 임신년(1932) 11월 1일(양력 11월 28일)로써 마지막을 고하셨도다.

이회영의 사망 장소가 대련 수상경찰서가 아닌 여순감옥이었다고 주장하는 논거는 '동북항일연군(東北抗日聯軍, 만주에서 활동하던 모든 피압박 민족으로 구성된 항일 연합부대)' 기밀문서에 기록된 "이회영은 해로를 거쳐 동북으로 갔으나, 그만 불행하게도 일본 대련 수상경찰서에 체포되어 여순감옥에서 적에게 살해되었다"라는 내용을 들고 있다.

그러나 여기에서 우리는 좀 더 신중하게 접근해 볼 필요가 있다. 이회영이 사망했을 당시 그의 시신을 직접 확인한 사람은 고인의 여식 이규숙 외에는 아무도 없었다. 그리고 이은숙의 『서간도 시종기』에 실려 있는 '고인의 시신 확인에서부터 장례식까지의 장면'은 규숙의 증언에 의하여 그 어머니 이은숙이 작성한 것으로서 그 내용은 혀를 내두를 만치 정확하고도 세밀하다.

거기에는 '신경'에 머물던 규숙이 아버지의 순국 소식을 듣고 대련 수상경찰서로 달려가 일인 형사들이 에워싼 공포 분위기 속에서 연약한 여성 혼자서 감당해야 하는 어려움을 너무도 생생하게 담고 있다.

그 외에도 사망 장소와 함께 화장을 모신 후에 그 유해를 영결식 장소인 장단까지 모시고 오는 동안의 과정은 물론, 장단에 있는 선산(先山)에 안장을 마칠 때까지의 전체적인 일정을 몇 날 몇 시 몇 분까지 정확하게 기록했다.

이은숙은 서간도와 북경에서 10년 넘게 생활했고, 규숙은 중국이 한국보다도 더 익숙한 사람이므로 이들 모녀가 대련 수상경찰서와 여순 화장장을 혼동했다고 보기는 어렵다. 더군다나 규숙은 여학교를 나와 교사직에 있던 23세의 성인 여성이 아닌가.

여기에 한 가지 더 부언하자면 경찰서에서 숨진 시신을 화장장으로 옮기는 것은 이치에 닿지만 반대로 감옥에서 숨진 시신을 경찰서로 옮긴다는 것은 이치에 맞지 않는다. 당시 이회영의 시신은 '여순 화장장'에서 처리했다는 게 정설이다.

이회영의 사망 장소를 여순감옥이라 여기는 것은 그의 시신을 여순 화장장으로 옮긴 것을 두고 사망 장소까지 혼동했던 것으로 추정된다. 동북항일연군에서 기록했다는 문서는 현장 확인을 마치고 한 게 아니라 누구의 이야기를 전해 들었거나, 아니면 그냥 추정적으로 기록했음이 분명하다. 왜냐하면 일경이 죽었다 깨어난다 해도 그들에게 이회영 순국 장소의 진실을 누설했을 리는 만무하기 때문이다.

따라서 현장에서 부친의 시신을 직접 확인한 규숙의 증언은 가히 절대적이라 할 수 있다.

밀고자의 처단

이회영이 대련 수상경찰서에서 잔혹한 고문으로 최후를 마치자, 상해 독립운동가에서는 이 사건은 틀림없이 누군가의 밀고에 의해서 저질러진 일이라 판단하고, 그 밀고자를 찾아내는 데 총력을 기울였다. 이때 그 선두에 선 사람은 '남화한인청년연맹'의 백정기와 엄형순(엄순봉) 그리고 이회영의 아들 이규창 이렇게 세 사람이었다.

밀고자의 추적을 시작한 지 불과 며칠 만에 용의선상에 떠오른 사람은 놀랍게도 이규창의 4촌 이규서와 그의 동지 연충열이었다. 이 엄청난 사실에 누구보다도 놀란 사람은 규창이었다.

규서는 규창보다 겨우 한 살 위의 4촌 형이다. 까닭에 둘은 평소 스스럼없이 지냈고, 연충열 또한 '상해한인청년당'에서 규창과 함께 같은 회원으로 활동하고 있는 사이였다. 그러나 일단 이들이 밀고했다는 정황이 드러난 이상 그대로 놔둘 수는 없는 일이었다.

이에 규창은 이들을 잡는 데 직접 총대를 메기로 하고, 두 사람을 유인하여 동지들 앞으로 끌어오기로 마음을 굳혔다. 허나 이들을 유인하려면 두 사람이 덥석 물을만한 미끼를 던져야 하는데, 이들이 아버지를 밀고한 게 사실이라면 그들 역시 경계를 늦추지 않을 것이므로 여기에 합당한 미끼를 찾기란 생각처럼 간단한 일이 아니었다.

섣불리 미끼를 던졌다가 만약 이들이 눈치라도 채는 날이면 일은 시작도 해보기 전에 수포로 돌아갈 우려마저 있었기에 상당히 신중을 기해야 했다.

기회를 엿보던 규창은 사건 10여 일 후에 드디어 석영 백부(伯父) 댁에서 두 사람을 만나게 되었다. 평소처럼 백부 앞에서 이런 이야기 저런 이야기를 나누던 규창은 두 사람에게 그동안 준비했던 미끼를 던졌다.

"아버지도 안 계신 터에 우리 젊은 동지들은 다시 의열단체를 조직하여 활동을 재개해야 하지 않겠는가?"라고 제의했다. 이 말을 들은 두 사람은 마치 기다리기라도 했다는 듯이 "우리도 진작부터 그런 생각을 해왔다"면서 찬성하고 나섰다.

이에 규창은 "이런 일은 급히 서두른다고 해서 될 일이 아니고, 우선 자금과 준비 기간이 필요하므로 이틀 후에 이 자리에서 다시 만나자"고 하고 그날은 그쯤에서 헤어졌다.

이틀 후에 두 사람을 다시 만난 규창은 "임정과 연이 닿는 몇몇 선생님께 우리의 계획을 말씀드렸더니, 참 좋은 생각이라고 하면서 자금 지원은 물론 언제 한번 만나기를 원하므로 날짜가 정해지면 나와 함께 그곳으로 가는 게 어떠냐?"고 했다.

규창의 말에 두 사람은 "날짜만 잡히면 언제라도 좋으니 알려만 달라"며 아주 속 시원하게 나왔다. 수일 후, 이들을 다시 만난 규창은 "그분들을 남상입달농촌학원에서 만나기로 했다"면서 날짜와 시간을 알려 주었다.

이 학원은 류자명이 교편을 잡고 있는 곳으로서 주변이 조용하고 한적해서 중국인 아나키스트들이 주로 이용했고, 더러는 한인 동지들도 이용했으므로 두 사람은 전혀 의심을 안 했다. 며칠 후 두 사람은 약속 시간에 맞추어 그 자리에 나타났다. 그들은 잘하면 대어를 낚을 수 있을지도 모른다고 생각하고 있었던 것이다.

그러나 그 자리에서 이들을 기다리고 있는 사람들은 천만뜻밖에도 백정기와 엄형순 그리고 정화암을 비롯한 '남화연맹원'들이었다. 이곳에 미리 와있던 규창은 이규서와 연충열이 나타나자 슬며시 사라져 버렸다. 아무리 아버지를 죽음으로 몰고 간 원수라고는 하지만 4촌 형을, 더군다나 백부께서 그토록 애지중지하는 규서를 직접 죽인다는 것은 차마 못 할 짓이었다.

규창이 사라지자 곧바로 문초가 시작되었다. 그동안 수집했던 물증을 들이대며 추궁하자 새파랗게 질린 이들은 밀정행위를 순순히 시인하면서 "한 번만 살려달라!"고 빌었다. 하지만 일단 물증이 드러나고 자백까지 받아낸 이상 다음 수순은 '처단'의 외길이었다.

가오실(嘉吳室)

　　아들 규서가 제 숙부를 밀고한 혐의로 남화연맹원들에게 처단당한 사실을 뒤늦게 알게 된 이석영은 고통 속에서 살다가 80 나이에 이역의 땅에서 굶어 죽었다. 『기려수필(騎驢隨筆)』에 의하면 그가 죽은 곳은 상해시 프랑스 조계 아남배로(亞南培路)에 있는 서씨네 창고라고 한다.

　　이석영이 아사(餓死)한 날은 1934년 2월 16일이다. 그의 죽음은 그로부터 열이틀이 지난 2월 28일 자 『동아일보』를 통해서 세상에 알려졌다. 아래는 그날의 『동아일보』 기사 내용이다.

　　潁石 李石榮氏(영석 이석영 씨)

　　上海客窓에서 永眠(상해 객창에서 영면)

　　北滿으로 滬寧으로 流浪三十年 遺骸도 異域에 埋葬(북만으로 호녕으로 유랑 삼십년 유해도 이역에 매장)

　　영석 이석영(李石榮) 씨는 지난 十六일 오후 二시에 상해 불조계 아이배로서가고교우(上海佛租界亞爾培路徐家庫僑寓)에서 향년 八十을 일기로 서거하엿는데, 씨는 경술년에 자기의 가산 전부를 팔아가지고 가족을 데리고 조선 땅을 떠난 후 三十年에 가까운 세월을 북만주와 북경 상해 등지로 유랑하며 파란중첩한 생활을 계속하다가 모진 병마에 걸리어 작년 겨울 이래 신음하던바, 드디어 그와같이 세상을 떠낫다는데, 임종시에는 동씨의 아우인 이시영(李始榮) 씨도 딱한 사정으로 항주(杭州)에 있게 되어 만나보지 못하고 쓸쓸히 영면하엿다고 한다.

그런데 장례식은 지구(친구?)의 도움으로 무사히 지난 二十일에 상해 홍교로(虹橋路) 공동묘지에 안장하엿다고 한다.

기사의 내용대로 이석영의 시신은 그의 아내와 지인들의 도움으로 상해 홍교(虹橋, 홍차오루) 공동묘지에 묻혔다. 그 후 급격한 도시화로 인하여 지금은 그 유해조차 찾지 못하게 되었으니, 그는 결국 머나먼 이국땅을 떠도는 무주고혼이 되고 말았다.

이석영은 만주 서간도에 신흥무관학교를 세울 때 그 자금을 댔던 사람이다. 황현(黃玹)은 『매천야록』에서 이석영의 양부 이유원(李裕元)은 그가 사는 양주 '가오실'에서 동대문에 이르는 80리 길을 남의 땅을 한 평도 밟지 않고 갈 수 있다고 했다. 실제로 그가 양부로부터 물려받은 땅을 모두 합치면 267만 평(8,826,446㎡)에 이르렀다고 하니, 황현의 얘기가 마냥 허풍만은 아닌 것이다. 그러면 여기에서 그가 소유했던 땅이 얼마나 많은 가치를 지녔는지 한번 따져보자.

그의 땅은 주로 남양주 화도읍 지역에 있었다고 한다. 이 지역의 토지 가격은 현재 싼 곳은 평당 100만 원 안팎이고, 비싼 곳은 평당 1,000만 원을 상회한다. 이것을 알기 쉽게 계산해서 평당 100만 원씩만 치더라도 1,000평이면 10억이다. 10억만 가지면 이석영네 네 식구가 몇 해 동안 물 쓰듯 하면서 지낼 수 있다.

267만 평을 1년에 1,000평씩 판다고 가정했을 때 얼마나 걸릴까를 따져보면 자그마치 2,670년이라는 계산이 나온다. 그런데 이렇게 엄청난 재산을 소유했던 그가 그 땅을 모두 팔아 독립운동자금으로 바치고 말년에는 이국땅을 떠돌다가 굶어죽었으니, 도대체 이 일을 어떻게 설명해야 하는가!

지금 그가 양부 이유원을 모시고 살았던 가오실 옛 집터엘 가보면 아흔아홉 칸이나 되었다던 그 큰 집은 흔적조차 없고, 그 터에는 심은 지 6백 년이 넘는 은행나무 한 그루만 서 있다. 둘레가 7m를 상회하는 이 은행나무는 가오실의 상징으로 자리 잡은 지 오래여서 '가오실은행나무' 하면 인근에서는 모르는 사람이 없다.

이곳의 행정지명은 이석영이 살던 구한말에는 양주군 상도면 가곡리였으나, 사람들은 '물골안 가오실'이라 불렀다. 여기에서 말하는 '물골안'이란 행정지명이 아니고 현재 남양주 수동면 전체와 화도읍 가곡리를 합한 지역의 옛 명칭이고, 가오실(嘉吾室)이란 이유원이 경치가 빼어난 이곳에 집을 짓고서 '아름다운 나의 집'이란 의미로 지은 이름이다.

그 후 이곳의 명칭은 그가 망명하고서 4년이 지난 1914년부터는 양주군 화도면 가곡리로 개칭되었다가 지금은 다시 남양주시 화도읍 가곡리로 바뀌었다.

한양에서 벼슬을 살던 이유원이 경치가 빼어난 이곳 가오실에 별서(別墅)를 마련한 것은 그의 나이 40 안팎이라고 한다. 그가 가오실에 머무는 일이 잦아지자, 이를 알게 된 고종은 '귤산가오실(橘山嘉梧室)'이란 어필(御筆)을 내렸다.

이후 이유원은 이곳에 더욱 애착을 갖게 되었고, 대원군과 사이가 나빠지면서부터는 서울에서 내려와 주로 이곳에 머물렀다. 1873년 대원군이 실각하면서 다시 정계로 진출하게 되자, 그때는 서울과 가오실 양쪽을 모두 왕래했다. 그 후 정계를 완전히 은퇴한 뒤로는 세상을 떠나는 날까지 이곳에 머물다가 1888년에 생을 마쳤다.

이곳에서 양부를 모시고 살던 이석영은 양부 이유원이 작고하자, 그의 유해를 임하려(林下廬, 이유원이 살던 집의 이름)에서 도보로 반 시간가량 걸리는 물골안 소래비(남양주시 수동면 송천리) 마을에 안장했다.

이석영이 이곳 가오실에 살았다는 이야기는 경술국치 후 30여 년에 걸쳐 전국을 떠돌며 독립운동가들의 행적을 찾아 기록한 송상도(宋相燾, 1871~1946)의『기려수필』에 아래와 같이 나와 있다.

이석영은 판서 이유승의 차남으로 족숙(族叔) 이유원에게 출계(出系)하였다. 이유원은 바로 가오실 대신이다. 철종 을묘년(1855)에 서울 저동에서 태어난 이석영은 고종 을유년(1885)에 문과에 급제하여 한림(翰林)과 승지를 지냈다. 갑오년(1894)에 동학란으로 인해 청일전쟁이 일어나자 나라의 형편이 크게 변하였다. 이석영은 벼슬에 뜻이 없어서 마침내 벼슬을 사양하고 고향으로 돌아와 세상에 나가지 않았다.

이회영 형제들의 최후

이회영 6형제 중 가장 먼저 죽음을 맞은 사람은 셋째 이철영이고, 두 번째가 이회영, 세 번째가 막내 이호영, 네 번째가 이석영, 다섯 번째가 맏이 이건영이다. 이들은 모두 해방 전에 죽음을 맞았고, 해방 후까지 살아남은 사람은 다섯째 이시영이 유일했다.

이 중 이회영과 이석영에 대해서는 그 행적이 잘 알려져 있으나, 나머지 형제들에 대해서는 별로 알려진 게 없다. 이제 이들 네 사람의 행적을 따라가 보기로 한다.

맏이 이건영은 1853년 경기도 개성에서 이유승(李裕承)의 6남 4녀 중 장남으로 태어났다. 그는 비교적 늦은 나이인 서른여섯에 이르던 1888년 3년마다 실시되는 식년시(式年試)에 급제하고, 1891년 익위사의 부사를, 구한말에는 평안도관찰사를 역임했다.

1910년 경술병탄이 이루어지자, 5명의 아우들과 함께 서간도로 망명하여 경학사와 신흥무관학교를 세우는 데 힘을 보탰다. 또한 서당을 경영하여 동포 자제들에게 민족의식을 고취시켰다. 이어서 봉천(선양) 보안보(保安堡) 서탑대가(西塔大街)로 이주하여 독립운동에 진력하였다.

그 후 조상 대대로 내려온 선산(先山)을 관리하고, 조상의 봉제사를 받드는 것이 장자의 몫이라는 주위의 권유에 따라 1926년 74세 때 선산이 있는 경기도 장단으로 돌아왔다. 이건영은 그곳에서 농사를 지으면서 조상의 봉제사(奉祭祀)를 받들고 선산을 돌보는 등 장자의 역할을 충실히 해냈다.

그러나 아우 5형제가 중국에서 독립운동에 몸담고 있었던 까닭에 일제가 늘 그를 감시했으므로 행동의 제약이 많이 따랐다. 일 년 내내 긴장 속에서 살아야 했던 그는 1940년 88세를 일기로 장단에서 생을 마감했다.

이건영은 넷째 아우 회영의 장남 규룡(圭龍, 1887~1955)을 입양한 외에 자신이 생산한 규면(圭冕, 1893~1930)과 규훈(圭勛, 1896~1950) 그리고 딸이 하나 있었다. 이중 규면은 신흥무관학교 졸업 후 상해에서 독립운동에 매진하다가 1930년 38세로 병사했다. 막내 규훈 또한 만주에서 독립운동에 진력하다가 해방을 맞아 귀국했으나, 1950년 한국전쟁 때 실종되는 비운을 맞았다.

셋째 이철영은 철종 말년인 1863년 서울 중구 저동에서 태어났다. 그는 현릉원(顯隆園, 수원에 있는 사도세자의 무덤, 광무(光武) 3년인 1899년에 융릉으로 격상되었다)의 참봉으로 있던 중 경술국치를 당하자, 형제들과 함께 압록강을 건너 서간도로 망명하였다.

그 후 경학사 사장에 취임하여 황무지 개척 사업을 벌였으며, 이주 동포들의 정착과 생업 지도에 힘썼다. 1914년 신흥무관학교 교장으로 추대되어 애국청년들을 훈련시키며 독립군 양성에 진력했다. 침착하면서도 치밀한 성품의 소유자였던 이철영은 아직 자리가 잡히지 않아 어수선했던 초기 서간도 개척 사업을 관리하고 수습하는 일에 능숙하여 주변의 신임이 두터웠다.

그도 다른 형제들과 마찬가지로 가져간 재산이 다 떨어지고 신흥무관학교도 문을 닫게 되자 북경과 천진 등 대륙을 떠돌다가 1925년 3월 18일 63세를 일기로 순국했다. 사인(死因)은 풍토병이었다고 전해진다.

다섯째 이시영은 이회영의 '제밑동생'으로 1868년 중구 저동에서 태어났다. 그는 형 이회영과는 달리 19세 때인 1886년 '식년감시(式年監試)'에 급제하여 일찍부터 벼슬길에 나아갔다. 1905년 을사늑약이 맺어질 당시 외부대신 박제순에게 "이토의 요구를 들어주게 되면 만고의 죄인이 될 것"이라며 조약 체결을 반대할 것을 요청했으나, 그의 요구는 받아들여지지 않았다.

을사늑약 체결 이듬해인 1906년 고종의 강권으로 평안도관찰사에 부임하여 서양식 근대 학교 설립과 구국 계몽운동에 앞장섰다. 그 후 한성재판소 소장 등을 역임했으나, 일제가 조선을 병탄하자 주저 없이 관직을 내던졌다.

1910년 12월, 일가 전체가 만주로 망명할 때 형제들과 행동을 함께했다. 당시 이시영은 일본 오사카에서 발행되던 『매일신보』에 '이시영은 만주의 무관왕(無冠王)이요, 만주 일대의 살인강도두령'이라는 기사가 뜰 정도로 일제가 주목하는 인물이었다.

1919년 4월, 상해 임시정부가 출범하자 그곳으로 가서 임정의 법무총장과 재무총장을 맡아 1926년까지 임정의 자금 조달에 진력하였다. 1933년 임정 주석을 윤번제로 시행하게 되자 국무위원 겸 법무위원이 되어 임정을 이끌었으며, 이듬해에는 『감시만어(感時漫語)』를 저술하여 침체된 독립전선에 활력을 불어넣었다.

1945년 8월 해방이 되자, 그해 11월 환국하여 건국에 참여하고 초대 부통령에 올랐다. 이시영은 만주에 있던 신흥무관학교의 정신을 되살리고자 1947년 2월 '신흥전문학관(新興專門學館)'을 개관하였다. 이 학관은 6.25전쟁을 겪고 나서 재정난을 겪다가 배영대학관과 통합하니, 이 학교가 바로 지금의 '경희대학교'이다.

이시영은 1950년 6.25가 발발하자 피난 정부를 따라 부산으로 내려갔다. 1951년에 벌어진 국민방위군 사건처리를 지켜보면서 이승만 독재정권에 실망하여 그해 5월 부통령직에서 물러나 이승만과 결별했다. 1952년 5월, 제2대 대통령 선거에서 민주국민당 대통령 후보로 입후보했다가 낙선한 후, 정치에서 손을 떼고 경남 동래로 낙향했다.

이곳에서 조용하게 노후를 보내던 이시영은 1953년 4월 17일 "남북통일을 보지 못하고 눈을 감는 게 너무나 한스럽다"는 유언을 남기고 86세를 일기로 생을 마감했다.

이시영은 조강지처 경주 김씨(김홍집의 딸)를 27세 때인 1894년에 여의었다. 그 후 다시 맞아들인 반남 박씨는 서간도 망명 시절인 1916년에 잃게 되는데, 박씨의 죽음은 당시 서간도에 몰아닥친 홍역으로 7~8세에 이른 손녀 둘을 한꺼번에 잃은 충격 탓이었다. 이렇게 두 번에 걸쳐 상처(喪妻)를 하게 된 이시영은 세상을 뜰 때까지 37년 동안을 홀아비로 살았다.

이시영의 장례식은 고인의 위상과 공적에 걸맞게 국민장의 예우를 갖춰 동래에서 9일장으로 치러진 후, 특별열차 편으로 서울로

운구, 정릉에 예장(禮葬)하였다가 1964년 수유리 북한산 자락에 안장하였다.

1875년 서울 저동에서 태어난 막내 이호영은 첫째 형 건영보다는 자그마치 22세나 연하였고, 둘째 형 석영보다는 20세 연하여서 두 형님을 늘 아버지처럼 대했다. 경술국치 후, 압록강을 건널 당시 이호영은 서른여섯 살이었다. 까닭에 온갖 궂은일을 도맡다시피 하면서 형제들과 함께 경학사와 신흥무관학교를 건설하며 초기 서간도 개척에 앞장섰다.

그는 아들만 둘을 두었는데 큰아들 규황(圭績)은 망명 이태 후인 1912년에, 작은아들 규린(圭麟)은 1914년에 둘 다 망명지인 서간도에서 태어났다. 당시의 추세로는 자식이 상당히 늦은 셈이었다. 이렇게 늦게 두어 더욱 애착이 가는 자식들이었으나, 아들 형제를 나이만 차면 신흥무관학교에 입교시키고자 했다. 그러나 큰아들 규황이 겨우 아홉 살이 되던 1920년에 학교가 폐교됨에 따라 결국은 뜻을 이루지 못했다.

신흥무관학교에서 재무를 담당하던 이호영은 신흥무관학교가 폐교되자 서간도를 떠나 북경으로 갔다. 1924년 8월 6일 북경에서 한진산(韓震山), 신숙(申肅), 원세훈(元世勳) 등 국민대표회 창조파 20여 명과 함께 '북경한교동지회(北京韓僑同志會)'를 창립했는데, 여기에서 그가 어떤 역할을 맡았는지는 알려지지 않았다.

조카 규준(이석영의 장남)과 함께 다물단을 조직했던 이호영은 다물단의 재정과 무기를 지원하는 일을 담당했으며, 1925년 4월에는 밀정 김달하를 처단하는 데 관여했다. 그해 말 장개석의 국민군 제1

군단장 악유준(岳維俊)이 한인(韓人) 장교 모집을 의뢰하자, 러시아, 만주, 중국 등지에서 한인 청년들을 모집하여 악유준 부대에 입대시켰다. 그는 이때 운동비로 받은 5천 원과 폭탄은 모두 다물단으로 보냈다.

계속해서 일제 잔당과 밀정 색출에 앞장섰던 이호영은 아들이 장성하자, 큰아들 규황에 이어 작은아들 규린까지 이 일에 끌어들였다. 그 후에도 그는 국민군과 협조하여 폭탄을 제조하고 의열투쟁과 무력투쟁을 멈추지 않았다.

이처럼 치열하게 항일투쟁에 매진하던 이호영은 1933년 12월 어느 날 북경 근교에서 큰아들 규황과 작은아들 규린을 포함한 삼부자가 한꺼번에 실종되는 비운을 맞았다. 실종 당시 이호영은 환갑을 이태 남겨 둔 쉰아홉이었다. 그리고 큰아들 규황은 겨우 스물두 살의 미혼이었고, 작은아들 규린은 그보다 두 살이나 더 어린 갓 스물이었다. 이렇게 되어 그는 후손까지 끊기게 되었다.

더욱 기가 막힌 것은 그 충격을 이기지 못한 그의 아내 연안 이씨(延安李氏, 1877~1933) 또한 그 해를 넘기지 못하고 쉰일곱의 나이로 세상을 하직하고 말았다.

밀고의 배후 이용노의 처단

1930년대 상해에는 '조선거류민회'라는 언뜻 한인 자치기구처럼 보이는 단체가 있었다. 그러나 이 단체는 그 명칭과는 달리 상해에 거주하는 독립운동가들의 성분을 조사하여 일제에 제공하는 일을 주로 했다. 그러므로 이 단체의 회장은 골수 친일분자들이 맡는 게 상례였다.

그런데 어느 날부터인가 이용노(李容魯)가 조선거류민회 회장이 되었다는 소문이 나돌았다. 이에 그의 전력을 아는 사람들은 모두가 머리를 갸우뚱했다. 그도 그럴 것이 평남 강서 태생인 이용노는 미국 유학까지 마친 엘리트로서 상해임정 건설에 참여함은 물론, 흥사단에서도 활동했던 독립운동가였기 때문이다.

이 무렵 이규창은 아버지의 죽음 뒤에는 이규서와 연충열 외에 누군가 그 배후가 있을지도 모른다고 판단하고 계속해서 탐문을 벌이고 있었다. 그러던 어느 날 이용노가 조선거류민회 회장이 되었다는 소문에 접하자 부쩍 의혹이 일었다.

아나나 다를까, 좀 더 조사를 해보니 이규서와 연충열 뒤에는 이용노가 있다는 것이 드러났다. 규창은 자신과 함께 생활하고 있는 엄형순에게 이 엄청난 사실을 알리고, 이어서 남화연맹에도 보고했다.

보고를 접한 연맹에서는 그 즉시 이용노를 처단하고자 했으나, 임정이나 홍사단과의 미묘한 문제로 인하여 선뜻 나서기를 주저하고 있었다. 거기에 이용노를 처단하는 데는 커다란 위험도 따랐다. 당시 이용노는 상해 공동조계에 살고 있었는데, 이곳은 일본 영토나 다름없을 정도로 보안이 철저했다. 이용노가 이곳 공동조계에 살고 있는 이유도 여기에 있었다. 누구보다도 자신의 안전에 신경을 썼던 이용노는 자신이 믿는 사람 외에는 그 누구도 만나는 법이 없었다. 친일주구들은 으레 그랬지만 그 역시 24시간 권총까지 차고 다녔다.

뿐만 아니라 그가 사는 공동조계는 일경이 철통같은 경계를 펼치고 있었으므로 섣부르게 대들다가는 그의 얼굴도 보기 전에 잡히게 될 것임은 불을 보듯 뻔했다. 규창은 이용노가 아버지의 죽음과 연계되었다는 말을 듣는 순간 피가 거꾸로 솟는 듯했으나, 이런 제반 사정 때문에 섣불리 나설 수가 없어서 속으로만 끌탕을 하고 있었다.

그러던 어느 날 저녁 무렵이었다. 외출에서 돌아온 엄형순이 저녁 준비를 하고 있는 규창을 조용히 부르더니 이렇게 말하는 것이었다. "이용노를 내가 처단하기로 마음을 굳혔다." 뜻밖의 말에 어안이 벙벙해져 있는 규창에게 그의 말이 이어졌다.

"거사 도중 만에 하나 내게 무슨 일이 있게 되면 너는 국내에 계신 모친을 봉양하면서 잘 살기 바란다. 내가 이번 거사를 무사히 마친다면 더할 수 없이 좋겠지만 네가 알다시피 이번 일은 많은 위험이 따른다. 그러므로 나는 최후의 각오를 하고 있으니 너는 이에 대비해서 네 앞길을 생각하란 말이다." 이 말을 하는 엄형순의 얼굴은 마치 유언이라도 하는 사람처럼 비장감마저 감돌았다. 잠시 침묵이 흐른 뒤에 규창의 입이 열렸다.

"선생님께서 이 일을 혼자서 결행하신다고 하지만, 저도 옆에서 돕겠습니다. 아버지의 밀고 사건은 결국 이용노가 벌인 짓이니 그자는 저의 불구대천의 원수입니다. 아버지의 원수를 자식인 제가 갚는 것은 너무도 당연합니다."

그러자 엄형순은, "네가 말하는 뜻은 잘 안다. 그러나 이 일을 하다가 만에 하나 잡히기라도 하는 날이면 곧바로 죽음으로 이어진다는 것을 알아야 한다. 네 나이는 죽기에는 너무 어리다. 아무 소리 말고 너는 이 일에서 빠지거라."라고 했다.

엄형순이 이렇게 결연하게 나오는 것은 그에게 있어서 이회영은 단순한 동지나 선배가 아니었다. 다시 말해 하나의 신앙이었다. 이회영이 비참하게 최후를 마친 이후 엄형순은 자신이 목숨을 걸고서라도 북행을 막았어야 했다며 늘 죄책감에 시달려 왔다. 그러다가 의외로 이규서와 연충열이 일경에 밀고했다는 사실을 알고서 직접 그 둘을 처단했다.

두 밀고자를 처단한 후에도 틀림없이 사건의 배후가 있을 것이란 생각에 은근히 추적을 했었다. 그러나 그 두 사람 외에는 전혀 의심 갈만한 사람이 없어 보였고, 그 사건은 차차 그의 뇌리에서 지워져 가고 있었다.

그러던 차에 규창으로부터 이용노 얘기를 듣게 되자 그는 이용노의 처단 방법에 대해 고민하기 시작했다. 며칠을 고민하던 엄형순은 드디어 결심했다. '3년 전에 이규서와 연충열은 어쩔 수 없이 여러 동지들과 함께 처단했지만 이번만큼은 내 단독으로 처리하여 우당(友堂) 선생님의 원혼을 달래드리리라. 나야 이미 서른 살이나 되었고, 고향에 누가 있는지도 모르지 않는가. 그러나 규창에게는 봉양해야 할 어머님과 어린 동생이 있길 않는가. 규창을 이 일에 끌어들인다면 나는 우당 선생님께 두 번 죄를 짓게 되는 것이다.'

여기까지 생각한 엄형순은 규창을 달래도 보고 야단도 쳐 보았으나, 그 역시 단 한 발짝도 물러서지 않았다. 한참이나 옥신각신하던 끝에 규창은 이런 말을 했다.

"선생님께서는 이 일을 단독으로 결행해서 틀림없이 성사시킬 자신이 있으십니까? 이용노는 아버님을 죽음에 이르게 한 저의 원수인데 만에 하나 선생님께서 혼자 결행하시다가 실수라도 하는 날이면 그때는 어떡하시겠습니까?" 규창의 반박에 엄형순은 말문이 막혔다. 결국 규창의 조력하에 엄형순이 결행하기로 하고, 그날부터 이용노에 관한 각종 정보 수집에 들어갔다.

추적 결과 이용노는 상해 공동조계 내의 적사위로(狄思威路) 유신리(裕新里) 16호에 살고 있음이 확인되었다. 그러나 문제는 그토록 경계가 심한 그를 어떻게 만나느냐였는데, 계속해서 그의 뒤를 캐본 결과 이용노는 동향 출신의 임득산이란 사람과 자주 만난다는 사실을 알게 되었다. 그리고 임득산은 자신이 바쁠 때는 평남 용강 출신의 김정학(金鼎學)이란 사람을 이용노에게 보낸다는 것도 알아냈다.

조사를 마친 두 사람은 임득산의 심부름꾼을 가장하여 결행하기로 했다. 그리고 마침내 두 사람은 1935년 3월 25일 새벽 프랑스 조계지 채시로에 있는 자취방을 나섰다. 이들이 현장에 도착한 것은 아침 7시 반이었다. 두 사람 중 규창은 밖에서 망을 보기로 했다.

엄형순이 문을 두드리자 "누구를 찾으시는데요?"라고 물어왔다. 이에 엄형순이 "임득산 씨 심부름차 온 김정학입니다."라고 하자 곧바로 문이 열렸다. 안으로 들어가자 자다가 깬 듯 이용노가 부스스한 모습으로 방문을 열고 나왔다.

엄형순을 본 이용노는 흠칫 놀라며 "누구시오?"라고 외침과 동시에 달아나려고 몸을 돌렸다. 엄형순은 대답 대신 번개 같은 동작으로 권총을 뽑아 이용노의 가슴을 향해 2발을 연속으로 발사했다. 총탄은 두 발 모두 이용노의 가슴에 명중했다.

이용노가 쓰러지는 것을 확인한 엄형순이 그 즉시 밖으로 탈출하려는 찰나, 옆방에 있던 고용원 박숭복과 부엌에 있던 이용노의 처 박성신이 칼을 들고 한꺼번에 달려들었다.

안에서 총소리가 들리고 이어서 악쓰는 소리가 나자, 밖에서 망을 보고 있던 규창이 안으로 뛰어들었다. 규창이 들어와서 보니, 세 사람이 한데 뒤엉켜 엎치락뒤치락 하고 있었다.

순간 규창은 천장을 향해 권총을 연달아 발사했다. 총소리에 놀란 박숭복과 박성신이 멈칫하는 사이 엄형순은 몸을 빼쳐 밖을 향해 내닫기 시작했다. 규창도 뛰었다.

두 사람이 큰길로 내닫자 박숭복과 박성신은 "저놈 잡아라! 저기 도망치는 놈이 살인자다!"라고 외치며 죽자 하고 따라왔다. 고함소리에 주변에서 사람들이 몰려들었다. 결국 두 사람은 순찰 중이던 중국 경찰에 체포되고 말았다.

중국 공안국으로 압송된 두 사람 중 엄순봉(嚴舜奉, 엄형순의 본명)은 조선인이라 하여 일본 경찰에 넘겨졌고, 중국인 이규호(李圭虎)로 되어 있던 규창은 조사 끝에 이회영의 아들임이 밝혀져 체포된 지 20일 만에 그 역시 일경에 인도되었다.

엄순봉은 진정한 혁명가였다

1935년 5월 엄순봉과 이규창은 연락선 평안환(平安丸)에 실려 국내로 압송되고 있었다. 이들은 인천으로 가는 일주일 내내 함께 기거하게 되는데, 이때 엄순봉은 규창을 향하여 이런 말을 한다.

"나는 열아홉 살 때 만주로 건너가서 김좌진 장군 밑에서 독립운동을 하며 일제의 주구들을 수없이 살해했다. 이것이 아무리 나라를 위해 어쩔 수 없이 행한 일이었다고는 하지만 지금 생각하면 한편 후회도 된다. 그렇지만 너만큼은 나의 이런 심정을 이해해 주었으면 한다. 나야 어차피 죽을 몸이지만 너는 끝까지 살아남아서 부디 좋은 세상을 보기 바란다." 자신은 이미 사형을 각오하고 있다는 얘기였다.

"이 일에는 저 역시 주모자로 끼어들었는데, 만일 선생님께서 사형을 당하신다면 저라고 해서 무사하겠습니까? 저 역시 이미 모든 것을 각오하고 있습니다." 대답하는 규창의 얼굴에도 비장한 빛이 감돌았다.

인천 부두에 도착한 두 사람은 곧바로 서울로 압송되어 종로경찰서 유치장에 수감되었다. 이튿날부터 취조가 시작되었다. 당시 스물세 살이었던 규창은 나이보다 훨씬 어려 보였으나, 그렇다고 해서 그들이 털끝만치도 봐주는 법은 없었다. 규창이 이회영의 아들이라는 사실을 알게 된 형사들은 규창에게도 엄순봉과 마찬가지로 모진 고문을 가했다.

종로서에는 '사이까'라는 형사가 있었다. 하루는 그가 규창에게 "너 국어 할 줄 아느냐?"고 물었다. 이에 규창이 "네, 할 수 있어요."라고 대답했다.

"요오시! 그럼 어디 이 자리에서 한번 해봐."

"지금 내가 하고 있는 말이 국어인데 무슨 국어를 따로 말하라는 겁니까?" 대답이 끝나자 사이까는 규창의 뺨을 후려치며 "빠가야로!"를 외치고는 피우고 있던 담배를 수갑 찬 규창의 손등에 비벼 껐다. 규창의 손등에서는 살 타는 냄새가 진동했으나 그래도 분이 안 풀린 사이까는 "빠가야로!"를 연발하며 계속해서 규창의 뺨을 후려쳤다.

이때까지 규창에게 일말의 동정심을 보이던 사이까는 규창이 검사국으로 송치될 때 자기 의견서에 '도저히 개전의 가망이 없는 놈'이라고 써넣었다.

검사국으로 넘겨진 두 사람은 담당 검사로부터 다음과 같은 구형을 받았다. "피고 엄순봉에게는 치안유지법 위반 및 강도 살인죄를 적용하여 사형을, 피고 이규호(규창)에게는 살인 방조죄를 적용하여 무기형을 구형한다."

해가 바뀐 1936년 2월 18일 선고 공판에 임한 규창은 엄순봉의 안색부터 살폈다. 그러나 그는 이미 모든 것을 각오한 듯 자신의 걱정은 전혀 안 하고 오히려 규창을 위로하는 것이었다.

"나는 네가 오늘 선고 공판에서 무기징역만 안 되길 바란다. 나야 이미 사형을 각오했다. 지금 내 마음은 평안하니 나에 대해서는 조금도 걱정 말아라." 엄순봉의 이 말에 규창은 아무 말도 못하고 그저 눈물만 펑펑 쏟았다.

이어서 30분 후에 벌어진 결심 공판에서 "엄순봉에게는 원심대로 사형을, 이규호에게는 특별히 그의 나이를 참작하여 13년형으로 감한다"는 판결이 내려졌다. 같은 달 24일 경성복심법원은 엄순봉과 이규호에게 1심에서와 마찬가지로 사형과 13년형을 각각 확정한다는 판결을 내렸다.

규창의 모친 이은숙은 『서간도 시종기』에서 판결 당시를 이렇게 회고했다.

언도 공판에서 엄군에게는 사형을, 규창은 징역 13년이 확정되었다. 사형언도를 받고서도 엄군은 너무나 씩씩했다. 엄군은 허허 웃으며 "세 살에 죽으나 여든에 죽으나 죽기는 일반이라"고 하며 쾌활하게 웃는 것이었다.

그로부터 2년의 세월이 더 흐른 1938년 4월 9일, 엄순봉(1906~1938)은 서대문형무소에서 형장의 이슬로 사라졌다. 이때 그의 나이 겨우 서른셋이었고, 미혼이었다.

당시 엄순봉의 형을 집행한 담당 형리의 말에 의하면, 그는 형장으로 끌려가는 최후의 순간에도 당황하거나 초조해 하는 기색을 전혀 보이지 않았으며, 마지막으로 "대한만세"를 세 번 외치고 죽음을 맞았다고 한다. 그는 진정한 혁명가였다.

지옥과 진배없는 일제의 감옥

1936년 2월 24일 13년 형이 확정된 이규창은 장기수들만 수용되는 경성감옥(해방 후 마포형무소로 개칭)에 수감된다. 당시 경성감옥에는 만주에서 일본군에 맞서 항일투쟁을 벌이던 독립군 장교들은 모두 집합한 것으로 여겨질 만큼 김동삼을 비롯한 많은 독립투사들이 수감되어 있었는바, 그중에서 규창의 머릿속에 가장 강하게 남아 있는 사람은 송암(松菴) 오동진(吳東振, 1889~1944)이었다.

김좌진, 김동삼과 더불어 항일무장투쟁의 3대 맹장이라 불리는 오동진은 일제가 그의 이름 석 자만 듣고도 두려움에 떨었을 정도로 대단한 경력을 지닌 사람이다.

평북 의주 출신인 오동진은 3.1운동 직후 전 가족을 이끌고 만주로 망명하여 300여 개에 달하는 대한청년단을 하나로 통합하고, 비밀결사 광제청년단을 조직했다. 1920년 7월 결사대원을 평양, 신의주, 서울 등지로 보내 미 의원단 일행이 그 지역을 통과할 때, 일제 관청을 파괴하고 요인들을 암살했으며, 이 사건으로 체포된 그는 10년 형을 선고받았다.

그 후 감형으로 풀려난 오동진은 1926년 고려혁명당의 총사령이 되어 일제 관공서를 100여 차례 습격하여 900여 명을 살상했다. 이렇게 맹렬하게 활동하던 중 1927년, 옛 동료인 김종원의 밀고로 체포되어 무기형을 선고받았다.

무기수가 되어 경성감옥에 수감된 오동진은 7년간의 수형생활로 인해 극도로 쇠약해진 몸으로 자신의 요구 조건을 관철시키고자 옥중 단식에 들어가는데, 함께 복역하던 규창은 그의 회고록『운명의 여진』에서 그 일을 이렇게 회고했다.

그분(오동진)이 무기형을 선고받고 마포형무소(경성감옥)에 수감된 후, 왜놈에게 요구 조건을 제시하였으나 불허하므로 단식투쟁을 선포하고 단식에 돌입하였다. 처음 15일간은 물도 한 잔 안 마셨다. 형무소장은 그분을 병동에 수감하고 왜놈 간수로 하여금 감시하게 하고, 매일 변기 검사를 했다. 물 한 모금도 안 마셨으니 소변인들 나올 리 만무했다. 그렇게 15일이 지나자 "이제부터는 물만은 먹겠다"고 선언하고, 그날부터는 물만 마시면서 단식하는데 그의 자세는 조금도 흐트러짐이 없었다.

이에 질려 버린 형무소장이 마침내 48일 만에 그의 요구 조건을 수용하겠다고 하자, 그분은 비로소 음식을 먹기 시작했다. 세계 역사상 48일간 단식을 행한 사람은 지금까지는 오동진 선생 외에는 그 누구도 없으며, 그 유명한 간디도 40일까지만 단식한 기록이 있다. 이 사실 하나만 보더라도 오동진 선생은 우리 민족 전체를 통틀어 가장 위대한 분이라고 할 수 있다.

그날 이후 일인 형무소장은 오동진을 면담할 때면 으레 경례를 붙이고 예를 갖추면서 '가미사미(神)'라 불렀다 한다. 이러한 오동진을 감당하기가 벅찼던 일제는 그에게 '형무소정신병'이라는 괴상한 병명을 붙여 1944년 정신질환자들을 수용하는 공주형무소로 이감시켰다. 그곳에서도 전혀 정신병자(?)답지 않게 정연한 논리로 형무소 측에 맞서 싸우던 오동진은 그해 12월 1일 56세를 일기로 순국했다.

규창이 이곳에 수감되고 1년이 지난 1937년 어느 여름날이었다. 그날 점심 메뉴는 콩밥에다 상추를 소금물에 삶은 것이 전부였다. 이것을 국 삼아 먹으라는 것인데, 한 죄수가 국 맛을 보니 도저히 쓰고 짜서 먹을 수가 없었다.

그는 그 국그릇을 들고 조선인 간수를 찾아가서 "나리, 이 국 맛 좀 보시오. 도저히 쓰고 짜서 먹을 수가 없어요."라고 했다. 그러자 국 맛을 본 간수가 "좀 쓰기는 해도 감칠맛이 있구만"이라고 하며 국그릇을 다시 돌려주는 것이었다.

화가 치민 그 죄수는 "감칠맛이 있으면 너나 처먹어라!"라고 소리치면서 국그릇을 간수의 얼굴에 쏟아부었다. 국이 뜨겁지 않아 데지는 않았으나, 난데없이 국 벼락을 맞은 간수의 얼굴과 백색 제복은 엉망이 되었다.

이때 두 사람의 하는 양을 예의 주시하고 있던 수백 명의 죄수들이 일제히 고함을 치며 간수를 향해 달려들었다. 그동안 참아왔던 분노가 마침내 폭발했던 것이다. 하얗게 질린 간수가 비상벨을 누르자 간수부장 이하 수십 명의 간수들이 몰려나왔다.

간수들은 난동을 피우는 죄수 중에서 주동자 10여 명을 조사실로 끌고 들어가더니, 국을 얼굴에 쏟은 난동자를 바닥에 엎어 놓고 몽둥이로 사정없이 내리쳤다. 그의 볼기짝에서는 피와 살이 튀었으나, 간수들은 상처에 소금을 뿌려가며 계속 내리쳤다.

피를 본 간수들은 다른 죄수에게도 매를 멈추지 않았다. 한참 후 조용해서 보니, 결국 다섯 명의 죄수가 절명하고 말았다. 당황한 형무소 측에서는 쉬쉬하면서 그대로 덮으려 했다. 그러나 아무리 죄수가 사람 축에 못 낀다고 하더라도 한꺼번에 5명씩이나 죽었으니, 그대로 덮어질 리 만무했다.

삽시간에 감옥 내에서 다섯 명의 죄수가 간수들의 폭행으로 죽었다는 소문이 퍼져나가자, 죄수들은 술렁거리기 시작했다. 그러나 태풍 전야처럼 그날 낮은 아주 조용하게 넘어갔다. 작업이 끝나고 저녁을 먹은 죄수들은 낮에 약속했던 대로 일제히 세숫대야를 두들기며 실력행사에 돌입했다. 이어서 200여 명의 죄수들이 한꺼번에 철창 밖에다 대고 "감옥에서 사람을 때려죽였다!"고 소리쳤다.

그러자 주변 공덕리에 사는 주민들이 구름처럼 모여들었고, 그곳에서도 맞고함을 치며 응원해 왔다. 사태가 걷잡을 수 없이 번져나가자 전옥(典獄, 형무소장) 이하 간수들은 갈팡질팡 정신을 못 차렸다. 마침내 형무국 형정과장이 출동하여 진상 파악에 들어갔다.

이리하여 형무소장은 경질되고 간수부장 이하 담당 간부를 비롯해서 사건에 관련된 간수들 모두가 과실치사 혐의로 기소되었다. 그러나 조선인 간수 2명만 각각 징역 2년씩 처하는 것으로 사건은 종결되었다.

다섯 명의 죄수가 간수의 폭행으로 죽은 지 얼마 후, 감옥 내 인쇄공장에서 사역에 임하던 규창은 동료 박세영과 함께 다음과 같은 격문을 작성했다.

중일전쟁이 일어나게 되면 필연적으로 세계대전으로 확전될 것이다. 그리되면 일본의 패망과 더불어 조선은 자연스레 독립이 이루어진다. 그러므로 우리 조선인은 은인자중하면서 기회를 엿보다가 결정적 시기가 오면 들고 일어나야 한다.

격문이 완성되자 이것을 150장을 찍어 각 감방마다 골고루 돌렸다. 격문을 돌리고 나서 약 2개월간을 잠잠하기에 두 사람은 완벽하게 성공한 걸로 확신했다.

그런데 9월의 어느 날 조사실에서 박세영과 이규창 두 사람을 불러들였다. 먼저 박세영의 조사가 끝나고 이어서 규창이 불려갔다. 조사가 끝나자 다음 달인 10월, 경성지방법원으로부터 치안유지법 위반, 출판법 위반, 공무집행법 위반으로 박세영은 1년 6개월, 규창은 10개월의 추가형을 받았다. 10개월을 더 살게 된 규창은 속으로 '내 형기가 13년이나 되는데, 까짓 10개월쯤 뭐가 대수겠는가' 싶었다. 그러나 그 10개월은 그냥 평범한 10개월이 아니었다.

형무소 당국은 그날부터 이규창과 박세영을 각각 독방에 수용했다. 이유는 다른 죄수들과 한방에 수용하면 그들까지 불순사상에 물들 염려가 있다는 것이었다. 죄수들에게 "만약 당신의 만기 출소일이 내일인데, 오늘 저녁에 탈옥이 가능하다면 당신은 어느 길을 택하겠느냐?"고 묻는다면 백이면 백 모두가 탈옥을 택하겠다고 대답할 정도로 일제강점기의 감방은 그 환경이 열악했다고 하는데, 하물며 독방임에랴!

규창은『운명의 여진』에서 일제 감옥의 열악한 환경을 이렇게 증언했다.

나는 10개월의 추가형을 받고서 독방에 수용되었다. 봄, 가을엔 독방 생활도 그런대로 견딜 만했으나 겨울엔 정말이지 힘들었다. 바깥 기온이 영하 20도로 내려가면 감방 안에서도 영하 14~15도까지 내려갔다. 그럴 때는 천진에서 야해자(野孩子) 노릇을 할 때보다도 더 힘들었다. 1937년에 시작한 나의 독방생활은 1940년까지 3년을 지속했다. 그러는 동안 나의 몸은 극도로 쇠약해져서 체중이 30kg 남짓밖에 안 되어 말 그대로 피골이 상접하게 되었다. 한 달에 세 번에 걸쳐 면회를 오시는 모친께서는 내게 위안의 말씀을 하시며 안쓰러워 어쩔 줄 몰라 하셨다. 모친과 헤어져 방에 돌아와서도 나의 눈물은 멈출 줄 몰랐다.

독방에서 3년에 걸쳐 말 못 할 고초를 겪던 규창은 1940년 어느 날 전라도 광주형무소로 이감시킨다는 통보를 받았다. 다음 날 얼굴에 용수를 뒤집어쓴 규창은 여러 죄수들과 함께 굴비 두름처럼 엮여 야간열차 편으로 광주형무소로 내려갔다.

광주형무소로 이감된 지 일주일쯤 되었을 무렵, 하루는 의무과장이 규창의 수인 번호인 1991번을 찾는다기에 달려갔다. 의무과장은 "내가 소장에게 특청하여 1991번을 의무실에서 간병부로 사역하도록 했으니 앞으로는 나와 함께 이곳에서 일하자"고 했다.

감옥에서 의무실 간병부(看病夫)로 사역한다는 것은 죄수들로서는 지상낙원에 해당될 만큼 누구나 부러워하는 자리다. 이처럼 좋은 자리에 감옥 내에서 범법을 저질러 가형까지 받은 죄수를 둔 데에는 까닭이 있었다.

규창을 추천한 권계수(權桂洙) 의무과장은 경성의전을 졸업한 전문의사였다. 그는 큰 뜻을 품고서 만주로 건너가 그곳에 병원을 개업했다. 그는 만주에 있을 당시 이회영을 한번 만나보고자 했으나, 뜻을 이루지 못했다. 광주형무소로 온 어느 날 우연히 새로 이감되어 온 명단에 이회영의 아들이 끼어 있는 것을 보게 된 그는 형무소장에게 1991번을 간병부로 쓰고 싶다고 청하여 소장의 승인을 받아냈다.

광주형무소의 병동은 모두 4개였는데, 그중 3개는 독방이고, 4호 병감에만 5~6명의 환자를 수용했다. 이렇게 환자가 적은 이유는 수용된 죄수가 많지 않은 탓도 있으나, 권 과장의 방침이 가능하면 병감에 수용된 죄수를 병보석을 시켜 가족에게 돌려보내고자 했기 때문이다.

이곳에서의 규창의 임무는 사무실과 각 병감의 청소, 그리고 약제사가 조제한 약을 환자들에게 나누어 주고, 식사 때가 되면 식사 배급하는 것이 전부였다. 병감도 4개밖에 안 되는 데다 환자라고 해봐야 모두 합해 열 명도 안 되므로 갇혀 있다는 것만 제외하면 바깥세상보다도 편했다.

그러나 시일이 지나면서 차차 수용되는 죄수들이 늘어남에 따라 자연적으로 병감의 환자도 늘어났다. 새로 들어오는 죄수들은 거의가 전시법(戰時法, 일제가 전쟁 수행을 위해서 만든 법)을 위반한 2년 미만의 형을 받은 단기수들이었다.

이 무렵 중일전쟁은 모두가 예상했던 대로 확전 일로를 걷고 있었고, 그에 따르는 전비(戰費) 또한 걷잡을 수 없이 증가했다. 전비 부족을 느낀 일제는 미곡통제법을 비롯한 각종 전시법을 만들어 조선 민중 전체를 옥죄기 시작했다. 이에 전국 제일의 쌀 고장인 호남에서는 미곡통제법 위반자가 날로 늘어났다.

일제는 호남에서 생산되는 쌀은 모두 군량미로 빼돌리고, 농민들에게는 그 대신 북간도 메좁쌀을 배급했다. 일 년 내내 피땀 흘려 생산한 쌀을 눈 뻔히 뜨고 빼앗기게 된 농민들은 쌀을 안 뺏기려 필사적으로 저항했다.

전쟁이 점차 가열됨에 따라 북간도 메좁쌀도 부족하게 되자, 감옥의 식량으로는 그만도 못한 메수수를 보급했고, 그마저도 모자라면 그때는 대두박(大豆粕)이라 부르는 콩깻묵을 보급했다. 이렇게 영양가라고는 전혀 없는 것에다 밥이라고 이름을 붙이고, 부식은 '물캐'라는 이름의 해초를 삶은 것이 전부였다. 규창은 『운명의 여진』에서 그 실상을 이렇게 밝혔다.

죄수들은 이곳으로 오기 전 경찰서에서 문초를 당하며 수개월 동안 음식을 못 먹기 때문에 이곳으로 올 때는 피골이 상접하여 사람이 아닌 흡사 귀신의 형상이었다. 수개월 동안이나 굶어 아사(餓死) 직전에 이른 그들에게 제공되는 음식은 메수수밥 한 덩어리와 해초를 삶은 소금국이 전부다. 이렇게 며칠만 지내고 나면 위장에 탈이 생겨 심한 설사를 하게 된다. 설사로 인해 속이 비면 냉수와 해초국을 배가 터지도록 먹으니, 또다시 설사를 반복하게 되고, 설사가 그치게 되면 그때는 소변이 안 나와 온몸이 부어 마침내 사망에 이르게 되는데 이것을 '기아부종(飢餓浮腫)'이라고 부른다.

감옥에서 죄수가 죽게 되면 그 가족에게 전보를 쳐서 사망 사실을 알린다. 가족이 오면 시신을 인도하고, 안 오게 되면 죄수복을 벗기고 영치해 두었던 자신의 옷으로 갈아입힌다.

입관 후 24시간 내에 가족이 오면 관을 인도하고, 안 오게 되면 널빤지에다 망자의 이름을 써서 관에 넣은 다음 감옥 공동묘지에 매장하는데, 이때 나는 향을 피우고 절을 하면서 상주 노릇까지 해야 했다. 이곳 광주형무소에서 죽은 죄수를 내 손으로 염(殮)을 하고, 입관한 시신을 헤아려 보니 자그마치 352구나 되었다.

종전이 가까워지자 병감의 수용되는 환자는 나날이 증가하고 사망자도 급증했다. 이 무렵 규창은 모든 걸 체념한 채 오직 만기출소될 날만을 기다리며 힘겹게 보내고 있었다. 그러는 가운데 1945년 8월 15일 아침을 맞았다.

형무소 당국은 "모든 수감자들은 오늘 정오에 중대한 방송이 있을 예정이니 한 방에 모여 경청하라"고 지시했다. 명에 따라 11시경부터 수감자들이 모여들어 '무슨 방송이냐?'고 수런거리고 있을 때 확성기를 통해 히로히토(裕仁) 일본 국왕의 떨리는 듯한 목소리가 흘러나왔다.

짐(朕)은 세계의 대세와 우리 제국이 처한 현실을 깊이 숙고한 결과 비상수단에 의지해 현재의 상황을 해결하기로 결정했노라. 짐은 우리 정부에 공동선언 조항을 수락하기로 했다는 뜻을 미국, 영국, 중국, 소련 4개국 정부에 통고할 것을 지시했노라. 우리 백성의 안녕뿐만 아니라 만국(萬國)의 번영과 행복을 위해 노력하는 것은 우리 황실에 대대로 내려오는 엄숙한 의무인바, 짐은 그 의무를 마음 깊이 새기고 있노라.

실로 짐은 일본의 자존과 동아시아의 안정을 확보하려는 진심 어린 바람에서 미국과 영국에 전쟁을 선포했을 뿐, 그 외 다른 나라의 주권을 침해하거나 영토를 확장하려는 생각은 추호도 없었노라. 그동안 짐의 육군과 해군은 전선에서 용맹하게 싸웠고, 짐의 1억 백성도 섬김에 소홀함이 없었으나, 세계의 대세는 우리 일본의 이익과는 반대로 돌아가게 되었노라.

더욱이 적은 잔혹한 폭탄을 사용해 무고한 생명을 앗아가기 시작했으니, 그 피해가 실로 어디까지 갈지 헤아릴 수 없구나. 더 이상 교전을 계속한다면 일본 한 나라의 파괴와 소멸로만 끝나는 것이 아니라 인류 전체의 절멸로 이어질 것으로 예측되노라.

일이 여기에 이르면 어떻게 짐의 1억 백성을 구할 것이며, 또 무슨 낯으로 황실 조상님들의 신위를 뵈옵겠는가! 이것이 짐이 정부에 열강의 공동선언 조항에 응하라고 지시한 연유이다.

짐은 제국과 함께 끝까지 동아 해방에 노력한 제 맹방에 대하여 깊은 유감의 뜻을 표하지 않을 수 없노라. 제국 신민으로서 전쟁에 죽고 직역(職役)에 순종한 그 유족에 생각이 미치면 오체(五體, 전신)가 찢어지는 듯하며, 또 전상(戰傷)을 입고 재화(災禍)를 만나 가업을 잃어버린 자의 생계에 관해서는 짐이 깊이 걱정하고 있노라.

부디 국가를 한 가족으로 하여 자손에 잘 전하라. 신주(神州)가 멸망하지 않을 것이라는 믿음으로 우리 임무가 무겁고 갈 길이 멀다는 것을 유념하라. 너희 신민은 능히 짐의 뜻을 몸에 익히기를 바라노라.

이것이 이른바 히로히토의 '무조건항복 성명서'다. 그런데 거기에는 항복을 한다든지, 잘못을 시인한다는 내용은 그 어디에도 없다. 일본이 전쟁을 일으킨 것은 동아시아의 안정을 위한 방편일 뿐이며 다른 나라의 주권이나 영토를 침략할 의사는 추호도 없었는데, 적은 잔혹한 폭탄으로 무고한 백성을 살육했다고 했다.

또한 저들이 일으킨 전쟁으로 인하여 수천만에 이르는 사람들이 희생되었음에도 불구하고 이에 대한 잘못을 비는 대목은 단 한 군데도 없다. 잘못을 빌기는커녕 오히려 '동아시아 해방에 노력한 제 맹방에 대하여 깊은 유감의 뜻을 표한다'고 했다. 그리고 자국민들이 희생되었다는 점을 애써 강조하고 그 유족들의 생계를 걱정하고 있다. 이것이 과연 잘못 비는 자의 올바른 태도라고 볼 수 있는가?

어쨌든 연합국을 비롯한 세계 각국은 이날 발표된 히로히토의 "짐은 우리 정부에 공동선언 조항을 수락하기로 했다는 뜻을 미국, 영국, 중국, 소련 4개국 정부에 통고할 것을 지시했노라."라는 한마디를 '무조건항복'으로 받아들였다. 이로써 일본은 패전국이 되었고, 한민족은 40여 년에 걸친 일본의 질곡(桎梏)에서 벗어나게 되었다.

따라서 규창의 지옥 같은 형무소 생활도 마침내 끝이 나서 그로부터 이틀 후인 8월 17일 감옥 문을 나섰다. 1936년 2월에 마포 감옥에서 수형생활을 시작했으니, 그는 강산이 바뀔만한 긴 세월을 그 끔찍한 일제의 감옥에서 고초를 겪은 것이다.

아직도 우리의 갈 길은 멀다

일본 국왕 히로히토가 1945년 8월 15일 연합국이 제시한 포츠담 선언을 받아들이겠다고 선언함으로써 우리 독립투사들의 길고도 험난했던 투쟁의 역사도 마침내 막을 내리게 되었다.

이때 상황을 지켜보던 소련은 전쟁이 사실상 끝난 8월 9일 일본에 선전포고를 하고, 그 사흘 후인 8월 12일에는 이미 함경북도 청진에 상륙하여 남진을 계속했다. 그러나 이때까지도 미군의 주력군은 한반도에서 600마일이나 떨어진 오키나와에 머물고 있었다. 물리적으로 소련군을 제압하기에는 불가능한 거리였다. 다급해진 미국은 소련 정부에 "38도선을 경계로 한반도를 분할하여 일본군의 무장을 해제함과 동시에 항복을 받아내자"고 제의했다. 미국의 제의를 소련이 받아들임에 따라 한반도는 허리가 잘리고, 38도선 이북에는 소련군이, 그 이남에는 미군이 진주하여 우리 민족에게는 새로운 비극이 시작되었다.

남한지구 군정사령관에 임명된 존 하지(John. R. Hodge) 중장이 서울에 도착한 것은 1945년 9월 9일이었다. 그는 도착 즉시 다음과 같은 맥아더(Douglas Macarthur) 포고령 1호를 발표했다.

○ 조선인민에게 고함 ○

본관(맥아더)은 미 태평양지구 총사령관으로서 조선 인민에게 다음과 같이 선언한다. 일본 국왕과 일본 정부의 이름으로 서명된 항복문서가 규정하는 바에 의하여 본관이 지휘하는 승전군은 오늘부터 북위 38도선 이남의 조선 영토를 점령한다. 이에 본관에게 부여된 권한으로써 북위 38도선 이남 지역에 군정을 실시하면서 다음과 같은 점령에 관한 조건을 포고한다.

제1조, 북위 38도선 이남의 조선 영토와 조선 인민에 대한 통치권은 본관이 장악한다.

제2조, 정부·공공단체 및 기타 모든 공공기관에 종사하는 자는 별도의 명령이 있을 때까지 종래의 업무를 계속 수행한다.

제3조, 모든 주민은 본관이 선포한 일체의 명령에 즉각 복종하여야 하며, 이를 어길 시에는 가차 없이 엄벌에 처한다.

제4조, 주민의 재산권은 이를 존중한다. 주민은 본관의 별도 명령이 있을 때까지 일상의 직무에 종사한다.

제5조, 군정 기간에는 영어를 공용어로 한다. 영어 원문과 조선어 또는 일본어 원문과의 해석이 불확실할 때에는 영어 원문을 기본으로 한다.

여기에 더하여 입경(入京) 3일 후인 9월 12일 아베 노부유키(阿部信行) 조선 총독을 해임하고 통치권을 확보한 하지 사령관의 제1성(第一聲)은 결코 우리의 앞날이 평탄치 않을 것임을 예고했다.

"기왕에 일본에 협력했던 사람들이 우리 미국이라 해서 협력을 안 할 이유가 있는가? 자국의 권리를 주장하는 민족지사들보다는 자신의 사익(私益)만을 앞세우는 친일 인사들을 기용하는 것이 우리에게는 훨씬 유리하다."

이러한 방침에 따라 김구를 비롯한 임시정부 인사들은 해방을 맞고서도 3개월도 더 지난 11월 23일에서야 아무런 권리도 주장할 수 없는 개인 자격으로 환국(還國) 길에 올라야 했다. 이때 미국에 머물고 있던 이승만은 맥아더 사령부와의 접촉을 통해 임정 인사들보다 38일이나 앞선 그해 10월 16일 환국했다.

이보다 앞서 히로히토의 항복성명 직전인 8월 15일 아침 엔도 류사쿠(遠藤柳作) 총독부 정무총감을 만난 여운형(呂運亨) 조선건국 준비위원장은 일본인의 안전 귀국을 보장하는 대신 총독부 측에서 행할 5개 조항을 제시했다. 이중 중요 사항은 다음 3개 항목이다.

○ 전 조선의 정치범을 즉시 석방할 것.
○ 경성(서울) 시민의 3개월 치 식량을 시급히 확보해 줄 것.
○ 치안은 조선이 주체적으로 맡게 하고 총독부는 간섭하지 말 것.

그러자 총독부는 여운형의 요구에 응하는 대신 일본인 모두를 안전하게 귀국토록 해야 한다는 단서를 붙여 그에게 행정권과 치안권을 이양했다. 총독부로부터 행정권과 치안권을 넘겨받은 여운형은 8월 15일 저녁 기왕에 결성한 건국동맹을 모체로 건국준비위원회를 결성하고, 그 위원장은 자신이 맡고, 부위원장은 민족지사 안재홍(安在鴻)에게 맡겼다.

이후 건준의 조직은 날로 확대되어 민족 진영은 물론, 국민의 총단결을 위해서는 좌경 세력과도 연합해야 한다는 명분으로 박헌영

(朴憲永)을 끌어들였다. 공산주의 사상으로 철저하게 무장된 박헌영이 들어오면서 건준은 좌익과 우익의 대결장으로 바뀐다.

이 와중에 8월 말에 이르러 삼팔 이남에 미군이 진주할 것이라는 소식이 들려오자, 건준은 미군정의 협상 상대로 인정받기 위하여 과도정부를 조직했다.

여운형은 9월 6일 건준을 정식 국가 체제로 전환한 후에 국명을 '조선인민공화국'이라 정하고 기존의 건준은 해체를 선언했다. 이어서 이승만을 '조선인민공화국' 주석에 앉히고, 부주석은 자신이, 국무총리에는 허헌을, 내무부장에는 김구를, 외무부장에는 김규식을, 재정부장에는 조만식을, 군사부장에는 김원봉으로 정부를 구성한다고 발표했다. 그러나 주석으로 선출된 이승만을 비롯하여 김구와 김규식 등 임정 출신들 모두가 거절하는 사태를 맞는다.

당시 김구가 여운형의 제의를 거부한 이유는 임정에서 주석을 지낸 자신을 아무런 사전 양해도 없이 고작 '내무부장'에 앉힌 탓도 있으나, 보다 근본적인 이유는 여운형이 김구가 주도하는 임정의 법통성을 부정하는 태도로 나왔기 때문이다.

원래 여운형은 임정 초기 의정원 의원과 외무부 차장에 선출되어 김구와는 속내를 밝힐 수 있을 만큼 무관한 사이였다. 그 후 임정을 떠난 여운형은 러시아와 일본을 넘나들다가 국내에 정착하여 대일 투쟁을 벌였다. 이에 반해 김구는 시종일관 중국을 발판으로 투쟁했으므로 여운형에 비해 국내 기반이 약할 수밖에 없었다.

우익 세력의 이탈로 인하여 그 세가 절반으로 꺾인 조선인민공화국은 미군정의 시작과 함께 위기에 직면하게 된다. 9월 8일 서울에 도착한 하지 사령관은 그 즉시 '맥아더 포고령 1호'를 내세워 여운

형의 조선인민공화국은 물론, 김구의 임정을 포함한 모든 기존의
정치 세력을 인정하지 않겠다고 선언했다.

하지가 이처럼 여운형의 조선인민공화국과 김구의 임정을 부정
한 이유는 '인공'은 공산주의 색채가 짙다는 의구심을 가졌고, 임정
은 그 발판이 중국인데다가 민족주의자인 김구가 이끌고 있다는 데
강한 거부감을 느꼈기 때문이다. 또한 이것은 친미파의 상징적 인물
인 이승만을 염두에 둔 조치이기도 했다.

미군정에서 조선인민공화국을 부정하고 나오자, 여운형은 조선
인민공화국에서 '조선인민당'으로 개칭하고, 새로운 인사 영입에
들어갔다. 이 무렵 여운형의 조선인민당 외에도 국내외에서 활동하
던 각계 인사들은 자신들의 세를 모아 새로운 정당을 결성하여 해방
정국을 주도하고자 총력을 기울이고 있었다.

우후죽순처럼 솟아난 이들 정당 중, 우익 정당으로는 김구가 이끄
는 한국독립당과 이승만이 이끄는 독립촉성중앙협의회가 있었고,
좌익 정당으로는 박헌영의 조선공산당이 있었다. 이 밖에 중도 세력
을 결집한 여운형의 조선인민당이 있었다.

혼란의 와중에 1945년 12월, 모스크바에서 개최된 미국, 영국,
소련의 외상들이 모인 3상 회의에서 일본의 패망 이후, 한국에 대해
'미, 영, 중, 소 4개국이 공동 관리하는 최고 5년 기한의 신탁통치를
실시한다'고 결정하였다.

당시 『동아일보』는 모스크바에서 회의 결과를 발표하기도 전인
그해 12월 27일 자 기사에서 '소련은 신탁통치 주장, 미국은 즉시
독립 주장'이라는 제목의 오보(誤報)를 냈고, 이어서 국내 각 신문은
이 내용을 연이어 보도했다.

그러면 먼저 1945년 12월 27일 자『동아일보』에 보도된 내용부터 살펴보자.

蘇聯(소련)은 信託統治主張(신탁통치주장) 蘇聯의 口實(구실)은 三八線(삼팔선) 分割占領(분할점령) 米國(미국)은 卽時獨立主張(즉시독립주장)

반즈 美 國務長官(국무장관)은 출발 당시에 蘇聯(소련)의 信託統治案(안) 反對(반대)하야 卽時(즉시) 獨立(독립)을 主張(주장)하도록 訓令(훈령)을 바닷다고 하는데, 三國間(삼국간)에 어떠한 協定(협정)이 잇섯는지 업섯는지는 不明(불명)하나 美國의 態度(태도)는 카이로宣言(선언)에 依(의)하야 朝鮮(조선)은 國民投票(국민투표)로써 그 政府(정부)의 形態(형태)를 決定(결정)할 것을 約束(약속)한 點(점)에 잇는데 蘇聯은 南北 兩地域(양지역)을 一括(일괄)한 一國 信託統治(신탁통치)를 主張하야 三十八度線(삼십팔도선)에 依(의)한 分割(분할)이 繼續(계속)되는 限(한) 國民投票(국민투표)는 不可能(불가능)하다고 하고 잇다 (…)

보도가 나가자 남한 정국은 마치 벌집을 쑤셔놓은 듯 발칵 뒤집혔다. 한데 실상은 이와 반대로 한반도의 신탁통치를 주장한 쪽은 미국이었으나, 당시의 상황은 이를 차분하게 따져 볼 만큼 한가하지 않았다. 이때 반탁의 선봉에는 김구가 이끄는 임시정부 계열이 앞장을 섰고, 이승만 계열도 이에 합세했다. 여기에 더하여 북한 김일성의 지령을 받은 조선공산당과 여운형의 조선인민당도 반탁대열에 섰다. 다시 말해 이념과 정파를 초월하여 한민족 전체가 반탁대열에 합류했던 것이다.

만약 좌우를 가리지 않고, 반탁으로 끝까지 밀고 나갔다면 한반도가 분단되는 상황은 발생하지 않았을 수도 있었다. 그러나 불행하게도 역사의 수레바퀴는 그만 엉뚱한 방향으로 흘러가게 된다.

당시 좌익의 핵심 인물로서 반탁을 주장하던 박헌영은 김일성과의 협의를 위해 12월 28일 밤 비밀리에 삼팔선을 넘어 이튿날 오후 평양에 도착했다. 이때 평양에 군림하고 있던 북한 주둔 소련군 민정사령관 로마넨코는 모스크바로 가서 스탈린으로부터 "모스크바협정을 적극 지지하라(신탁통치 찬성)"는 지시를 받는다.

평양으로 돌아온 로마넨코는 김일성과 박헌영에게 "모스크바 협정을 적극 지지하라"는 지령을 내렸다. 로마넨코로부터 "모스크바협정을 지지하라"는 지령을 받은 박헌영은 1946년 1월 2일 새벽 서울에 도착하여 그날 오전 '찬탁성명'을 발표했다.

그러자 좌익들이 준비했던 1월 3일 반탁 시위 계획은 하룻밤 사이에 찬탁 시위로 돌변하는 어처구니없는 사태를 맞는다. 이렇게 되어 어제까지만 해도 좌·우익을 가리지 않고 반탁 물결로 넘쳐났던 한반도는 찬탁을 지지하는 좌익과 반탁을 지지하는 우익으로 갈라져 피 튀기는 혈전장으로 바뀌게 된다.

당시 반탁의 선봉에는 임정을 이끌던 김구와 우파 진영의 이승만 등이 합세했고, 찬탁의 중심에는 어제까지만 해도 반탁을 부르짖던 박헌영이 있었다.

찬탁과 반탁으로 갈리기는 했으나 두 세력 모두 한반도의 분열을 원하지는 않았다. 다만 찬탁 세력은 공산주의 이념을 바탕으로, 반탁 세력은 민주주의 이념을 바탕으로 한 통일정부를 원하고 있다는 것이 다를 뿐이었다.

양 세력은 피 튀기는 싸움을 벌였으나, 결국 이 문제는 모스크바 3상 회의 당시 결성된 미·소공동위원회로 넘겨진다. 하지만 양국 대표는 2년에 걸쳐 총 62회의 접촉을 가졌음에도 불구하고 무위로 끝나고 말았다.

이때 김구를 비롯한 민족주의자들은 어떠한 난관이 있더라도 통일된 정부를 구성하려고 했다. 그러나 1946년 6월 3일 이승만의 이른바 '정읍발언'이 나오면서 정세는 남한만의 단독정부 수립으로 기울어진다. 그리하여 1948년 8월 15일 남한만의 단독정부가 출범을 하고, 초대 대통령에는 친일파 세력을 등에 업은 이승만이 당선된다.

그동안 해방정국을 주도하며 김구와 이승만의 인기를 앞지르던 여운형은 1947년 7월 19일 19세밖에 안 된 한지근(韓智根, 본명 이필형)에게 암살당하는 불운을 맞는다.

서울 시내 한복판인 혜화동 로터리에서 백주 대낮에 총을 맞은 여운형은 병원으로 운송 도중 "조국!"과 "조선!" 두 마디를 남기고 숨을 거두었다.

이때 백주 테러에 희생된 여운형(呂運亨, 1886~1947)은 경기도 양평 출신으로 못하는 운동이 없는 만능 스포츠맨인 데다 연설의 달인이었다. 그는 1919년 11월 27일 '도쿄제국호텔'에서 일본의 각계 인사와 수많은 기자들 앞에서, "주린 자는 먹을 것을 찾고, 목마른 자는 마실 것을 찾는 것은 생존을 위한 인간의 본능인데 일본은 무슨 권리로 이것을 막는가?"라는 연설로 일본열도를 뜨겁게 달구었다.

또 1936년 8월, 손기정 선수가 베를린 올림픽에서 월계관을 차지하자, 『동아일보』에 앞서 자신이 사장으로 있던 『조선중앙일보』에 일장기 말소를 지시하여 신문사가 폐간되는 일이 벌어졌을 정도로 항일의지가 굳센 사람이었다.

대개의 테러가 그렇듯이 여운형의 암살도 그 배후는 드러나지 않았다. 그러나 소식을 듣고 빈소를 찾은 수도경찰청장 장택상(張澤相)을 향하여 고인의 장녀 여난구가 "아버지를 죽인 사람이 뭐하러 여기에 왔느냐? 썩 나가라!"고 소리쳤을 때 우물쭈물했다는 것으로 보아 그가 배후일 것이라는 의혹이 일었으나, 막강한 경찰력을 장악하고 있는 그에게 수사의 칼날을 들이대는 사람은 아무도 없었다.

해방 이후 각종 여론조사에서 늘 1위를 달리던 여운형이 사라지자 정국의 주도권은 김구와 이승만 두 사람이 다투게 된다. 그 후 1948년 4월 김구는 통일정부 수립을 위해 삼팔선을 넘어 그 유명한 '4김(김구, 김규식, 김일성, 김두봉)회담'까지 벌였으나, 끝내는 실패하고서 이승만이 주장하는 남한만의 단독정부 수립 참가를 거부하고 있었다.

이런 상황에서 치러진 5.10총선거는 대통령을 국회에서 선출하는 간접선거였으므로 대통령이 되려면 우선 국회의원부터 당선되어야 했다. 당시 국회의원으로 출마한 이승만의 선거구는 동대문 갑구였고, 상대 후보는 독립운동가 출신의 최능진(崔能鎭)이었다. 그런데 예상을 뒤엎고 최능진이 이승만의 인기를 웃돌게 되자, 이승만은 바짝 긴장할 수밖에 없었다.

최능진은 이승만의 지시를 받은 친일 경찰의 방해로 후보 등록의 어려움을 겪다가 딘(William. F. Dean) 미 군정장관에게 이승만의 등록 방해 사실을 항의하여 마감일을 연장한 끝에 가까스로 후보 등록을 마치게 된다. 우여곡절 끝에 후보로 등록한 최능진의 인기는 여전히 이승만을 압도하고 있었다.

당선을 장담할 수 없게 된 이승만은 이번에는 등록된 서류의 추천인을 문제 삼고 나왔다. 당시 선거법은 후보 등록 시 200명의 주민 추천을 받도록 되어 있었다. 이승만은 친일 경찰을 동원하여 최능진 추천인들을 협박한 끝에 추천 사실을 부인하는 진술을 받아내어 선거관리위원장 노진설(盧鎭卨) 대법관을 찾아가 등록을 무효화시키라는 압력을 가했다.

결국 선거 이틀을 남겨 둔 5월 8일, 최능진의 입후보 등록은 취소되고 말았다. 이렇게 되어 무투표로 국회의원에 당선된 이승만은 1948년 7월 26일 제헌 국회의원들이 뽑는 간접선거에서 '대한민국 초대 대통령'에 당선된다.

그러나 국회의원에 출마하여 이승만의 애간장을 태웠던 최능진은 그해(1948) 10월 1일 '국방경비대 안에 혁명의용군을 조직하여 쿠데타를 일으키려 했다'는 혐의로 체포되어 징역 5년을 선고받는다.

서대문형무소에 수감되었던 최능진이 출감한 것은 6.25 발발 직후 혼란의 와중이었다. 출감한 최능진은 적 치하 서울에서 김구 등 임정 계열 인사들과 함께 종전을 향한 평화운동을 벌이다가 이번에는 당시 특무대장이던 김창룡에게 체포된다. 체포된 최능진은 '이적죄(利敵罪)'의 혐의로 군법회의에 회부되어 사형을 선고받는다. 사형수가 된 최능진은 1.4후퇴로 정신을 못 차리던 1951년 2월 11일 경북 달성군 가창면에서 총살로써 생을 마감하고 말았다.

대통령에 오른 이승만에게는 그를 지지하는 세력이 국내에서도 약했지만 특히 임정 세력 중에는 그를 지지하는 세력이 아예 없다시피 했다. 따라서 그가 정치적 기반을 다지고 권력을 유지하기 위해서는 일제강점기 내내 일본에 빌붙었던 친일 세력의 협조가 절대적으로 필요했다.

그가 친일파를 우대하고 수십 년에 걸쳐 일제와 목숨을 걸고 투쟁했던 독립운동가들을 냉대로 일관했던 데에는 이러한 정치적 상황이 작용했던 것이다. 그러면 여기에서 이승만의 친일 부역자 처리 과정과 중국과 프랑스 등 해외의 부역(附逆) 세력에 대한 척결 과정을 비교해 보기로 하자.

일본의 침략은 비단 우리뿐만이 아니고 이웃 나라 중국에서도 당했다. 하지만 그들은 부역자에 대하여 우리와는 비교가 안 될 만치 철저하고도 강하게 응징했다.

중국이 일본의 침략을 받은 시기는 '만주사변'이 발발하던 1931년 9월 18일부터 기산하여 일본이 패망하던 1945년 8월 15일까지로 14년간이다. 이 14년마저도 중국 전체가 점령당했던 것도 아니고, 만주를 비롯한 상해와 남경 주변 일대에 불과했다.

그러나 종전 후, 장개석이 이끄는 국민당 정부는 1946년 4월부터 1948년 9월까지 2년 반에 걸쳐 중국 전역에서 부역자 심판에 들어갔다. 당시 전 중국인의 비상한 관심을 모았던 부역자 사법처리 건수는 총 45,000건에 달했다. 이 중 14,932명에게 사형선고가 내려졌으며, 그중에서 359명은 형이 집행되고, 나머지는 죄의 경중에 따라 유기징역에 처해졌다.

이번에는 2차 대전 당시 독일에 점령당했던 프랑스의 경우를 한번 살펴보자.

프랑스는 체계적이고도 확실하게 나치 협력자들을 처벌했다는 점에서 오늘날까지 부역자 척결의 교과서적 사례로 꼽히고 있다.

전후 프랑스 독립 정부는 가장 먼저 프랑스 전역에 시민 법정을 설치하고 나치 협력자들의 숙청에 착수했다. 이때 가장 먼저 척결 대상에 오른 계층은 사회적인 영향력이 큰 언론인과 작가였다. 당시 나치에 협력했던 프랑스 비시(Vichy) 정권 인사들은 우리의 친일파들처럼 나치의 주구(走狗)가 되어 물불을 안 가리고 날뛰지는 않았다.

하지만 프랑스 독립 정부는 비시 정권 산하에서 고위직을 지냈던 사람들은 말할 것도 없고, 일반 국민으로서 나치에 협력한 사람들까지 철저하고도 가혹하게 응징했다.

또한 레지스탕스(프랑스 독립군)를 잡아 죽이고 고문했던 군인과 경찰들도 즉결 처분이란 이름으로 1만여 명이나 총살에 처했다. 여기에 더하여 부역자 명단을 신문에 공고하고, 집 대문에 스티커를 붙이고, 나치와의 협력으로 치부한 재산은 모두 국고로 환수했다.

그리하여 1944년 하반기부터 1948년 12월 31일까지 프랑스 법정에서 취급한 부역자 재판 건수는 총 55,331건에 달했다. 이들 가운데 6,763명에게 사형선고가 내려졌고, 그중에서 767명은 형이 집행되었다. 또 2,702명은 무기징역에 처해지고, 44,564명은 유기징역에 처해졌다. 이 밖에도 수많은 사람들이 '종신강제노동형' 등 강력한 처벌을 받았다.

당시 부역자 처벌을 진두지휘했던 드골 장군은 이런 명언을 남겼다. "우리 프랑스가 또다시 외적의 침략을 받는지는 알 수 없다. 그러나 두 번 다시 조국을 배신하는 자는 나오지 않을 것이다."

2차 대전 당시 프랑스가 독일에 점령당했던 기간은 4년 2개월에 불과하다. 이에 비해 우리나라가 일본의 압제를 받은 기간은 을사늑약이 체결되던 1905년 11월 17일부터 1945년 8월 15일 해방될 때까지로 기산하면 자그마치 39년 9개월로 프랑스에 비해 근 10배에 이른다. 한데도, 해방 후 이승만 정부가 행한 친일파 처리 결과를 보면 프랑스와는 비교 자체가 안 된다.

정부 수립 이듬해인 1949년 '반민족행위자 특별조사위원회(반민특위)'에서는 총 688명의 친일파를 입건하여, 거의 풀어주고 55명을 특별검찰부로 송치했다. 이 중 최종적으로 재판에 회부된 사람은 겨우 41명뿐이었다.

이 41명 중 사형판결을 받은 사람은 총 7명이었는데, 추후 이승만의 압력에 의하여 6명은 풀려나고, 7명 중 일제강점기 내내 독립투사를 때려잡으며 경시(警視, 지금의 총경)까지 진급했던 김덕기(金悳基, 1890~?) 1명만 사형이 확정되었다. 그러나 이마저도 1950년 6.25전쟁 직전 풀려나 실제로 친일 혐의로 확실하게 처벌받은 사람은 단 한 사람도 없었다.

우리가 사는 이 지구상에는 외세의 침략으로부터 자신의 조국을 구하기 위해 치열한 삶을 살았던 사람들이 헤아릴 수 없을 만치 많다. 그들은 그 어떤 대가를 바라거나 아니면 자신의 명예를 빛내기 위하여 그러한 삶을 살았던 것은 결코 아니다. 하지만 그 투쟁이 끝났을 때 국민들은 이들의 공을 절대 잊지 않는다.

실례로 조국 튀르키예의 독립을 위해서 외세에 대항하여 목숨을 걸고 싸웠던 '케말 파샤(Mustafa Kemal Atatürk, 1881~1938)'는 나라가 독립되자 튀르키예의 초대 대통령이 되어 오늘날 그 나라에서 가장 존경받는 지도자로 추앙받고 있다.

또한 조국 필리핀의 독립을 위하여 지배자 에스파냐(Espana)와 싸우다가 서른여섯 젊은 나이에 생을 마감한 '호세 리살(José Rizal, 1861~1896)'은 전국 곳곳에서 그의 동상을 볼 수 있을 정도로 필리핀의 국민적 영웅으로 자리 잡고 있다.

그리고 남미의 베네수엘라, 콜롬비아, 에콰도르, 페루, 볼리비아 등 다섯 나라를 스페인의 식민 통치에서 해방시킨 '시몬 볼리바르(Simón Bolívar, 1783~1830)'는 이들 다섯 나라 국민 모두가 떠받드는 영웅이 되었다.

이들 나라 중, 볼리비아는 그의 이름을 따서 아예 국명 자체를 '볼리비아'라 지었으며, 베네수엘라는 국기에 그를 상징하는 별 문양을, 그리고 자국의 화폐에다 볼리바르의 얼굴을 집어넣어 그를 영원히 기억하고자 했다.

그러나 우리의 현실은 어떠한가? 일제에 대항하여 우리 역사상 가장 많은 재산을 조국 독립을 위해 헌납하고, 중국을 떠돌다가 여든의 나이로 굶어 죽은 이석영은 인명사전에조차 나오지 않는다.

반면에 친일 악질 경찰 4인방으로 불리는 노덕술(盧德述, 1899~1968)은 해방 후에도 경찰서장과 헌병대장을 지내고 나서 무공훈장을 3개나 받으며 70살까지 살았다. 뿐만 아니라 수많은 독립투사를 체포하여 잔혹한 고문으로 목숨을 잃거나 불구가 되게 하여 노덕술과 더불어 친일 악질 경찰 4인방으로 회자되는 하판락(河判洛, 1912~2003)은 해방 후 처벌을 받기는커녕 금융업과 목재업으로 엄청난

부(富)를 축적하고 92세까지 장수를 누렸다.

　우리가 진정으로 5천 년의 유구한 역사를 자랑하는 민족일진대 이런 원초적(原初的)인 문제부터 바로잡아 장차 이 나라를 이끌어 나갈 청소년들에게 올바른 국가관과 가치관을 심어주는 것이 오늘을 사는 우리가 할 일임을 믿어 의심치 않는다.

건국훈장 서훈자

건국훈장의 법적 근거

건국훈장(建國勳章)이라 함은 대한민국의 건국에 공로가 뚜렷하거나, 국가의 기초를 공고히 하는 데에 이바지한 공적이 뚜렷한 사람에게 수여하는 대한민국의 훈장이다. 과거에는 중장(重章), 복장(複章), 단장(單章)의 3등급으로 나누어 수여하다가 1990년에 〈상훈법〉이 개정되면서 대한민국장(1등급), 대통령장(2등급), 독립장(3등급), 애국장(4등급), 애족장(5등급)으로 변경되었으며, 건국훈장 아래의 훈격으로 건국포장과 대통령표창이 있다.

건국훈장은 1949년 4월 27일 대통령령으로 〈건국공로훈장령〉이 공포되면서 제정되었고, 1963년 12월 14일에 각종 상훈 관계 법령을 통합한 〈상훈법〉이 제정되면서 〈건국공로훈장령〉은 폐지되었다.

대한민국 정부수립 이후 2023년 3월 1일 현재 독립유공자로 건국훈장을 수여받은 사람은 대한민국장 33명, 대통령장 90명, 독립장 822명, 애국장 4,479명, 애족장 6,256명, 건국포장 1,511명, 대통령표창 4,557명 등 총 17,748명이다.

일러두기

보훈부에서 대한민국장에 서훈한 인사(人士)라 할지라도 실제 공적이 그에 따르지 못한다고 판단되는 경우 명단에서 제외했다. 반면에 실제 공적보다 크게 미흡하게 서훈되었다고 판단되는 인사는 ● 표시를 하고, 약간 미흡하게 서훈되었다고 판단되는 인사는 ○ 표시를 했다. 여성의 경우엔 별도로 '女'라고 표시하고, 서훈자의 활동 사항은 지면 관계로 핵심 사항만 기재하였다. 활동 사항란 공간이 좁아 더러 한자를 사용했다.

아래에 기재한 명단은 필자가 조사한 2,500명 중 지면 관계로 한국인 218명과 외국인 8명을 포함하여 총 226명을 발췌한 것이다.

건국훈장 서훈자 명단 발췌본

이름	본적	생몰연도	포상연도	포상 훈격	활동 사항
강기동(姜基東)	서울 명동	1884~1911	1962	대통령장	의병장, 총살
강순필(姜順必)	경북 상주	1882~1921	1963	독립장	대한광복단, 사형
강우규(姜宇奎)	평남 덕천	1859~1920	1962	대한민국장	사이토 총독 폭투, 사형
강윤희(姜允熙)	경기 가평	1868~1909	1996	독립장	의병활동, 사형
계봉우(桂奉瑀)	함남 영흥	1880~1959	1995	독립장	철혈광복단장, 언론활동
고광순(高光洵)	전남 담양	1848~1907	1962	독립장	의병장, 전사
곽종석(郭鍾錫)	경남 산청	1846~1919	1963	독립장	파리장서, 옥사
구연영(具然英)	서울	1864~1907	1963	독립장	의병 父子 함께 전사
권동진(權東鎭)	경기 포천	1861~1947	1962	대통령장	민족대표 33인중 1인
권인규(權仁圭)	강원 강릉	1843~1899	1980	독립장	子, 孫까지 3대 의병투쟁
기산도(奇山度)	전남 장성	1878~1928	1963	독립장	을사오적 척살기도, 의병
●김가진(金嘉鎭)	서울	1846~1922		서훈 없음	아들 부부와 임정활동
김경천(金擎天)	함남 북청	1888~1942	1998	대통령장	일본 육사 탈출, 무장활동
김교헌(金敎獻)	경기 광주	1867~1923	1977	독립장	대종교 2대 교주 항일
김 구(金 九)	황해 해주	1876~1949	1962	대한민국장	상해 임시정부 주석
김규식(金奎植)	경남 동래	1881~1950	1989	대한민국장	상해 임시정부 부주석
김규식(金奎植)	경기 양주	1882~1931	1963	독립장	무장투쟁, 공산당에 피살

이름	본적	생몰연도	포상연도	포상 훈격	활동 사항
●김대락(金大洛)	경북 안동	1845~1914	1990	애족장	백하일기 저자
김도현(金道鉉)	경북 영양	1852~1914	1962	독립장	의병, 자정순국 海死
김동만(金東滿)	경북 안동	1880~1920	1991	애국장	경신참변시 살해됨
○김동삼(金東三)	경북 안동	1878~1937	1962	대통령장	독립군 3대 맹장
●김 락(金 洛)	경북 안동	1863~1929	2001	애족장 女	3.1운동, 拷問으로 失明
김마리아(金眞常)	황해 장연	1892~1944	1962	독립장 女	항일구국 활동, 3년 옥고
김복한(金福漢)	충남 홍성	1860~1924	1963	독립장	의병, 파리장서 옥사
김상덕(金尙德)	경북 고령	1891~ ?	1990	독립장	임정의원, 반민특위장
김상옥(金相玉)	서울	1890~1923	1962	대통령장	종로경찰서투탄 자결
김알렉산드라	연해주	1885~1918	2009	애국장 女	소련혁명군에게 처형됨
김원봉(金元鳳)	경남 밀양	1898~1958	1948	월북	의열단장
김의한(金毅漢)	서울	1900~1951	1990	독립장	임정활동, 김가진 子
김익상(金益相)	경기 고양	1895~1924	1962	대통령장	황포탄, 20년 복역 후 살해됨
김일봉(金一鳳)	평남 덕천	1891~1933	1995	독립장	군자금모집 자폭
●김종진(金宗鎭)	충남 홍성	1901~1931	1990	애국장	무장투쟁, 공산당에 살해됨
김좌진(金佐鎭)	충남 홍성	1889~1930	1962	대한민국장	청산리대첩 주도
김지섭(金祉燮)	경북 안동	1885~1928	1962	대통령장	일왕에게 투탄 옥사
김창숙(金昌淑)	경북 성주	1879~1962	1962	대한민국장	파리장서, 의정원 의원
김창환(金昌煥)	경기 광주	1872~1937	1963	독립장	신흥학교 교관 과로사
김칠성(金七星)	평북 정주	? ~1919		?	3.1운동, 夫婦 함께 순국
●김필순(金弼順)	황해 장연	1878~1919	1997	애족장	항일醫師, 일제에 독살
김하락(金河洛)	경북 의성	1846~1896	1982	대통령장	의병, 중상 후 자결
김학규(金學奎)	평남 평원	1900~1967	1962	독립장	무장투쟁, 광복군 활동
김한종(金漢鍾)	충남 예산	1883~1921	1963	독립장	친일부호 처단, 사형
김홍일(金弘壹)	평북 용천	1898~1980	1962	독립장	윤봉길 의거 시 폭탄지원
나석주(羅錫疇)	황해 재령	1892~1926	1962	대통령장	동양척식회사 폭투, 자결
나시운(羅時雲)	강원 평창	? ~1896	1995	독립장	의병, 살해 후 시신은 소각됨
나중소(羅仲昭)	서울	1867~1928	1963	독립장	청산리전투 시 참모장
○나 철(羅 喆)	전남 보성	1863~1916	1962	독립장	대종교 창시, 독립운동
남궁억(南宮檍)	서울	1863~1939	1977	독립장	교육·언론으로 항일
남상덕(南相悳)	경남 의령	1881~1907	1962	대통령장	군대해산 시 항거 전사
남자현(南慈賢)	경북 영양	1872~1933	1962	대통령장 女	아베총독 척살시도, 옥사

이름	본적	생몰연도	포상연도	포상 훈격	활동 사항
노백린(盧伯麟)	황해 송화	1875~1926	1962	대통령장	비행사 양성 노력
노병대(盧炳大)	경북 상주	1856~1913	1968	독립장	의병장, 단식 순국
동풍신(董豊信)	함북 명천	1904~1921	1991	애국장 女	3.1운동 현장 순국
류건영(柳健永)	전남 곡성	1883~1940	1990	애국장	의병, 창씨개명 반대자결
류관순(柳寬順)	충남 천안	1902~1920	2019	대한민국장	3.1운동 옥사, 여성
류 근(柳 瑾)	경기 용인	1861~1921	1962	독립장	언론투쟁, 황성신문 등
류기동(柳基東)	평북	1891~1924	1963	독립장	일경 10여 명 사살 후 자결
류동열(柳東說)	평북 박천	1879~1950	1989	대통령장	상해임시정부 군무총장
류 림(柳 林)	경북 안동	1894~1961	1962	독립장	임정의원, 임정국무위원
○류인석(柳麟錫)	강원 춘천	1841~1915	1962	대통령장	의병장, 병사
류인식(柳寅植)	경북 안동	1865~1928	1982	독립장	의병, 협동학교, 경학사
류일한(柳一韓)	평양	1895~1971	1995	독립장	LA에 맹호군 창설
류자명(柳子明)	충북 충주	1894~1985	1991	애국장	임정의원·아나키스트
류중권(柳重權)	충남 천안	1863~1919	1991	애국장	3.1운동 현장 순국
류홍석(柳弘錫)	강원 춘성	1841~1913	1990	애국장	의병장, 류인석의 6촌형
마 진(馬 晋)	함북 길주	1867~1930	1980	독립장	결사대 활동 중 피살
모신영(毛信永)	평북 정주	1869~1919	1991	애국장	3.1운동 3부자 피살
문창범(文昌範)	함북 경원	1870~1934	1990	대통령장	교통총장, 日 첩자에 독살
문태수(文泰洙)	경남 안의	1880~1913	1963	대통령장	의병장, 사형
민긍호(閔肯鎬)	서울 종로	1865~1908	1962	대통령장	의병장, 전사
민영환(閔泳煥)	서울	1861~1905	1962	대한민국장	을사늑약 후 자결
●박상진(朴尙鎭)	경남 울산	1884~1921	1963	독립장	대한광복회총사령, 사형
박승환(朴昇煥)	서울 종로	1869~1907	1962	대통령장	군대해산 시 자결
박 열(朴 烈)	경북 문경	1902~1974	1989	대통령장	일왕살해 기도 22년 옥고
박용만(朴容萬)	강원 철원	1881~1928	1995	대통령장	임시정부 외무총장
박은식(朴殷植)	황해 황주	1859~1925	1962	대통령장	임시정부 2대 대통령
박인락(朴仁洛)	평북 선천	17세로 옥사		?	친일면장처단사형선고, 옥사
박재혁(朴載赫)	부산 범일	1895~1921	1962	독립장	부산署폭투, 사형확정, 옥사
●박차정(朴次貞)	부산 동래	1910~1944	1995	독립장 女	무장투쟁 전사, 김원봉의 처
방순희(方順熙)	함남 원산	1904~1979	1963	독립장 女	임시정부 여성의원
배창근(裵昌根)	충청북도	? ~1908		?	의병장, 사형
백삼규(白三圭)	평북 태천	? ~1920	1968	독립장	무장투쟁, 총살

이름	본적	생몰연도	포상연도	포상 훈격	활동 사항
백운한(白雲翰)	평북 의주	1888~1921	1963	독립장	무장 · 의열 사형
●백정기(白貞基)	전북 정읍	1896~1936	1963	독립장	의열 · 옥사 · 삼의사중 1인
○서 일(徐 一)	함북 경원	1881~1921	1962	독립장	대한독립군단총재 자결
서재필(徐載弼)	전남 보성	1864~1951	1977	대한민국장	독립협회, 독립신문 등
손병희(孫秉熙)	충북 청주	1861~1922	1962	대한민국장	출옥 후 고문 후유증 순국
손정도(孫貞道)	평남 강서	1882~1931	1962	독립장	임시의정원 의장
송계백(宋繼白)	평남 평원	1882~1920	1962	독립장	2.8독립선언 주도, 옥사
송상도(宋相燾)	경북 영주	1871~1947	1990	애국장	기려수필 저자
송학선(宋學先)	서울	1893~1927	1962	독립장	사이토총독 척살시도, 사형
신건식(申健植)	충북 청원	1889~1963	1977	독립장	임정원의원, 재무차장
○신규식(申圭植)	충북 충주	1879~1922	1962	대통령장	임정, 외무총장, 과로사
신돌석(申乭石)	경북 울진	1878~1908	1962	대통령장	의병장, 옛 부하에 살해됨
신창룡(申昌龍)	경기 양주	1879~1909	1995	독립장	의병투쟁, 사형
○신채호(申采浩)	충남 청주	1880~1936	1962	대통령장	언론, 역사학자 옥사
○신팔균(申八均)	서울 정동	1882~1924	1963	독립장	무장투쟁 중 전사
안경신(安敬信)	평남 대동	1888~ ?	1962	독립장 女	평남도청폭투, 10년형
안공근(安恭根)	황해 신천	1889~1940	1995	독립장	안중근 동생, 한인애국단
안명근(安明根)	황해 신천	1879~1927	1962	독립장	105인사건, 10년 옥고
안 무(安 武)	함북 종성	1883~1924	1980	독립장	봉오동 · 청산리 전투
안병찬(安炳瓚)	평북 의주	1854~1921	1963	독립장	무장투쟁중 반대파에 피살
안승우(安承禹)	경기 양평	1865~1896	1962	독립장	의병투쟁 일군에 살해됨
안재홍(安在鴻)	경기 평택	1891~1965	1989	대통령장	신간회결성, 언론활동
안정근(安定根)	황해 신천	1885~1949	1987	독립장	임정의원, 안중근 동생
안중근(安重根)	황해 신천	1879~1910	1962	대한민국장	이토 척살, 사형
●안창남(安昌男)	서울 평동	1901~1930	2001	애국장	최초비행사, 추락 순국
안창호(安昌浩)	평남 강서	1878~1938	1962	대한민국장	신민회, 임정건설, 옥사
○안희제(安熙濟)	경남 의령	1885~1943	1962	독립장	임정자금 조달, 고문사
양기탁(梁起鐸)	평남 강서	1871~1938	1962	대통령장	신민회 결성, 언론활동
●양세봉(梁世奉)	평북 철산	1896~1934	1962	독립장	조선혁명군총사령, 전사
양진여(梁振汝)	전남 광주	1862~1910	1977	독립장	의병장, 사형
양한묵(梁漢黙)	전남 해남	1862~1919	1962	대통령장	3.1운동 33인 옥사
●엄순봉(嚴舜奉)	경북 영양	1903~1938	1963	독립장	의열활동, 사형

이름	본적	생몰연도	포상 연도	포상 훈격	활동 사항
여운형(呂運亨)	경기 양평	1886~1947	2008	대한민국장	종합활동 해방 후 암살
○여 준(呂 準)	경기 용인	1862~1932	1968	독립장	신흥무관, 서로군정서
연기우(延基羽)	경기 파주	? ~1911	1962	대통령장	의병투쟁 중 전사
오광선(吳光鮮)	경기 용인	1896~1967	1962	독립장	무장투쟁, 독립군 양성
오동진(吳東振)	평북 의주	1889~1944	1962	대한민국장	무장투쟁, 무기형 옥사
오면직(吳冕稙)	황해 안악	1894~1938	1963	독립장	의열, 무장투쟁, 사형
오세창(吳世昌)	서울 종로	1864~1953	1962	대통령장	3.1운동 주역
우덕순(禹德淳)	충북 제천	1876~1950	1962	독립장	이토처단 주역으로 참가
○원심창(元心昌)	경기 평택	1906~1973	1977	독립장	육삼정 사건, 무기형
유동하(劉東夏)	함남 원산	1892~1918	1988	독립장	이토 처단 조역
윤기섭(尹琦燮)	경기 파주	1887~1959	1989	대통령장	신흥무관학교 교관
윤봉길(尹奉吉)	충남 예산	1908~1932	1962	대한민국장	시라가와 대장 척살, 총살
○윤세주(尹世胄)	경남 밀양	1901~1942	1982	독립장	의열, 무장활동 전사
윤준희(尹俊熙)	함북 회령	1892~1921	1963	독립장	15만 원 사건, 사형
윤현진(尹顯振)	경남 양산	1892~1921	1962	독립장	15세 망명, 임정活 30세死
●윤희순(尹熙順)	충북 중원	1860~1935	1990	애족장 女	여성 의병장
이 갑(李 甲)	평남 순천	1877~1917	1962	독립장	日육사卒교육, 무장활동
이강년(李康秊)	경북 문경	1858~1908	1962	대한민국장	의병장, 사형
○이강훈(李康勳)	강원 김화	1903~2003	1977	독립장	육삼정 사건, 15년형
이 광(李 光)	충북 청주	1879~1966	1963	독립장	신흥학교, 임정의원
이규창(李圭昌)	통화현	1913~2005	1968	독립장	이용노 처단, 13년형
이남규(李南珪)	충남 예산	1855~1907	1962	독립장	의병, 아들과 함께 전사
○이동녕(李東寧)	충남 천안	1869~1940	1962	대통령장	임정주석, 의장, 국무총리
이동휘(李東輝)	함남 단천	1873~1935	1995	대통령장	임정 국무총리
이만도(李晩燾)	경북 안동	1842~1910	1962	독립장	경술국치 후 자정순국
이범석(李範奭)	서울 종로	1900~1920	1963	대통령장	청산리전투 중대장 참전
이범윤(李範允)	경기 고양	1856~1940	1962	대통령장	의병, 무장투쟁 중 전사
이범진(李範晉)	서울	1852~1911	1991	애국장	헤이그 밀사 후원, 자결
이병화(李炳華)	경북 안동	1906~1952	1990	독립장	무장투쟁, 7년 옥고
○이봉창(李奉昌)	서울 용산	1900~1932	1962	대통령장	일왕 폭살기도, 사형
●이상룡(李相龍)	경북 안동	1858~1932	1962	독립장	임정 초대 국무령
○이상설(李相卨)	충북 진천	1870~1917	1962	대통령장	헤이그 밀사, 과로로 순국

이름	본적	생몰연도	포상연도	포상 훈격	활동 사항
이상재(李商在)	충남 서천	1850~1927	1962	대통령장	신간회 애국계몽 운동
●이석영(李石榮)	서울 저동	1855~1934	1991	애국장	신흥학교건설자금부담, 아사
이세영(李世永)	충남 청양	1869~1938	1963	독립장	신흥무관학교 교장
이소제(李少悌)	충남 천안	1875~1919	1991	애국장 女	류관순母, 3·1현장순국
이승만(李承晩)	황해 평산	1875~1965	1919	대한민국장	임시정부 초대 대통령
이승훈(李昇薰)	평북 정주	1864~1930	1962	대한민국장	3.1운동33인 중 1인
이시영(李始榮)	서울 저동	1869~1953	1949	대한민국장	경학사, 임정국무위원
이애라(李愛羅)	충남 아산	1894~1922	1962	독립장 女	애국부인회활동 고문사
이원일(李源一)	경북 안동	1886~1961	1990	애국장	경학사, 흥업단 결성
이위종(李瑋鍾)	서울	1887~ ?	1962	대통령장	헤이그 밀사, 무장투쟁
이유필(李裕弼)	평북 의주	1885~1945	1993	독립장	상해임정 국무위원
이윤재(李允宰)	경남 김해	1888~1943	1962	독립장	조선어학회 사건, 고문사
●이은숙(李銀淑)	충남 공주	1889~1979	2018	애족장 女	서간도시종기 저자
이은찬(李殷瓚)	강원 원주	1878~1909	1962	대통령장	의병장, 사형
이인영(李麟榮)	경기 여주	1867~1909	1962	대통령장	의병투쟁, 사형
○이장녕(李章寧)	충남 천안	1880~1932	1963	독립장	무장투쟁, 土匪에 살해
○이재명(李在明)	평북 선천	1890~1910	1962	대통령장	이완용처단 시도, 사형
이정렬(李定烈)	충남 당진	1900~1960	1963	독립장	독립자금 후원
이종암(李鍾巖)	경북 대구	1896~1930	1962	독립장	황포탄사건, 옥사
○이종일(李鍾一)	충남 태안	1858~1925	1962	대통령장	3.1운동, 3년 복역, 餓死
이 준(李 儁)	함남 북청	1859~1907	1962	대한민국장	헤이그 밀사, 憤死
이준형(李濬衡)	경북 안동	1875~1942	1990	애국장	경학사·서로군정서
이진룡(李鎭龍)	황해 평산	1879~1918	1962	독립장	대한광복회, 사형
이철영(李哲榮)	서울 저동	1863~1925	1991	애국장	경학사 초대 사장, 병사
이 탁(李 鐸)	평남 성천	1889~1930	1963	독립장	신민회·무장투쟁
●이호영(李護榮)	서울 저동	1875~1933	2012	애족장	의열활동, 3부자 실종
●이회영(李會榮)	서울 저동	1867~1932	1962	독립장	신흥학교설립, 고문사
임경호(林敬鎬)	충남 청양	1888~1945	1991	애국장	독립자금 후원, 옥사
임국정(林國楨)	함남 함흥	1894~1921	1963	독립장	15만원 사건, 사형
임병찬(林秉瓚)	전북 군산	1851~1916	1962	독립장	의병장, 유배중단식 순국
임수명(任壽命)	충북 진천	1894~1924	1990	애국장 女	신팔균 부인, 자결순국
○장덕준(張德俊)	황해 재령	1893~1920	1963	독립장	훈춘사건취재 중 살해됨

이름	본적	생몰연도	포상연도	포상 훈격	활동 사항
장인환(張仁煥)	평북 선천	1876~1930	1962	대통령장	스티븐스, 처단 25년형
장진홍(張鎭弘)	경북 칠곡	1895~1930	1962	독립장	의열, 사형선고 후 자결
○전덕기(全德基)	경기 이천	1875~1914	1962	독립장	105인 사건으로 고문사
전명운(田明雲)	서울	1884~1947	1962	대통령장	스티븐스, 처단
전해산(全海山)	전북 임실	1879~1910	1962	대통령장	의병장, 사형
전홍섭(全弘燮)	함북 회령	? ~ ?	1963	독립장	15만 원 사건 15년 형
정이형(鄭伊衡)	평북 의주	1897~1956	1963	독립장	무장, 의열, 19년 옥고
●정정화(鄭靖和)	충남 연기	1900~1991	1990	애족장 女	임정활동 군자금 조달
정화암(鄭華岩)	전북 김제	1896~1981	1983	독립장	무장, 의열활동
정환직(鄭煥直)	경북 영천	1845~1907	1963	대통령장	의병투쟁, 총살
○조명하(趙明河)	황해 송화	1905~1928	1963	독립장	일왕 장인 척살, 사형
조병세(趙秉世)	경기 가평	1827~1905	1962	대한민국장	을사늑약 후 자정순국
조소앙(趙素昻)	경기 파주	1887~1958	1989	대한민국장	대한독립선언서 초안
지청천(池靑天)	서울	1888~1957	1962	대통령장	광복군총사령관
차이석(車利錫)	평북 선천	1881~1945	1962	독립장	임정 국무위원
채광묵(蔡光默)	충남 청양	1850~1906	1977	독립장	의병, 아들과 함께 전사
채기중(蔡基中)	경북 상주	1873~1921	1963	독립장	친일부호 처단, 사형
채응언(蔡應彦)	평북 자산	1879~1915	1962	독립장	마지막 의병장, 사형
최수봉(崔壽鳳)	경남 밀양	1894~1921	1963	독립장	부산경찰서 폭투, 사형
●최 완(崔 浣)	경북 경주	1889~1927	1990	애족장	경주최부자 임정의원 고문사
최익현(崔益鉉)	경기 포천	1833~1906	1962	대한민국장	의병투쟁 단식, 순국
●최재형(崔在亨)	함북 경원	1860~1920	1962	독립장	무장 투쟁, 피살
●최 준(崔 浚)	경북 경주	1884~1970	1990	애족장	경주최부자, 임정자금 후원
최진동(崔振東)	함북 온성	1882~1941	1963	독립장	봉오동·청산리전투 지휘
최팔용(崔八鏞)	함남 홍원	1891~1922	1962	독립장	2.8선언, 고문 후유증 순국
추삼만(秋三萬)	경기 양주	1880~1910	1990	독립장	의병투쟁, 사형
태양욱(太陽郁)	함남 풍산	1870~1908	1990	독립장	의병투쟁, 총살
편강열(片康烈)	황해 연백	1892~1928	1962	대통령장	의병투쟁, 옥사
하상태(河相泰)	경기 가평	1868~1909	1990	애국장	의병, 혀를 물고 순국
한상호(韓相浩)	함북 경성	1899~1921	1963	독립장	15만원 사건, 사형
○한성수(韓聖洙)	평북 의주	1921~1945	1977	독립장	학병탈출 1호, 참형
한용운(韓龍雲)	충남 홍성	1879~1944	1962	대한민국장	공약삼장 초안

이름	본적	생몰연도	포상 연도	포상 훈격	활동 사항
허 겸(許 蒹)	경북 선산	1851~1939	1991	애국장	의병투쟁, 허위의 형
허 위(許 蔿)	경북 선산	1855~1908	1962	대한민국장	의병장, 사형
허 학(許 壆)	경북 선산	1887~1940	1991	애국장	허위의 장남, 의병 순국
홍범도(洪範圖)	평양	1868~1943	2021	대한민국장	봉오동·청산리전투 승리
홍사구(洪思九)	경북 영주	1878~1896	1963	독립장	의병투쟁 중 참살됨
○홍양순(洪양순)	함북 북청	? ~1908	2021	애국장	의병, 전사 홍범도 장남
○홍 진(洪 震)	서울	1877~1946	1962	독립장	임시정부 국무령
황상규(黃尙奎)	경남 밀양	1890~1931	1963	독립장	의열투쟁, 신간회
황 현(黃 玹)	전남 구례	1855~1910	1962	독립장	경술국치 후 자정순국

외국인 서훈자

이름	국적	생몰연도	포상 연도	포상 훈격	활동 사항
가네코 후미코 (金子文子)	일본	1903~1926	2018	애국장 女	박열의 부인, 아나키스트
○베델 (한국명 : 배설)	영국	1872~1909	1950	대통령장	대한매일신보, 언론을 통해 항일
스코필드 (Schofield)	캐나다	1889~1970	1968	독립장	일제의 만행을 해외에 알림
쑨원(孫文, 손문 : 호는 中山)	중국	1866~1925	1968	대한민국장	임정, 건설, 운영 지원
장제스 (蔣介石, 장개석)	중국	1887~1975	1953	대한민국장	대한민국 임시정부 지원
●조지 루이스쇼 (George. L. Shaw)	아일랜드 계 영국인	1880~1943	1963	독립장	이륭양행, 무기 운반, 요인피신 지원
헐버트 (H. B. Hulbert)	미국	1863~1949	1950	독립장	고종의 외교고문, 일제만행 폭로
●후세 다쓰지 (布施晉治)	일본	1880~1953	2004	애족장	변호사 : 한국 독립지사 변론

참고문헌

1. 자료

『大韓每日申報』, 『獨立新聞』, 『東亞日報』, 『朝鮮日報』, 『朝鮮中央日報』.

『고등경찰요사』, 류시중·박병원·김희곤 역주, 선인, 2010.

『騎驢隨筆』 1~4, 宋相燾, 강원모·김도훈·이관성·이재숙·정만호 공역, 문진, 2014.

『金昌淑 文存』, 심산사상연구회, 성균관대학교출판부, 2001.

『獨立運動大事典』 1, 李康勳 編著, 東亞, 1985.

『獨立運動大事典』 2, 李康勳 編著, 東亞, 1990.

『獨立運動史』, 李康勳 責任 監修, 歷史編纂會, 1992.

『東邱先生文集』 상·하, 李濬衡, 국무령이상룡기념사업회, 2016.

『東亞日報 社說選集』 1~3, 東亞日報社.

『梅泉野錄』, 黃玹 著, 金濬 譯, 敎文社, 1996.

『백범일지』, 도진순 주해, 돌베개, 2002.

『白下日記』, 金大洛, 京仁文化史, 2011.

『봉화의병일기』, 청량산박물관, 민속원, 2016.

『서대문형무소 근현대사-일제시대편』, 김삼웅, 나남출판, 2000.

『石洲遺稿』 上·下, 안동독립운동기념관, 경인문화사, 2008.

『承政院日記』, 고종 편.

『承政院日記』, 순종 편.

『안동독립운동 인물사전』, 김희곤, 선인, 2011.

『알기쉬운 獨立運動史』, 朴成壽, 국가보훈처, 1995.

『여성독립운동가 300인 인물사전』, 이윤옥, 얼레빗, 2018.

『右堂 李會榮 略傳』, 李丁奎·李觀植 共著, 1985.

『윤치호 일기 1916~1943』, 김상태 편역, 역사비평사, 2001.

『日帝下獨立運動史研究』, 朴永錫, 一潮閣, 1984.

『임시정부 시기의 대한민국 연구』, 김희곤, 지식산업사, 2015.

『臨政과 李東寧 研究』, 李炫熙, 一潮閣, 1989.

『정본 백범일지』, 도진순 탈초, 돌베개, 2016.

『조선인요시찰인약명부』, 민족문제연구소, 2023.

『조약으로 보는 세계사』, 함규진, 제3의 공간, 2017.

『청사에 빛난 순국선열들』, 이강훈, 역사편찬회, 1990.

『충남의 독립운동가』 1~2, 충남역사문화연구원, 2011.

『친일문학론』, 임종국, 민족문제연구소, 2013.

『친일인명사전』 1~3, 민족문제연구소, 2009.

『한국 항일 독립운동사 연구』, 신용하, 京仁文化史, 2006.

『한국독립사』, 김승학, 독립문화사, 1965.

『韓國獨立史』, 獨立同志會, 大韓弘報社, 1983.

『한국독립운동 인명사전』 특별판 1~3, 독립기념관, 2019.

『한국독립운동가의 문집과 자료집』, 윤병석, 선인, 2012.

『韓國獨立運動史料』, 楊宇朝 篇, 國家報勳處, 1999.

『한국독립운동사사전』 1~2, 총론, 한국독립운동사연구소, 2004.

『한국독립운동사사전』 3~7, 운동·단체 편, 한국독립운동사연구소, 2004.

『한국독립운동사자료집』 34, 국사편찬위원회, 1998.

『한국독립운동의 역사』, 60권 분량 CD, 한국독립운동사편찬위원회.

『韓國獨立運動之血史』, 朴殷植 著, 김도형 옮김, 소명출판, 2008.

『한국여성독립운동가』, 3·1여성동지회, 국학자료원, 2018.

『한국의 병사』 상·하, 이태룡, 푸른솔나무, 2014.

『한국통사』, 朴殷植, 범우사, 2000.

『한국현대민족운동연구』, 서중석, 역사비평사, 1991.

『항일독립운동사』, 이강훈, 정음사, 1974.

2. 회고록

『擎天兒日錄』, 김경천, 학고방, 2012.

『김산의 불꽃 같은 삶 아리랑』, 님 웨일즈·김산 저, 송영인 옮김, 동녘, 1991.

『꿈갓흔 옛날 피압흔 니야기』, 한도신, 민족문제연구소, 2016.

『나는 나』, 가네코 후미코, 조정민 옮김, 산지니, 2012.

『돌베개』, 장준하, 돌베개, 2015.

『滿洲生活七十七年』, 李海東, 명지출판사, 1990.

『武裝獨立運動祕史』, 蔡根植, 대한민국공보처, 1949.

『민들레의 비상』, 지복영, 민족문제연구소, 2015.

『서간도 시종기』, 이은숙, 일조각, 2017.

『아직도 내 귀엔 서간도 바람소리가』, 허은 구술, 변창애 기록, 민족문제연구소, 2012.

『運命의 餘燼』, 李圭昌, 2004.
『이조국 어디로 갈 것인가』, 정화암, 자유문고, 1982.
『長江日記』, 정정화, 학민사, 2011.
『제시의 일기』, 양우조·최선화, 우리나비, 2020.

3. 단행본
『1910 일본의 한국병탄』, 한상일, 기파랑, 2010.
『감국대신 위안스카이』, 이양자, 한울, 2020.
『강우규 평전』, 은예린, 책미래, 2015.
『거룩한 순국지사 향산 이만도』, 박민영, 지식산업사, 2010.
『경북을 독립운동의 성지로 만든 사람들』, 김희곤, 선인, 2015.
『고쳐 쓴 한국 근대사』, 강만길, 창비, 2018.
『光復軍』 上·下, 朴英晚, 協同出版社, 1967.
『광야에 선 민족시인 이육사』, 김희곤, 역사공간, 2017.
『김구 청문회』 1~2, 김상구, 매직하우스, 2014.
『김좌진 평전』, 박환, 선인, 2010.
『나는 조선의 총구다』, 이상국, 세창미디어, 2012.
『노구를 민족제단에 바친 강우규』, 정운현, 2010.
『다큐멘터리 일제시대』, 이태영, 휴머니스트, 2019.
『단재 신채호 평전』, 김삼웅, 시대의 창, 2013.
『대륙에 남긴 꿈 김원봉』, 한상도, 한국독립운동사연구소 기획, 역사공간, 2017.
『대한민국 임시정부의 안살림꾼 정정화』, 신명식, 역사공간, 2010.
『대한민국임시정부 연구』, 김희곤, 지식산업사, 2004.
『대한민국임시정부사』, 김병기, 이학사, 2019.
『獨立軍抗爭史』, 國防戰爭史編纂委員會, 1985.
『독립운동가 열전』 1, 독립운동가 편찬위원회, 백산서당, 2005.
『독립운동열전, 잊힌 사건을 찾아서』 1~2, 임경석, 푸른역사, 2022.
『독부 이승만 평전』, 김삼웅, 책보세, 2012.
『만주벌 호랑이 김동삼』, 김희곤, 지식산업사, 2009.
『만주지역 통합운동의 주역 김동삼』, 김병기, 역사공간, 2012.
『만주항일무장투쟁의 신화 김좌진』, 이성우, 역사공간, 2011.
『만해 한용운 평전』, 김삼웅, 시대의창, 2011.
『매국노 고종』, 박종인, 와이즈맵, 2020.

『몽양 여운형 평전』, 김삼웅, 채륜, 2015.
『묻혀있는 한국 현대사』, 정운현, 인문서원, 2016.
『민족지도자 석주 이상룡』, 이태룡, 푸른솔나무, 2018.
『박열, 불온한 조선인 혁명가』, 안재성, 인문서원, 2017.
『백범 김구 평전』, 김삼웅, 시대의 창, 2014.
『보재 이상설 평전』, 김삼웅, 채륜, 2016.
『봉오동 청산리 전투의 영웅』, 장세윤, 역사공간, 2007.
『분단과 전쟁의 한국 현대사』, 강정구, 역사비평사, 1996.
『빨치산 대장 홍범도 평전』, 김삼웅, 현암사, 2013.
『서간도 독립군의 개척자 이상룡』, 채영국, 역사공간, 2007.
『서대문형무소』, 박경목, 일빛, 2019.
『시대를 뛰어넘은 평민 의병장 신돌석』, 강윤정, 역사공간, 2016.
『시대의 선각자 류인식』, 박걸순, 지식산업사, 2009.
『신흥무관학교』, 박환, 선인, 2021.
『신흥무관학교와 망명자들』, 서중석, 역사비평사, 2001.
『실록 친일파』, 임종국, 돌베개, 2006.
『심산 김창숙』, 김기승, 지식산업사, 2017.
『안동사람들의 항일투쟁』, 김희곤, 지식산업사, 2010.
『안중근 평전』, 김삼웅, 시대의 창, 2014.
『安重根과 平和』, 朴魯連, 을지출판공사, 2000.
『약산 김원봉 평전』, 김삼웅, 시대의 창, 2013.
『에피소드 독립운동사』, 표학렬, 앨피, 2017.
『영양의 독립운동가 열전』, 김희곤 외, 영양군, 2013.
『영원한 자유인을 추구한 민족해방운동가 신채호』, 이호룡, 역사공간, 2013.
『왕산 허위』, 권대웅, 지식산업사, 2014.
『우리가 버린 독립운동가들』, 손성진, 개마고원, 2020.
『운강 이강년』, 구완회, 지식산업사, 2015.
『원문 사료로 읽는 한국 근대사』, 최익현 외, 이주명 편역, 필맥, 2014.
『유라시아 고려인, 디아스포라의 아픈 역사 150년』, 김호준, 주류성, 2013.
『유림 의병의 선도자 류인석』, 오영섭, 역사공간, 2008.
『을사늑약 1905, 그 끝나지 않은 백 년』, 김삼웅, 시대의 창, 2005.
『의병전쟁과 의병장』, 김상기, 경인문화사, 2019.
『의암 손병희 평전』, 김삼웅, 채륜, 2017.

『의회정치의 기틀을 마련한 홍진』, 한시준, 탐구당, 2006.

『이봉창 평전』, 홍인근, 나남, 2002.

『이준 열사, 그 멀고 외로운 여정』, 일성이준열사기념사업회, 한비미디어, 2010.

『이회영 평전』, 김삼웅, 책보세, 2011.

『이회영과 젊은 그들』, 이덕일, 역사의 아침, 2009.

『일왕을 겨눈 김지섭』, 김용달, 지식산업사, 2011.

『일제강점기 그들의 다른 선택』, 선안나, 피플파워, 2016.

『日帝의 韓國侵略과 政策史』, 姜東鎭, 한길사, 1980.

『잃어버린 한국 현대사』, 안재성, 인문서원, 2015.

『잊혀진 근대, 다시 읽는 해방전사』, 이덕일, 역사의 아침, 2013.

『잊혀진 영웅들, 독립운동가』, 정상규, 휴먼큐브, 2017.

『자유를 위해 투쟁한 아나키스트 이회영』, 김명섭, 역사공간, 2008.

『자유의 불꽃을 목숨으로 피운 윤봉길』, 김상기, 역사공간, 2013.

『조선의 딸, 총을 들다』, 정운현, 인문서원, 2016.

『중국관내 한국독립운동가의 삶과 투쟁』, 최기영, 일조각, 2015.

『충남을 빛낸 독립운동가』, 충남역사문화연구원, 2012.

『친일파의 한국 현대사』, 정운현, 인문서원, 2016.

『타이완 항일 의열투쟁의 선봉 조명하』, 김주용, 역사공간, 2015.

『투사와 신사 안창호 평전』, 김삼웅, 현암사, 2013.

『페치카 최재형』, 박환, 선인, 2018.

『한국 아나키스트들의 독립운동』, 김명섭, 이학사, 2008.

『한국 항일여성운동계의 대모 김마리아』, 전병무, 한국독립운동사연구소, 역사공간, 2013.

『한국 해방 3년사』, 이완범, 태학사, 2007.

『한국광복군 총사령 지청천』, 이현주, 역사공간, 2010.

『한국독립운동사』, 박찬승, 역사비평사, 2020.

『한국독립운동사』, 윤진헌, 이담, 2010.

『한국독립전쟁사의 재조명』, 이덕일, 만권당, 2019.

『한국의 독립운동을 도운 영국 언론인 배설』, 정진석, 한국독립운동사연구소, 2013.

『항일무장투쟁과 여성독립운동가』, 한국독립운동사연구소, 역사공간, 2020.

『항일의 불꽃 의열단』, 김삼웅, 두레, 2019.

『해방 후 3년』, 조한성, 생각정원, 2015.

『후세 다츠지』, 고사명 외 3명, 지식여행, 2010.

유근표(柳根杓)

서울성곽이 일제강점기에 훼철되어 수풀 속에 방치되어있는 현실에 충격을 받고 2000년 초부터 6년에 걸쳐 답사한 끝에 '서울성곽 탐방안내도'를 완성, 2006년 2월 언론에 발표하여 국민들에게 서울성곽을 알리는 데 앞장섰다. 그 후 문화재 관련 단체를 비롯하여 곳곳에서 서울성곽 안내와 독립운동사를 중심으로 역사를 강의했다. 현재는 독립운동사 연구와 역사 저술가로 활동하고 있다.

저서로는 「인조 1636」, 「서울성곽 육백년」, 「성곽답사와 국토기행」, 「이야기 수동사」, 「이강산 이조국」 등이 있다. 이 밖에 논저로는 「독립군 최고의 무장 홍범도」, 「의사 강우규」, 「임시정부와 김구」, 「대한광복회 총사령 박상진」, 「박열과 가네코 후미코」, 「김원봉과 의열단」, 「석주 이상룡」, 「백범일지의 허와 실」, 「항일의 성지 안동」, 「조선왕조의 왕위에 오르지 못한 세자들」, 「조선의 3대 혼군」, 「고려와 조선왕들의 수명」, 「소현세자의 비극」, 「남한산성과 병자호란」, 「북한산성」, 「서울성곽의 어제와 오늘」, 「고개 이야기」 등 다수가 있다.

항일의 혼

2024년 2월 27일 초판 1쇄 펴냄

지은이 유근표
펴낸이 김흥국
펴낸곳 도서출판 보고사

책임편집 황효은
표지디자인 김규범

등록 1990년 12월 13일 제6-0429호
주소 경기도 파주시 회동길 337-15 보고사
전화 031-955-9797
팩스 02-922-6990
메일 bogosabooks@naver.com
http://www.bogosabooks.co.kr

ISBN 979-11-6587-678-4 03910
ⓒ유근표, 2024

정가 22,000원